《思想＊多島海》シリーズ　7

原初からの問い

バシュラール論考

及川　馥

法政大学出版局

はじめに

　夢想を愛し、詩を語ることの大好きなバシュラールだが、かれは骨の髄まで科学者なのだ、と思うことがある。ソルボンヌの科学史・科学哲学の教授だったのだから、当然といえば当然なのだが、ものの始まりについて、たとえば空間と時間の始まりについて、きちんと自分の考えを整理しておかなければ気がすまなかったのである。それは今から見れば神話的だといえるかもしれないが、『近似的認識試論』をまとめるかたわら、時間については『瞬間の直観』を、空間については『原子論的直観』を出したのである。後者については畏友の原子物理学者豊田彰氏が明快な翻訳『原子と直観』を出されたので、日本語で安心して読めるが、前者についてはそういうわけにはいかない。もともとバシュラールのディジョン大学時代の同僚ガストン・ループネルの『シロエ』をふまえて書かれたという事情があったので、一筋縄ではいかないのである。いずれ両方を一緒に訳出したいと念願していたので、とりあえず自分なりの読み方を勤務先の茨城大学の紀要に書いておいた。しかし改訳は実現しそうもないので、つたないものではあるがここに収めることにした。

　そのほか拙著『バシュラールの詩学』以後、バシュラールをめぐって紀要に書いたものを集めることにした。ただしクーヌマン批判はそれ以前のものである。また冒頭に置いた「イマージュと実体」は『ｉｉｃｈｉｋｏ』誌に掲載したもので、バシュラールの想像力理論の大まかな紹介である。末尾に蛇足かもしれないが、バシュラールの略歴と著書の翻訳をあげておいた。そのあとに、『瞬間の直観』で明らかになる切断と連続、あるいは不連続の連続という考えが、接木というかたちで展開されていることを論じた一章を置いた。

後半の二つの詩学、「シニフィアンの詩学覚書」と「沈黙の詩学覚書」はバシュラールの考えを追いながら多少の敷衍をこころみたものである。覚書としたのは問題がさらに展開する可能性があり、中間報告のつもりであった。しかしバシュラールの提起したことはほぼまとめてあるので、あえてここに収載することにした。いずれも詩学の基本的要素である音韻やそれを支える呼吸やその背景の静寂にまでかかわっていて、バシュラールのポエジー把握の根源からでてくるものである。最後の「バシュラールからセール」へは『大航海』誌の複雑系の特集号に出した短い文章ではあるが、バシュラール以後への展望のささやかなこころみである。

すべてにわたって大幅な見直しをと意気込んだものの、実際には最小限の補筆にとどまったことも、遺憾の念をこめて記しておかねばならない。

凡例

一、引用原文中のイタリック体は訳文では傍点を付した。引用符は「　」、引用文中の別の引用は《　》で示した。

一、引用文中の固有名詞以外の大文字で始まる単語は〈　〉を付した。

一、引用文中での訳者の補足は〔　〕で示した。

一、書名は『　』、論文名は「　」で示した。

目　次

第三部　二つの詩学

原初からの問い

——バシュラール論考

序章　イマージュと実体

ガストン・バシュラール（一八八四―一九六二）はイマージュ（＝イメージ）を好み、イマージュの詩学を創始したといわれています。

イマージュとはこころに浮かぶ観念像ですが、それは外界の事物の完全な模倣的再現ではありません。そのことはたとえば一個のリンゴを思い浮かべてみれば分かります。リンゴは写真のように再現されるわけではないでしょう。写真にしても、テーブルの上のリンゴをカメラマンが撮影するとすれば、カメラのアングルや距離や絞り具合によって、あるいは照明の仕方によって、できてくる写真は違います。ましてやこころのなかの像は、リンゴが好きか嫌いかという好みの違いや、空腹か満腹かという生理状態によっても左右されます。

さらにリンゴにまつわる伝説や神話的背景なども無視できません。リンゴを知恵の木の果実とみなす伝統のなかで成長したひとと、カキやミカンとともに果物屋の店頭に並ぶ商品として見るにすぎない国のひとでは、おそらくそのイマージュが微妙に違ってくるのではないでしょうか。

もしそうだとすれば、このような事物のイマージュの相違を手がかりにして、逆に人間の気質やこころの在り方を知ることができるかもしれません。

バシュラールが、地水火風という四大元素をもとに、千変万化する想像力を解明しようと企てたのは、このリンゴを元素に置き換えたのだと考えれば話は簡単ですが、実際には、そうやすやすとことが進んだわけではないのです。

まずバシュラールは科学的認識論の研究者としてスタートしました。十七・十八世紀のいわゆる前科学（実証的自然科学成立以前の科学）的領域の文献を渉猟しているうちに、後世の科学的な眼で見ればまことにたわいのない現象を重大な真理と信じたり、明らかに間違いとわかる理論を無批判に受け入れたりするケースがきわめて頻繁にあることに気づき、誤謬の心理学ともいうべき『科学的精神の形成』（一九三八）を著しました。この本の表題は、いささか大げさなので一般の読者に近づきがたい印象をあたえますが、対象の正しい認識をさまたげる心理的障害がどんなものか、どうしてそんなものが生み出されるのか、という研究であって、内容はそれほど難解なものではありません。

この本のなかでバシュラールは、人びとが実体というものに驚くほど強力な執着をもつことを明らかにしました。現在ではあまり使われないこの実体 substance ということばは、現象の背後にあって現象を支配するもの、事物の内奥にあって事物の性質を顕現するもの、要するに、それ自体は表面にあらわれず、内側から現象を動かす未知の何か、とでもいえばよいでしょうか。現象の奥にひそむ未知の力、未知の貴重な価値をさしています。

この実体は当然のことながら、その内部に想像力の導入を許す未知の部分をもつことになります。したがって現象や事物の実体はイマージュとして想像されることが多かったこともお分かりでしょう。リンゴを実体と認めることはなかなかできないでしょうが、火とか電気とか、そのほか人間の生活と密接にかかわる塩や酒などはみな実体とみなされることが多かったのです。デカルトの空間の説明原理として用いられた海綿のような物質も実体と見られていたのでしょう。この『形成』のなかで客観的認識の障害としてあげられた事物は、ほとんど実体とみなされるほど、実体は幅をきかせていたのです。

バシュラールの想像力理論において、もうひとつの重要な概念は物質 matière（＝質料、材料）です。最初のうちバシュラールはイマージュをもっぱら形態としてとらえており、『ロートレアモン』（一九四〇）論では、『マルドロールの歌』に出現する奇怪な動物の形態を考察し、射影幾何学からヒントをえた射影詩学の必要性を説いています。しかしイマージュの形態が詩の世界で決定的な意味をもつのは、イマージュが変化する瞬間であり、そのとき「変身が存在の全面的活動となっている」ことにバシュラールは着目しました。

しかもこのとき形相の変化をささえる質料の存在がはっきりと見えてくるのです。こころに浮かぶイマージュにも素材の厚みがあるのです。むしろこのときバシュラールは、構想していたイマージュが、物質的イマージュであることに思いいたったというべきでしょう。そしてこの素材が実体と結びつけられ、『水と夢』（一九四二）において物質的想像力という新しい考え方がうちだされます。四大元素はすべて物質であり、これこそイマージュを構成する素材であり、また容易に実体化されるものだからです。

その問題に入る前に、『火の精神分析』（一九三八）にふれておかねばなりません。火はのち物質的想像力の世界に組み入れられますが、正確にはこの構想以前の著作で、文化コンプレックスというものの解明に重点がおかれています。

火はオリンピックの聖火に象徴されるように、人間の畏敬の念の対象です。なぜこのような感情が人間のなかに形成されるのでしょうか。これは一部の心理学者のいうように火傷などによる直接的経験から生じるのではなく、燃える火に接近を禁止された幼児期の体験から生じるとバシュラールは考えます。火にさわってはいけないという大人の命令が原因なのです。しかもこの禁止は幼児が受ける最初の社会的禁止であり、社会的禁止というものは火というかたちではじめて子供の前に出現するといってもよいでしょう。このような自然な欲望への抑圧が、火への畏敬の念をやがて生みだすのです。しかもそれだけではなく、この抑圧は、子供のこころにいつか大人のように火を自由に扱いたいというコンプレックスもつくりだしていくのです。ルネ・ジラールは、欲望と対象のあいだに、欲望をそそりたてる第三者の介在を想定し、欲望の三角形という関係を考えますが(『欲望の現象学』法政大学出版局)、父親のような第三者が絶対的な力をもって火への接近を禁止する、つまりそれが結果的に逆方向にそそりたてるのだとすれば、このコンプレックスはかなり大きな力をもつのではないでしょうか。

火についての興味は、知識や技術の分野への興味に拡大され、その分野で親や教師より優越した立場にたどりつきたいというコンプレックスとなります。バシュラールは天界から火を盗んで人間にあたえたギリシアの神の名をとって、それをプロメテウス・コンプレックスと呼びました。これは知的世界におけるエディプス・コンプレックスに相当するものですが、バシュラールが、リセでの教育の経験をふまえ、知的関心の育成にはある種の抑圧が実際に有効なことを知ったこともその背後にあるかもしれません。

一方、火について文化人類学はさまざまの風習を伝えています。ジェームス・フレーザーは祭の火がわざわざ木片を摩擦してつくられる行事を、木の灰のもつ農業上の有効性によって説明しました。このような解釈を批判し、バシュラールは、木片の摩擦は性的な経験を起源にもつと考えています。性的経験は人間の内部に火の存在を感じさせるようなものをつくりだすから、それを模倣して木片の摩擦があみだされたのだというのです。

また自然界でたとえ山火事などが枝の摩擦から生じるとしても、その長い発火までのプロセスを人間が実際に目撃することなどありえないとバシュラールは考え、性的な身体的経験と火についての物質的経験のアナロジーが「愛の行為から火をつくりだす」のだという新しい解釈を示しました。

したがって、フレーザーの『金枝篇』はユングのリビドー説の視点から読まれるべきだとバシュラールは考えています。「主観を起源とする隠喩から客観的実在」が説明されるのであって、けっしてその逆ではないというバシュラールの根本的主張が明らかにされます。

またある未開の部族では、火をつくりだすものは、現実の火種や木片の摩擦であるよりも、「火の特性である赤いしるしを尾にもつ鳥」なのだと信じられているとすれば、尾の赤さは体内の火のしるしだとみなされているからです。このような思考様式は「夢想によって投影された幻想から客観的実在」をつくりだすものでなくて何でしょう。バシュラールは隠喩から実在をつくりだすこのような傾向を、未開人の思考様式のひとつの原理のようにみていますが、そうした傾向の一部は未開人から現代人のこころにまで続いているのではないでしょうか。

火にはまた浄化や純粋さの象徴として宗教的、社会的な価値があたえられていますが、火をもちいて調理した食物は部族の男たちに力をあたえたからだという有用説に対し、火を通した肉はまず腐敗を克服するのであり、発酵させた飲料とともに饗宴の大きな要素なのだとバシュラールは考え、未開人の思考様式における嗅覚の優位を力説しています。これは人間の感覚の位置づけさえも時代によって変化することを示しています。

一方、火の純粋さのイマージュは、蠟燭の炎の尖端で蠟が非物質化し、まさに非実在化される瞬間の観察から生じます。バシュラールは炎の尖端で「火は精神となる」と断定し、純粋な炎と光と精神とを等号で結ぶのですが、このように精神を目で見えるかたちで示したことはかれの並々ならぬ鋭い観察眼があったからでしょう。火のイマージュは隠喩から実在へというプロセスを最高の密度をもって象徴的に表現しているのではないでしょうか。

このほか『火の精神分析』においては、生と死をめぐるエンペドクレス・コンプレックスやアニミスティックなノヴァーリス・コンプレックスや魔術的な火を好むホフマン・コンプレックスなどが分析されています。

こうしてみると人間は、プロメテウス・コンプレックスによるのか否かは別として、火という目に見える貴重なものを、なんとかして自分のなかに取りこもうとして内在化の試みを積み重ねてきたといえそうです。火のしるしとなるものは、熱や光であったり、炎や赤い色であったり、場合によっては煙や匂いであったり、あるいはそれらの複合したものであったりしますが、火はつねに生命現象の本質をになう実体として実在化され、アニミスムの中心的原動力として位置づけられる物質であるように思われます。また前科学的宇宙生成論の不可欠の要因となることもよく知られていることでしょう。

このように、隠喩的なものがまさに実在化されるわけですが、この主観を起源とする隠喩やイマージュは、主体がそれまで形成してきた文化コンプレックスに動かされるものであり、しかも文化コンプレックスの構造が根源的な欲望とむすびつき、抑圧と解放の図式をもつことを、バシュラールは明らかにしたのです。

すでにふれたように『火の精神分析』のあと『水と夢』の序文で、バシュラールははじめて、イマージュのかたちに対する材質、つまり形相に対する質料の、独立した機能をうちだし、物質的想像力の存在を明瞭にします。こうしてバシュラールの詩学の根本概念が樹立されたのですが、そのなかでかれはごくさりげなく、想像力が深さの方向をとると、「形態の想像力の下に実体の想像力が開くのを感じるであろう」と述べています。

水のイマージュの質料や物質といわれるものは、水の実体と同じものであり、しかもそれは深さ、つまり形態の下にあるものだということが示唆されているのです。

水は川の水として、時間の流れを暗示し、船旅やさらには永遠の旅としての死すら示すことができますし、またそれとは逆に生命維持の不可欠の飲料でもあります。バシュラールはそれぞれ適切な例によって水のイマージュの多彩な構造を明らかにしています。

ここではまず水の表面の反映をとりあげてみましょう。

水の美しい反映は人間の目を容易にとらえますが、しかしそれをめぐって凡庸な詩しか生みだされないのは、詩人がなかなか水の物質性、つまり水の実体にふれないからだ、とバシュラールは考えています。

ギリシア神話のナルシスは、この反映のイマージュを一種の実体とみなしたからこそ深刻なドラマになるといえるのではないでしょうか。ガラスや金属の鏡とは違い、水鏡がナルシスを誘うことができるのは、反映が崩壊と安定を繰り返し、透明さに柔軟性と流動性という水の物質としての魅力を加味することによって、いわば水の内部を開くことができたからです。つまりここにはすでに水が実体として機能しているのです。

この水鏡が自然の風景を反映するとき、ナルシシスムは宇宙的なナルシシスムというべき次元にまで拡大されます。そうなると存在はみな美しい花に変身し、しかもそれを意識します。この汎美主義が湖畔に形象化されたのが水仙（ナルシス）の花だとバシュラールはいいます。

このように視覚を意識化すると、人間だけではなく自然のなかにも視覚がはたらくことが夢想されるので、「湖は大きい静かな眼である」ということができますが、さらに「この眼が光を投影し、そのイマージュを自分で照らすのだ」という主体と客体の逆転が生じます。バシュラールによれば青い湖水と青い眸という色彩と形態の類似は、夢想において反映という受動的機能に転換され、さらに能動的な視覚をあたえられ、今度は光を投影する能動的な機能までもつようになるのです。

しかし、このような感応力をもつのはあくまで水であり、「大地の真の眼は水である。われわれの眼のなかで夢想するのは水なのだ」とさえいわれるのも、水の反映の機能を実体化したからです。

一方、水浴する裸婦も牧歌的なイマージュで、古来多くの絵画に描かれていますが、これは女性のナルシスでしょうか。実際の水浴は水面の反映を乱すので、この水浴する裸婦は夢想のなかで白鳥に姿を変換させられるのだとバシュラールは考えます。

なぜなら、美しい小川を前にすれば、男性の想像力は現実を補足して「ここに水浴する女性がいたら、真白で、若々しく、一糸もまとわぬはずだ」と想像するからであり、だから、「文学において白鳥は裸婦の代用品」として登場することになります。白鳥はやましさを意識せずに男性が女性の裸体を眺めたいという欲望の結晶だといえましょう。男性の欲望によっていわば「公認された裸体」としての典型は『ファウスト』第二部に登場する白鳥です。

ただし、このように現実から神秘的なものをつくりあげるためには、「隠れているものを本当に夢想する」ことが必要だとバシュラールはいいます。しかも、この場合自己の欲望を意識してしまうなら詩的な幻想はたちまち消えてしまいます。美しいものをつくるためには、むしろ対象を蔽うことが必要なのです。

これは文学的幻想の核心にある秘儀であるとさえいえるでしょう。

ここでいう蔽うとは対象を完全に隠すことではなく、表面の一部をとおして内面を見せたり、あるいは表面の上に別の表面を置くことによって、最初の表面を内部に変換することまでふくめて、さまざまの手段があります。つまりこの蔽いとは実体という内部をたくみに推量させる機能をもつ表面だ、といえるのですが、あるいは欲望の自己検閲のなせることなのかもしれません。

さらにこの白鳥は男女両性を具有しており、「光る水の凝視において女性、行動において男性」だといわれるのは、ゼウスが白鳥の姿をとってレーダーと交わる神話を念頭におけば、なるほどと思われます。バシュラールによれば、無意識にとって行為はひとつしかなく、「行為を暗示するイマージュは無意識のなかでは女性から男性へと発展するはず」だといわれます。このあたりはきわめてフロイト的な見方をバシュラールがとっていることが分かります。したがって、白鳥の歌とは性的陶酔の叫びであり、白鳥の死は一夜の死にほかならず、翌朝には蘇生する死でなければならないともいわれます。ナルシスも白鳥も根底は性的なイマージュであり、水を媒介にして現実化された性的欲望だといえましょう。(しかし白鳥や瞳の色についてのバシュラールの一般化は、人種的、地域的な制約を越えているでしょうか。少なくとも白鳥の飛来が冬季に限られる日本ではこのような想像はいささか非現実的なようにも感じられます。)

さて水のしるしは、このような表面の反映だけではなく、小川のせせらぎから大海の荒波までさまざまのかたちをとり、また他の元素とともに水蒸気となったり、泥土や粘土となったり、変幻きわまりないことは、今さらいうまでもありません。しかしバシュラールが水の夢想からひきだすものは、人間の無意識のなかの深い欲望です。たとえば水葬の場合には不死への願望であり、飲料水の場合には母乳との根源的なつながりですが、日常的にはほとんど意識の表面にはあらわれないことばかりです。

水についての日常の経験とこの深層のイマージュとは、幼児期の体験以後、どこで結びついているのでしょうか。たとえば回春の泉への願望を準備するのは、毎朝洗顔するための冷水だとバシュラールは考えています。この「ささやかな経験」が蘇生の泉のコンプレックスを毎朝準備しているのだとすれば、冷水のさわやかな印象は日常の経験として身体のなかに、あるいは筋肉や細胞のなかかもしれませんが、日ごと蓄積されて、それが無意識の深層をかたちづくるのだといわんばかりです。しかも水についての欲望には火のような強い抑圧がはたらかないことが指摘されています。バシュラールは無意識のコンプレックスやこの物質的想像力の原動力を、つねに人間の経験のなかに求めていることは間違いありません。かれは経験を有用性や表面的な合理性によって要約したり図式化することをさけ、あるいは性的なものだけに限定することなく、人間の経験の身体的な側面のもつ重要性を回復させようとしているのです。

ただし、白鳥の例が、赤い尾の小鳥が火をふくむ場合のように、裸女と同一化できるとすれば、隠喩から実在へという思考様式はここでも有効だと思われます。白鳥の実体は裸婦なのです。おそらくこのあまりにも自由な欲望が、自己検閲によって美しい蔽いである白鳥を選ぶのではないでしょうか。

バシュラールが無意識から汲みあげるものは、このようにすべて経験の枠組みに収まるものであり、それは物質的イマージュの根源を求めていわば下降して到達した深層なのですが、もしこのコンプレックスが表現を求めて上昇する場合には、つまり芸術的表現となるためには、この太い根から直接幹が生え枝を伸ばすのではなく、古い幹を切って新しい木を接木するような、断絶と連続が要請されるという見方をしていることも付言しておきます。これは切断と連続として本書の次の主題となります。

バシュラールは『大気と夢』(一九四三。邦訳『空と夢』)で、運動の想像力を論じ、想像力とはイマージュを変形する能力であると定義し、また想像力がもつ非現実機能（行動にとりかかる前の漠然たる空想。たとえば遠足や運動会前夜の子供の空想）が現実機能と同様に人間の正常な機能であり、それを人間の活動においてしかるべき位置にもどす必要を論じています。そのほかスイスの精神科医ロベール・ドゾワイユのイマージュによる興味深い治療法も紹介されています。

さらに、大地についてバシュラールは意志と休息のテーマにそれぞれ一巻をあて、前者の『大地と意志の夢想』（一九四八）には「力の想像力試論」、後者の『大地と休息の夢想』には「内密性のイマージュ試論」という副題をつけています。

物質は大地のイマージュによって一番ものらしい相を呈するといっては、いささかオーバーかもしれませんが、どうしてひとはそう感じるのでしょうか。なぜなら大地の物質は硬くて人間に抵抗するものが多く、それらと対抗するために人間もしっかり身がまえなければならず、抵抗するものに向かって人間の意志がはっきり顕在化されるからではないでしょうか。今度は対象を明確に意識化し、同時に人間の側の対決の姿勢を明らかにせざるをえないほど、大地のイマージュ群は強烈な物質性をもつのです。

ここからバシュラールの考える人間の基本的姿勢も明らかになります。人間はものをただ眺めるということはしません。ものを見たらただちに手をのばしてものに触れ、それにはたらきかけずにはいない存在が人間というものなのです。ひとがものを見ることが、すでにひとの行動を前提としているのだ、ということが解明されている（「奇想と細密画としての世界」『エチュード』参照）だけに、これはバシュラールの場合、科学的というか生理学的な裏づけをもつ人間観なのです。

だから人間の前にある物質が、硬いか軟らかいかによってまず大別されるのも、ものに対してはたらきかける意志の判断によるのだといえるでしょう。硬いものはさらに、人間の手で直接対応できるものと、手の延長としての道具が必要なものに分けられます。ひとつの花崗岩が目の前にあるなら、それは道具をもって割るか砕くかする対象であり、この石の抵抗を全身で受けとめながら人間の労働が開始され、ここでいわば努力と抵抗の弁証法的な時間が成立します。緊張した意志は筋肉と関節の運動を支配し、目的にあわせて運動を正確に細分化し、持続としての物質の抵抗を征服しながら自分のなかに取りこんでいき、こうして人間は労働により意志を強化し「存在としてよりもむしろ生成としての自己」となります。

しかも人類と物質の長い交渉は、物質のイマージュをただ夢想するだけでも、意志に活力をあたえるほど緊密になっています。硬軟二極のあいだに位置する多様な物質が、その抵抗の度合いによってつくる敵対関係を、想像力は自由に楽しむことさえ可能です。物質のイマージュは、それに対してはたらきかける人間の「動作を前もって物質のかたちで示す未来」だといえましょう。

この労働は「物質の基底」にふれるという幻想を用意し、物質のイマージュはたちまち実体のイマージュに変えられます。人間が情熱をこめ、忍耐と努力をもって対象とする物質はその内部を開かずにはいられないからです。

こうして、はたらきかける主体の内面と、知覚のとらえた対象の実体的内面、つまり内密性が交換され、労働者のこころには内向性と外向性の健康なリズムが生じ、ものの抵抗は労働者の自信を刺激し、強力な内向性がエネルギー豊かな外向性を保証するようになるというふうに、労働のメカニスムをバシュラールは分析しました。意識的な労働における身体の活動にも、かならず無意識のレヴェルでの加担がなければ成功せず、身体をもちいた労働の楽しさやよろこびはそこから生じることが分かります。

この内向と外向のリズムをもつ労働の運動は、よく選ばれた物質によって維持されるとバシュラールはいいますが、火や水において適用された隠喩から実在へという思考様式が、硬い物質によって大きな抵抗にあうことも見逃してはなりません。しかし労働者のはたらきかけにより、ものは内部を開くので、隠喩(ものの抵抗を受けさまざまの変化をこうむるでしょうが)は作品や製品のなかに実在化されるのです。

こうして夢想はたんなる現象の解釈にとどまらず対象の物質のなかに現実化されることができます。おそらくこれが大地の物質と他の三元素との大きな相違点でしょう。したがって隠喩は強い抵抗に遭遇しながらもそれを実在化しうる一番大きな可能性をもちます。すると硬い物質は、その硬さというしるしから、人間に強い意志を自覚させ、同時に身体の運動を開始させ、やがて関連する夢想さえもよびおこし、それを修正させつつ、もの自体を人間化するのだといえましょう。

さらにバシュラールは労働の対象としての硬い物質から離れて、節《ふし》くれだった樫の木のイマージュをとくに考察しています(想像力の世界では木も大地の一部です。もちろん高く伸びた梢は大気の一部となることでしょう)。樫は硬い岩のあいだから生え、「持続するために硬くなった」存在です。ベルギーの詩人ヴェラーレンの詩篇を例にとりながら、バシュラールは野性の本能の象徴としての木がよじれるのは、「本能が自己に対し激しく攻撃を加え」「みずからを征服する官能」だからだという精神分析学者ボードワンの解釈を引用し、この木が「うちなる自然をねじ曲げた修道僧」と同一視されることを認めます。

この木は自己をねじ曲げているあいだに硬い物質を自己の内部に取り入れてしまい、いわば抑圧と昇華を同時におこなったのだといえましょう。そのため木の節《ふし》は見る人の性格によって、欠点とも美点とも見られる両義性をそなえることになります。

では、いったい風景のなかで、大きな樫の木が安定した印象やこころを鎮める効果をあたえるのはなぜでしょうか。まず木が硬いのは大きく伸びるためでした。そしてそれが今や人間に「硬い勇気の偉大な運命」を示しているのです。硬い木のイマージュは「無益な頑固さをことごとく精神分析によって治癒し、ゆるぎない平穏な状態」に導くからだとバシュラールは見ています。

すでに述べたように「硬い物質とは、手のとどくところにある抵抗する世界」であり、「抵抗する世界とともに、われわれの神経の生命が筋肉の生命と結合する」ので、硬い木、高くそそり立つ頑丈な木は、人間にかつてのたたかいと勝利の記憶をよみがえらせてくれるのだと思われます。この木のイマージュこそは物質という「われわれの筋肉によって現実化されたイマージュ」の典型なのです。しかもかつて抵抗する物質に人間がそそぎこんだエネルギーは、今度は物質から見ている人間の方に投げかえされます。こうしてダイナミックな相互作用、つまり生命のもっとも力強い発現としての運動が想像力の世界でおこなわれるのです。だからバシュラールはこういうイマージュに精神を治癒する効果さえも期待できたのでしょう。

『大地と休息の夢想』（一九四八）においては、意志や労働と一対をなす休息がいかなる構造をもつかというテーマが追究され、とくにやすらぎをあたえる家の秘密が解明され、物質の内密性が分析されます。

よく考えてみれば、四大元素による想像力の世界は、ものと人間のかかわりをすべて網羅できるほど広大であり、バシュラールはその主要な面を垣間見せたにすぎないし、小論はそのごく一部を示したにすぎない、といえるでしょう。しかしなぜバシュラールは人間とものとのかかわりにこれほどこだわり、それを丹念に拾い集めたのでしょうか。

すでにふれたように自然科学の抽象化の方向とは逆の具象的な実体的な経験は、第一次大戦後の工業化社会をめざすヨーロッパでは急速にせばめられていったことは明らかです。自然科学的思考は抽象化を大前提としており、近代化は当然のことながら、人間とものの直接的なふれあいの機会を削減し、バシュラールが自然科学の進歩に対しよせていた全幅の信頼とは裏腹に、身体的な経験の軽視をもたらしました。「大脳が〔科学的思考の〕障害になるのは、動作と欲望の調整体となる場合」（『形成』）だといわれましたが、日常生活において大脳が調整体としての役割を果たすことすらあやぶまれるようになったのではないでしょうか。いずれにせよ、四部作に集められた多くの例は、その当時ですら日常世界から失われかけていたものなのです。したがって現在の読者にはほとんど牧歌的な調子をおびた古びた世界と見えるかもしれません。ただ、テレビやパソコンによってまさに実体のないしるしだけをあたえられ続けている現代人が、新しい余暇社会でもう一度自然のなかに帰っていくとき、ルソーとは別の意味でバシュラールのいう物質のイマージュが新しい光を投げてくるのではないでしょうか。

引用については訳文を変更した個所があることをお断わりしておきます。
なおイマージュ論については拙著『バシュラールの詩学』（法政大学出版局）を参照いただければ幸いです。

ガストン・バシュラール略年譜

一八八四年（明治一七年）　フランス、シャンパーニュ地方、バル＝シュル＝オーブの町に生まれる。両親は新聞とたばこの店を開いていた。
一九〇二年　故郷で中等教育を終了。エペルネイ近郊の小村セザンヌで高等中学の自習監督。
一九〇三年　ヴォージュ県ルミルモン町の郵便局臨時職員。
一九〇五—〇七年　兵役。
一九〇七—一三年　パリで郵便局員。東駅構内勤務。
一九一二年　パリ大学で数学の学士号取得。
一九一三年　電気通信上級学校三年に編入。リセ・サン・ルイ校数学特別学級の給費生。
一九一四年　七月。故郷の小学校教員ジャンヌ・ロッシュと結婚。八月第一次大戦に応召。
一九一九年　三月帰還。その間三八ヶ月の塹壕生活。バル＝シュル＝オーブのコレージュの教員。物理と化学担当。娘シュザンヌ誕生。
一九二〇年　六月、夫人死去。年末、哲学の学士号取得。
一九二二年　哲学教授資格（アグレジェ）取得。
一九二七年　パリ大学で文学博士号取得。『近似的認識試論』（邦訳、国文社、豊田・片山・及川訳、一九八二）ディジョン大学文学部講師就任。

一九三〇年　ディジョン大学教授昇任。
一九三二年　『瞬間の直観』（邦訳名『瞬間と持続』、紀伊國屋書店、掛下栄一郎訳『瞬間と持続』、一九六九）
一九三三年　『原子論的直観』（邦訳名『原子と直観』、国文社、豊田彰訳、一九七七）
一九三四年　『新しい科学的精神』（邦訳、中央公論社、関根克彦訳、一九七六、のち、ちくま学芸文庫）
一九三六年　『持続の弁証法』（邦訳、国文社、掛下栄一郎訳、一九七六）
一九三八年　『科学的精神の形成』（邦訳、国文社、及川・小井戸訳、一九七五）、『火の精神分析』（邦訳、せりか書房、前田耕作訳、一九六九）
一九四〇年　パリ大学文学部教授。科学史、科学哲学担当。『ロートレアモン』（邦訳名『ロートレアモンの世界』、思潮社、平井照敏訳、一九六五）、『否定（ノン）の哲学』（邦訳、白水社、中村・遠山訳、一九七四）
一九四二年　『水と夢』（邦訳、国文社、小浜・桜木訳、一九六九）
一九四三年　『大気と夢想』（邦訳名『空と夢』、法政大学出版局、宇佐美英治訳、一九六八）
一九四八年　『大地と意志の夢想』（邦訳、思潮社、及川馥訳、一九七二）。『大地と休息の夢想』（邦訳、思潮社、饗庭孝男訳、一九七〇）
一九四九年　『適応合理主義』（邦訳、国文社、金森修訳、一九八九）
一九五一年　『現代物理学における合理主義的活動』
一九五三年　『合理的唯物論』
一九五四年　パリ大学定年退官。
一九五五年　道徳・政治アカデミー会員。
一九五七年　『空間の詩学』（邦訳、思潮社、岩村行雄訳、一九六九、のち、ちくま学芸文庫）
一九六〇年　『夢想の詩学』（邦訳、思潮社、及川馥訳、一九七六、のち、ちくま学芸文庫）

一九六一年　『蠟燭の焔』（邦訳、現代思潮社、渋沢孝輔訳、一九六六）
一九六二年（昭和三七年）　パリで死去。行年七八歳。
一九七〇年　『夢みる権利』（邦訳、筑摩書房、渋沢孝輔訳、一九七七、のち、ちくま学芸文庫）、『エチュード』（邦訳、法政大学出版局、及川馥訳、一九八九）
一九七二年　『合理論的参加』
一九八八年　『火の詩学断片』（邦訳名『火の詩学』、せりか書房、本間邦雄訳、一九九〇）
一九九八年　『カイエ　ガストン・バシュラール』刊行開始。ガストン　バシュラール友の会と「想像力と合理性研究　ガストン・バシュラール　センター」（ブルゴーニュ大学）との共同編集

第一部　想像力の理論

第一章　バシュラールの想像力理論の理解をめぐって

この文章の第一の狙いはまずひとつのバシュラール論を反駁することにある。しかしそこにみられるいくつかの誤解をときほぐすことによって、バシュラールのとなえる質料的想像力理論の理解を少しでも進めたいというのが筆者の真意である。

批判の対象とする論文は『ポエティック』という雑誌に掲載された。この雑誌は「文芸理論と分析の雑誌」と副題にうたってあるように、フランスにおける新しい文学研究を推進してきた有力なグループの機関誌で、それまですでに一〇年間きちんと季刊を続けている。その四一号（一九八〇年二月）の「再読」という見出しの下に、カトリーヌ・クーヌマン「バシュラールの物質（質料）的想像力」と題する九ページの一文が、英語からマルク・ボレとマルク・ルロワという人たちの手で仏訳されて掲載されたのである。(1)なお筆者クーヌマン女史はメルボルン大学に所属していた。

さて、この論文には「理論か瞞着か」という副題がついている。だが、この雑誌の「再読」という小見出しと「バシュラールの物質的想像力」という論文の題とは一見ぴったりしないように思われる。バシュラールにはこういった表題の著書は存在しないからである。しかも「理論か瞞着か」という副題までつけてあるので、論文を読む前に、筆者あるいは編集者の意図が、バシュラールに対し否定的、あるいはどうひいき目に見ても、消極的であることがうかがわれるであろう。このことにまず注目しておかねばならない。

この論文の実際の内容はバシュラールの『水と夢——物質的想像力論』(一九四二) の検討である。したがって「再読」という見出しは『水と夢』の再検討ということであれば、副題からみてもそれほど的はずれとはいえない。しかしこの論文はひたすら『水と夢』だけをとりあげるだけで、『水と夢』以前と以後の物質的想像力を扱った著作をほとんど考察していないのである。だとすればこの論文の題名はいささか拡大しすぎではあるまいか。

私がこうしたところにまずこだわったのは、著者クーヌマン女史が、もっぱら『水と夢』一作を論じるのみであり、『火の精神分析』(一九三八) を一度引用しただけで、『ロートレアモン』(一九四〇)、『空と夢——運動の想像力論』(一九四三)、『大地と意志の夢想——力の想像力論』(一九四八)、『大地と休息の夢想——内密性のイマージュ論』(一九四八) をまったく無視し、すこしも言及することがないからである。これらの著作はそれぞれの副題から推測されるようにいずれも文学的想像力をめぐる考察であり、とくに『空と夢』からは、いわゆる四大元素によって文学的想像力の作用を分類し、綿密な実例分析を試みた連作であり、しかも物質的想像力はこれらすべてに適用された概念なのである。してみると、クーヌマンのおこなっている批判の本音は、『水と夢』一冊だけを俎上にのせながら、バシュラールの物質的想像力の理論全体を攻撃することにあることが見えてくる。

もちろん理論的な発展を重ねながら構成された連作といえども、一作だけを独立させて考察してはならないという決まりはないし、四部作とはいえ、バシュラールのこれらの著作はかなりの独立性をもっており、単独にとりだして読んでもまったく理解できないということはない。しかし、連作という制約がつきまとっていることは読者がつねに念頭におかねばならないことである。それはバシュラールが序文においてみずからの方法について述べている文章を理解する場合にとくにいえることである。しかもクーヌマンの狙いが、バシュラールの理論体系全体の核心をつくことであれば、なおさらのこと、せめて四部作を頭に入れて、この『水と夢』の批判をおこなうべきではないか、と私は考えるのだが、どうもそうした常識的な準備作業はクーヌマンからほとんど無視されているようである。

それどころか、クーヌマンは『水と夢』の中からいくつか疑問をとりだし、それに対し適切な答えを『水と夢』において発見できないときは、みずからの手で適当な答えをあたえ、そしてそれにもとづき評価をおこなうという「方法」をとっている。バシュラールが、いちいち前著の何ページを参照せよと断わらず、前者の考察をふまえて議論をすすめている場合に、たんなる文章上のあげ足とり的な論議で攻撃を受けるとすれば、しかもそういうことが「作品の独立」というような命題によって許されるとすれば、哲学者の論文は膨大な注のために前進がはばまれ、前提の地盤整備に追われて高層建築はおぼつかず、いつも平屋だての理論構築に甘んじなければならないことになるのではないだろうか。(2)

I　形相因と質量因

さてクーヌマンの論文は、とくに章分けされているわけではないが、一行あけの個所が六個所あるので七章に分けることができよう。まず最初の二章は形相的想像力と物質的想像力の区別の問題、ついで四大元素の問題、そのあとが元素と美的判断との関係、バシュラールの表現の問題、最終が質料と文学の関係をとりあげて結論ということになるであろう。以下、ほぼこの順序でクーヌマンの所説を紹介し、バシュラールの主旨と食い違う点を指摘し、反論を試みることにしたい。

だがまずわれわれは予備知識として、『水と夢』序論中で展開されたバシュラールの根本的な考えを知っておく必要がある。それは人間精神のもつ想像する力に二つの方向を認めようとする基本的な態度である。

「哲学的に表現するなら、二つの想像力を区別することができよう。形相因 causalité formelle に生命をあたえる想像力と質料因〔以下物質因とする〕causalité matérielle に生命をあたえる想像力と。」別な角度からいえば、「想像力の心理学者によってきわめてしばしば喚起される形相のイマージュ以外に、質料のイマージュつまり物質の直接的イマージュが存在している。」それを区別するバシュラールのことばをもう少し聞いておこう。「それら〔イマージュ〕に命名するのは視覚であるがそれらを知るのは手である。[3]」バシュラールによれば、従来の美学のなかでは形相因の考察が大半を占め、物質因にかんする考慮が不足しており、物質因は「形相因の欠如態[4]」のように一段低く評価されていた。したがってバシュラールは想像力のこうした二つの機能をひとしく認め、完全に分離することの不可能さを十分に承知しつつも、『水と夢』においては、とくに理論を略述した序文において、物質的想像力の機能を力説する。しかし本文中のイマージュ分析においては、イマージュの全体的な把握を目的とするため、形相的想像力の考察もおこたってはいないのである。

さてクーヌマンはこういう。「バシュラールは『水と夢』の冒頭で物質的想像力とその反対概念の形相的想像力をもったいぶって区別しているから、この二分法がかれの美的判断の本質的なものと考えたくなる。こういう仮説はそのうち根拠がないことが分かる。なぜなら『水と夢』の本論中では、形相的想像力の考えを進め、かなり長く展開したあとで、あまり成功しない作品は大ていい形相的想像力に依拠しているとほのめかした後、それを放棄してしまうからだ。[5]」

ところがバシュラールはイマージュのフォルムの問題を『ロートレアモン』においてとりあげ、とくにその変貌の秘密について考察しているし、その結論部分でアルマン・プチジャン『想像力と実現』（一九三六）を援用しつつ、形相因と物質因とが想像力においていかなる作用を果たすかを考察していたので、この二分法はたんなる思いつきなどではないことはとくに断わっておかねばならない。だから『水と夢』においての水の反映など、ナルシス的な形相の分析は、いわば物質との対比のための副次的分析であり、けっして根拠なく放棄されたりはしていないのである。

クーヌマンはしかし面白い指摘をしている。

「物質の《直接的》イマージュ（物質的想像力）は《消えやすい形相》、《はかないイマージュ》、《さまざまな表面の生成》（形相的想像力）に対立する。正真正銘のプラトン的な価値の興味ある逆転だということをついでながら指摘しておこう。プラトンにあっては物質は消滅するが形相は持続するのに、バシュラールは逆のことを主張するのだ。[6]」

この点については確かにそうかもしれない。しかしバシュラールのフォルムに対する警戒心は、それが静止的、固定的である場合に強まるのであり、しかもイマージュの世界においては形相因はともすれば硬化し、色あせ、衰弱していく傾向があるだけに、そうした無気力さを免れるためにもマチエール（物質、質料、素材）が有効なのであり、また運動を忘れてはならないと考えるのである。「想像力はつぎの場合にしかフォルムを理解しない。すなわち、想像力がフォルムを変形する場合、その生成を力動化する場合、形相因の流れの一断面としてフォルムを捉える場合[7]」というほど、バシュラールはフォルムを躍動的に捉えていることも付記しておかねばならない。

ついでながらイマージュを重視する立場をバシュラールが意識してとった理由についてここでふれておこう。というのは『科学的精神の形成』（一九三八）[8]においてきわめて多数の例が示すように、人間はイマージュのとりこになりやすい存在であり、デカルトの海綿の例のように宇宙像にまで拡大され、ほとんどイデーの域に達するイマージュがいくつも存在するからである。バシュラールのイマージュ観の根底には、もちろんかれ自身の個人的体験にもとづく生き生きしたイマージュ群がある。それに加えて十八世紀前後からの自然科学形成以前の諸理論を支配した強力なイマージュ群が、バシュラールの本業であった科学史、科学認識論の研究の過程で浮上してきたのである。人間はイマージュに操られる存在だ、とでも規定されるような人間像すらそこには見られる。バシュラールの想像力理論では、プラトンのイデーに匹敵する重要性がイマージュにあたえられているといっても過言ではないのである。イマージュの形相面より、物質面が重視されるのは、繰り返していうが、単なる思いつきではない。イマージュの躍動的、活性的な捉え方がそうした素材への傾斜を生みだしたのである。バシュラールは早くに〈プラトン的実在論〉（『近似的認識試論』）というような思考の機能的カテゴリーを構想し、事実べったりの実在論と空疎化しがちな観念論とを、理論的に活性化する方策を考えたことすらある。クーヌマンの指摘はそうした背景を「おそらく」知らずにおこなわれただけに、われわれの興味をひくのである。

さてクーヌマンはこの物質と形相の区別について執拗に疑問を投げかけ、「（バシュラールによれば）形相的想像力は表面の領域に属し、物質的想像力は深部領域に属する。なぜ形相的想像力を否定的な光の下で見るのか。変貌や表面について書くことがどうして深さや永続性について書くよりも美的に受け入れがたいのか」[9]とまでいう。フォルマリスムの牙城ともいうべきこの雑誌の傾向からすれば当然生じる疑問であろうし、彼女はその代弁者であるとわたしは推測するのだが、バシュラールのこうした深さを好む、いわば手による認識を「ことばのまやかし」だと断言してはばからない。しかしバシュラールは、イマージュを素材の物質的な面から捉えることは、究極においてイマージュの構造を捉えることを目指すのであり、そのためにはイマージュの内側に、内奥に入っていき、奥底に降下するような、心的操作が必要だと考えるのである。したがってこの操作には表面よりも深部に価値をおくことが前提となる。未知のものを隠している深さが追求を誘うのだから。それを「ことばのまやかし」と切って捨てたクーヌマンは次のように皮肉をいう。

「表面のイマージュ群は表面的であり、深部のイマージュ群は《深い》とわれわれがいうことは、われわれが深部を深刻に考え、またより深くないことは表面的に考える、ということを証明されたがっているということだ。したがって形相的想像力をさけよう。それは必然的に深くはないはずだから。[10]」

このような発言は期せずしてクーヌマンの方法を露呈させることになった。表面のイマージュが表面的だということは、つまり表面が浅薄で、皮相で、深刻ではないという裏の意味を暗に述べているのだと彼女が決め付けたのは、バシュラールの深層への傾斜を皮肉ったつもりなのであろう。言語表現がすべてであるクーヌマンは、それを表面と深部というふうに単純化して二分し、その間の対立のみに目を取られて、現実との関連を視野から欠落させてしまっている。想像力のように複雑極まりない対象になんとか接近しようとさまざまな試みを繰り返すバシュラールの仕事は、ナンセンスとしか思われないのであろうか。したがって同義反復的な狭い言語表現しか認めないのであれば、バシュラールの矛盾をあえて含みこみ飛躍の多い表現は女史にとって「まやかし」としか判断できないのであろう。

それゆえクーヌマンは、バシュラールの分析が文学的であり、隠喩を多用するあまり、基本的な哲学概念を、比喩のような間接的手段で代用していると非難する。そして物質的想像力のメカニスムを記述するために用いられた芽生えのイマージュでは、いかに読者を驚かせようと「それは物質的想像力と創造のあいだの結びつきの存在や、そしてともかくバシュラールがそれに割り当てている役割を本当に証明することはできないだろう(11)」という。

こういう批判はバシュラールの当然予期したことである。とくにイマージュの分析方法については、哲学的、心理学的に客観性を保証された方法が実際に存在するのであれば、バシュラールは当然それを使用したはずであり、そういう方法を忌避するいかなる理由も存在しない。その後、サルトルやメルロ＝ポンティの現象学的な研究は出たものの、それすらはたして文学的イマージュの分析に「本当に」応用可能かどうか、議論の分かれるところであろう。文学的イマージュの分析は、昆虫標本のようにピンで止めたイマージュを対象とするのではなく、ひらひら飛んでいる生きた蝶を捕えることが要求されるのである。

イマージュを生きたまま捕えて観察するために、あるいはまた観察した結果を生かして表わすために、比喩的表現はバシュラールが意識的に採用した方法であり、文章の多義性もまたそうした意図のもとに読者に対して意識的に設けられた跳躍板なのである。読者はそれを跳ばなければバシュラールの表現のめざすところにけっして到達できない。読者の飛躍の努力によってイマージュの蝶も読者の心の中でひらりと舞い上るのである。したがってバシュラールの表現は二重の目的をあたえられたメタ言語だといえるのではあるまいか。

もう一度クーヌマンの文章にもどろう。いったい「創造と物質的想像力の結びつきの存在を本当に証明する」ことなどできるのだろうか。「本当に」クーヌマンはこの文章の意味を理解して述べているのだろうか。創造と想像力とが密接な関係にあるとはだれしも口にすることだが、それを「本当に証明する」ことなどかつて成功したことがあるだろうか。いったい「本当に」ということばがどれだけの厳密さを要求しているのか、ふんぞりかえってバシュラールをやっつけたと信じている御当人はまったく御存知ないように思われるが、『近似的認識試論』の一ページでも読んだなら、こんな失礼な表現をしなかったであろうに、と残念に思うばかりである。

さて、自然科学における認識、しかも新しい原理の発見に即した認識体系の改革という問題にとりくんだバシュラールが、想像力という主観的で雲をつかむような問題の解明に乗りだした状況や意義をまったく無視しておきながら、この物質因と形相因の区別にはアリストテレスのカテゴリー概念を利用していることについて、クーヌマンがまるで鬼の首でも取ったような指摘をつぎのようにしているのはなぜだろうか。『ロートレアモン』の結論部分でバシュラールはアリストテレスの名は出さずに論じているのだが、この区別をどういうわけかクーヌマンは「無意識的ではあろうとバシュラールのカテゴリーの第一の基盤であろう(12)」という。どうして「無意識的」でなければならないのか。「(バシュラールが)ポエジーにおいて物質因が形相因よりもいわば実在的であると述べているとき、アリストテレスの読書の結果をそこにおそらく見なければならない(13)。」などというトンチンカンなことを並べている。クーヌマンにアリストテレスのカテゴリーについての知識がたまたまあった、ということしかこの文章は意味していないのである。「実在的」というこの断定をいかなる根拠から引き出したのかクーヌマンは示していないし、プチジャンの本のことも指摘していないのだから、バシュラールの考察の筋道をまったく無視した独断としか見えないし、ここで端なくもクーヌマンは『ロートレアモン』すらろくに読んでいないことをさらけだしたにすぎないのである。

II　物質と質量

バシュラールが想像力の問題を扱うにあたってどれほど慎重であったかを一切顧慮せず、クーヌマンはこういう。

「バシュラールはおそらくそれと知らずにだろうが、フランス語の《形相的》と《物質的》という用語のいくつかの意味のあいだで躊躇する。[14]」いったい何事かと思えば、「《物質的》という語で、ある場合に物質に固有なものを意味し、ある時は第一原因とか本質的原因の観念を意味し、しかも一向にその意味のずれに気づいていない[15]」ということなのである。バシュラールが物質因をまさに第一原因とみなしていることは自明のことではあるまいか。どうしてバシュラールに対し、「おそらくそれと知らず」というような指摘を意識的に挿入しなければならないのか、この点についてクーヌマンが具体的な例を出していないので何をさすのか、はっきりしない点があるけれど、自分の重大視して欲しい形相因をバシュラールが重視していないことへの単なる逆うらみからいわれているようにすら思われる。しかしフランス語の matière を私自身が日本語で質料と物質と訳し分けてきた理由を、はからずもクーヌマンに指摘されたような気がする。形相因とくれば質料因という訳語がでてくるのであり、もちろんそれは第一原因であるが、形や形態に対しては、質料という形而上学的な抽象語よりも、物質、材料、素材というもっと現実的な意味の語が使われる理由が明らかになったのである。しかしそれは日本語の問題であり、フランス語ではそのような区別をたてていないから、クーヌマンの指摘が当てはまるところはないのである。

ところがクーヌマンはそこからさらに踏み出す。バシュラールは「ひとつの文学作品の真の意味を、物質の中に、したがって作品の領域外にすえようとするその意図により、マルクス主義的発想、フロイト的発想、あるいはもっとも伝統的な意味での歴史的発想の批評家たちのあいだに位置することになる。[16]」

「文学作品の真の意味」をバシュラールがどのように考えていたのか、ということは実はクーヌマンのいうほど単純ではないのであるが、しかしそれを物質の中とか「作品の領域外」とかに置こうとしたと断定されるいわれはないであろう。もちろんバシュラールは物質のイマージュを文学の重要な要素であり、文学的な美の本質をなすものと考えてはいるけれど、イマージュの物質面を重視することが、なぜ文学の意味を「作品の領域外」におくことになるのか理解に苦しむのである。そこからさらにマルクシズム的、フロイト的発想、歴史家的発想まで拡大していくこのすりかえはクーヌマンの常套的策略である。しかもクーヌマンの批判はさらに進む。

「バシュラールと同様こういう批評家にとり、文学は付帯現象となり、そこでは文学作品そのものよりも文学作品が表わすものの方に重点がおかれる。[17]」ジャン・リカルドーの名前が引きあいに出され、かれのいう「本文外」の方が、テクスト自体より重視されると、テクストそのものは「冗漫で無意味なもの[18]」となるのだと決めつけるのである。いったい、バシュラールの『水と夢』のどこでそんなことが起こっているのだろうか。文学作品は、人間にかかわるすべてのものを含みうるゆえ、歴史学、心理学、社会学、政治学など多くの学問への素材を提供することが可能であるが、ここでクーヌマンが目指す文学作品とは何なのだろうか。文学研究とは「テクスト」を一歩も出ることなく研究することであろうか。まさか文献学的な原典批判しか認めないというのではあるまい。それではいったいこのテクストとは何であろうか。クーヌマンは文学のテクストをどのように定義するのか、一向に定かではないが、クーヌマンの論じ方からすると、文学ということばの狭い概念から一歩でもはずれたら、すべて文学外に追放されそうな気がする。この点についてはロラン・バルトの「作品からテキストへ」などに見られる柔軟なテクストの把握とは大きな隔たりがあるように思われる。バルトは「テキストは人が書くことと読むことの間にある距離をなくそうとするように求める[19]」などと、バシュラールの考えにきわめて接近した理想的な読者の立場から発言しており、それに比較するとクーヌマンの「テクスト」観のいかにも形式的で偏狭な傾向がはっきりする。

Ⅲ 四元素

物質的想像力という考えは地水火風という四つの元素によるイマージュの分類にバシュラールをおもむかせる。これがバシュラールの想像力研究を飛躍させ四部作を書かせたことは繰り返すまでもあるまい。クーヌマンはその問題を論じるに先だち、「バシュラールはその科学者としての素養にもかかわらず、現代科学や常識で定義されている用語によって物質を論ずるどころか、古代ギリシアがあたえた世界解釈に忠実だ[20]」とバシュラールをこきおろす。ソルボンヌの科学哲学の教授の科学的知識を疑惑の目をもって眺め、まさに科学哲学専門家としてすら失格だといわんばかりである。

「(バシュラールはギリシア古典哲学から存在の四つのカテゴリーをひきだした。しかもそれは四元素――それらの元素がつねに何らかの重要性をもつと想定してのことだが――がおそらく西洋文明においてしか役割をもたず、そして存在論的価値も、根本的な心理的価値すら、もたないことを証明するためである[21]。)」

なぜこのような重大な発言をカッコに入れてつけたしたのか不明であるが、バシュラールが四元素の分類を西洋文明内でしか有効でないというふうに考えたというのは事実に反する。四大元素の分類の発想をギリシア哲学に求めたことは、アフリカや中国の神話を資料として考察する制約にはなっていない。フレーザーの『金枝篇』が『火の精神分析』で批判されているのをクーヌマンは見落したのだろうか。バシュラールが目指したのは人類に普遍的な想像力の作用である。もちろんその考察の範囲は西洋の資料が大半であり、そしてそのために地域的な偏りがあり、考察が汎人類的であるとはいいがたいけれども、当時としてはできるかぎりその方向を目指したのではないだろうか。

次に四元素の存在論的価値とは今も私には何を意味するか不明であるが、その価値をもたないとバシュラールが証明しようとしたとは思われない。第三の「根本的な心理的価値すらもたない」ということを証明するためにバシュラールが書いたということは、明らかに正反対のことであり、クーヌマンがバシュラールの試みをまったく失敗だったと評価していることを示すにすぎない。その当否はひとまず論外として、クーヌマンが評価と事実とをこのように混合するのは彼女のいう「まやかし」という卑劣な手段ではあるまいか。

『火の精神分析』においてはバシュラールはまだ四元素による分類をはっきり着想しておらず、火のように人類が深い交渉をもってきた物質、火のほか水とか空気とか、あるいは塩、酒、血などによって想像力の作用を分析してはどうかと、『科学的精神の形成』における誤謬心理の解明の延長上に立って提案している。その後、形相と質料、つまり形態とその物質的素材を区別する視点によって、初めて四元素によるイマージュの分類に自信をもつのである。

それについてクーヌマンはこういう疑問をだす。「バシュラールは物質のこの概念が科学の目から見てのりこえられたことは正確に知っているが、それがかれに美的快感をあたえるゆえかれの世界観の基礎とした。[22]」そしてこの根拠としてバシュラールの一行を引用する。「またもしこういう単純で強力な哲学が今なお確かな信頼をあたえる泉であるとするなら、それらを研究することによってひとがまったく自然な想像の機能を再発見するからである。[23]」ところがクーヌマンは「元素は人間の想像力とは別個の独立した存在をもつのかどうか、[24]」それとも「擬似科学」、神話的、詩的手段にすぎないのかという問いを投げかけるのだ。

クーヌマンの目から見ると、バシュラールは二つの態度の間でゆれ動いているらしい。「第一の解釈によれば、元素は生の事実であり、人間の手で作ったものではない。元素は現実に存在し、また世界と同じ実体よりなる。《擬似科学》はするとバシュラールの目には真実となる。そして元素は想像力の単独の世界に属するとはもはや断定できない。別の解釈によれば元素は世界と同一の実体ではなく人間の想像力の産物であり、心理的かつ詩的な大きな有効範囲をもつが、世界の次元とは関係をもたない。バシュラールはこの二つの面の上でたわむれようとする。元素（質料）はわれわれの想像力の産物であると同時に外部世界に属する実在の本体である。[25]」

ごらんのように四元素の実在を認めるのか、それとも四元素は想像力の産物なのか、どちらかに決めなければならないという議論の立て方は、クーヌマンのいわば常套的な二分法である。

すでに述べたように、バシュラールはイマージュを形相因と質料因の二つの面から捉えることに着目して、次に質料因の分類を四元素というギリシア古来の分類法にたよって構想したわけである。この四元素はもちろん外部世界のあらゆる存在を分類する基準なのであるから、その中にふくまれるものは当然現実に存在するはずである。しかし同時にその分類法自体が人間の考案したものであるから、人間の手を加えた産物だといえないことはない。

バシュラールの分類は本質的には関係概念であって、実在をめぐる想像力の機能を把握することが目的であることは明らかである。したがって四元素が本当に実在するか、あるいは四元素の分類がはたして実在をくまなく網羅しているかという検討は問題外なのである。むしろ、四元素が存在すると考えられたということ、過去の長い期間そうした分類が多くの人びとに信じられてきたという事実だけで、十分その根拠はあたえられていると考えるからである。

しかしここで注意しなければならないことは、こういうふうに仮定することが、人びとの想像力の中でこの四元素は実在と等しい存在価値をもつ、つまり世界の実体と見られていたことを否定しない、ということである。想像力が活発に活動しているときであれば、それは想像的世界をあたかも実在の世界であるかのように見なしているのだし、また、四元素が信じられていたという歴史的事実は、現在の人びとが明らかに想像力の所産とみなすものを過去においては実在そのものと見ていたこと、つまり想像の所産と実在を区別できなかったことをも示しているのである。

クーヌマンの文章には、よく見るといくつかの歪曲がある。たとえば「元素が世界と同じ実体よりなる」とすれば、「《擬似科学》はするとバシュラールの目には真実となる。」という表現は、想像的世界の中での「真実」を、実在の真実とすりかえたのである。今度は逆にこういう。「元素は想像力の単独の世界に属するとはもはや断定できない」と。「想像力の単独の世界」とは何を意味するか定かではないが、想像力の世界がすべて想像力が作りあげた部分でのみ作られているとすれば、そういう世界のことであろうか。クーヌマンはいったい想像力の世界に登場する事物、花とか草とかが想像力の世界にだけ属するといえるのであろうか。

したがって第二の考えは想像力の産物を実在化する立場を設定する。そしてそれは現実の「世界の次元とは関係をもたない」ことにされてしまう。だが、そんな区別はまやかしにすぎない。子供は夢みたものしか欲しがらないし、また世にいう観光名所や歌枕などは、まさに想像力のなかでまず人びとがつくりあげたイマージュが、今でも現実の世界と深い関係をもつ好例ではあるまいか。(26)一本の何の変哲もない峠の松の木が、どうして他の松と違った評価を受けるのか、想像力の介入をまたずに説明できるであろうか。

クーヌマンが冷笑をこめていう、「バシュラールはこの二つの面の上でたわむれようとする」と。このことは人間にとって、けっして不合理なことではないのである。したがって「元素（質料）はわれわれの想像力の産物であると同時に外部世界に属する現実の本体である」という結論は、あくまで想像力の世界においては正しいのである。つまりこの文章の後半について元素を「外部世界に属する現実の本体」とするのも想像力のなすことだからである。だからといってそれはけっして外部世界の存在を否定することを意味しない。ただ元素を外部世界の「本体」だとみなすことは、あくまでも想像力の機能なのである。本体とは想像の世界における価値付加作用の結果でなくて何であろう。四元素はそうした想像的価値を担った存在として最初からバシュラールによって設定されているわけである。

バシュラールはその区別をあまり繰り返しては指摘しないが、もの自体とか、現象そのものというような場合でも、自然科学の対象となる場合には、必ず人間の手によって自然から取りだされたものであり、そのとき必ずある種の変形がおこなわれるし、対象の選択自体にも主観がはたらいているということを指摘している。また主観というものが、いかに先入観、経験などによって動かされるものであるか、ということも力説しているだけに、始めから想像力の研究ということを目的とした『水と夢』では、あえてそうした初歩的な問題にふれる必要を感じなかったと考えられるのである。

しかしバシュラールは想像力の問題を扱うにあたり、自分の思索を深めるだけではなく、できるだけ客観的な方策を模索したことも忘れてはならない。

たとえば、水という元素に対し、バシュラールは形成期の自分の個人的な経験をまず述べ、次に文学作品を中心とする資料によって想像力の動きを追っている。読者はその資料を解釈するバシュラールの主観性に対し、前もってある程度の知識をあたえられているわけである。したがってバシュラールの記述は、水に対する詩人や小説家の想像力の反応と、それを解釈するバシュラールの経験と、さらにそれを読む読者の水に対する経験という三つの立場が想定されており、それぞれの位置を明確に意識すれは、かなり有意義な立体的構造をもちうるように想定されている。かれの文章から読者があたえられるレアリテの印象はそうした構造から生じるように思われる。

イマージュと実在との関係を図式化するなら、一方に観念や概念に接近する抽象的方向と、ものに接近する具象的方向とがあり、その二極間でイマージュは揺れていると想定される。しかも想像力内のものの側の極は、外部世界との通路である感覚によって、現実の無数の情報を吸いあげていて、形体はもとより物質にも大きな作用を及ぼしている。この場合、ものの側の極を外部世界の実在と同一化したり、単純に固定化してはクーヌマンと同じ誤りをおかすことになる。極自体も移動しているからである。

「人間の想像力の産物であるこれらの実体は想像力の外にあり、どうして想像力を説明するということができるのか。[27]」というような形式論理の矛盾に勝手に落ち込むことになるであろう。

そこからさらに「元素が想像力を形成する」のではないから、結局バシュラールの仮説は「科学的に間違った特性によって効力をうばわれており」したがって「精神に対する地水火風の特別な影響は単なる仮説にとどまるのであり、根拠もなく、証拠もなく進められたものである。[28]」という驚くべきというか、予定通りというべきか、断定的結論がクーヌマンによって出される。

想像力の機能を分類する関係概念を、実体概念とみなし、実在するかしないかを問い、そこから当然実在しないという答えをひきだし、したがって「科学的に間違った特性」という結論をだし、今度は「精神に対する地水火風の特別な影響はない」[29]と断定する。このクーヌマンの議論の運びは、精神と想像力をすりかえ、また「特別な」という限定を「影響」につけておくという用心をしながらおこなわれていることをまず指摘し、この四元素という仮説が「精神」に対してどんな大きな効力、「特別な影響」をもつかには、それが何百年も人間の精神に信じられてきたという歴史的事実が十分な根拠であり、証拠であると答えよう。しかもそれはバシュラールと全然無関係なところで成立していた事実であり、かれはそれを借用したにすぎないのである。このような非科学的な原理が実際長期間にわたって人間に信じられていたという事実が、バシュラールに対し、なぜそうした原理を人間が求め、信じたのかという疑問をなげかけ、かれを人間の想像力の特性を探るという作業におもむかせたのだ。どうしてそれがクーヌマンにとって根拠のないことになるのか、だれしも理解に苦しむのではあるまいか。

Ⅳ　創造と批評

クーヌマンは視点をかえてバシュラールの擬人化、アニミスムの傾向に批判をくわえる。あるいは物質的想像力が人間に普遍的な共通のものか、それとも特定の個人にのみ固有の特殊なものか、というような問題をとりあげ、バシュラールが悪循環におちいっているという。あるいはこういうバシュラールの試みは詩的インスピレーションを解明するためなのか、それとも美的判断の基準をつくりだすためなのかというような問いをだし、バシュラールが詩的ヴィジョンの「創造的なエラン」と作品の美的享受とを区別しないことを批判し、創造と批評とを分離する二十世紀の文芸批評の一般的傾向に反するときめつける。いずれも物質的想像力の普遍性と、文学作品の特殊個別性という問題に帰結するのであるが、これはまったく同じ次元での議論ではなく、とくに後者は表現のレヴェルで、想像力以外の文学の構成要素を加味して考察された文学作品の総体的価値の問題である。もしイマージュのレヴェルでこの問題を考察するとすれば、作家の個性の問題はイマージュの新しさの問題となるであろう。そしてそのことについてバシュラールは、完全とはいえないにしても、多くの考察を進めているのであり、また享受と創造にしても、かれ自身の立場はあくまでも読者の立場でありながら、あたかも作品をみずからのために書かれたもの、さらにはみずからが書いたかもしれないようなものとして、積極的に享受するという視点をとるのである。(30)

クーヌマンは「二十世紀の批評の一般的傾向」が「創造と批評の活動を分離する」というが、今世紀の動向がはたしてそうであるかどうかの議論はおくとしても、創造活動は確かに作者の独占作業であり、作品形成に余人の干渉を許さない秘密が存在することは事実であろう。(すでにふれたことだが、物質因と創作との関係の証明など第三者にはとうてい不可能事であり、またおそらく作者でさえその「証明」は困難なことではあるまいか)。

しかし読者が作品を通して作品の世界に奥深く参入し、作品を形成させたエランにふれるほど強力に作品と同一化することが、批評活動を開始する前に、読者としての批評家に要請されていることも、また否定できない事実であろう。クーヌマンは、はたしてそういう前提にたって「創造と批評の活動の分離」をいっているのであろうか。ここで「一般的傾向」というテクスト外の既成概念の導入で、彼女はテクストを裁断する暴力的行為をおこなっているのではあるまいか。

バシュラールが物質的想像力の解明にあたり、無意識のある次元に文化コンプレックスを設定したことについて、あるいは精神分析的な手法を適用したことについて、クーヌマンはそれほど深い関心をはらわない。それは「テクスト外」の問題だからであろうか。

しかしクーヌマンは、バシュラールが「夢幻的現実」を作品の深い意味にふれる前に明るみに出すべきだというが、もしこの「レアリテ・オニリック」に四元素のひとつをあたえるのであれば、作品の深い意味は複雑ではなく、単純なものになるではないか、というようなあげ足とりは忘れないのである。どうして元素が単純なのか、ここでも分類のカテゴリーを単純な実体に置き換える幼稚な二分法の操作で「矛盾」をつくりだしているにすぎない。複雑であるかないか、本文の実例によってみれば判明するはずであり、文化コンプレックスというバシュラールの概念がもつ困難はもっと別の種類のものであることが分かるであろう。

「形態にそれらの適切な物質をあたえて研究できるようになったとき、初めて人間の想像力の完全な理論ができるだろう。(31)」というバシュラールのことばをもとに、クーヌマンは次のように皮肉をいう。

「どんな作品もバシュラールによれば物質的想像力の上にある。ひとたび各作品がきちんと〔内容が〕目録化されるようになれば、それぞれ固有の元素をあたえることができるだろう。(32)」

さらにクーヌマンはこういうふうに延長する。

「文学作品の題材、主題、イマージュは、表面がどんなものであろうと、四元素のひとつがつねに深い現実的題材なのである。極端にまでおし進められると、バシュラールの理論は結局還元的であるという正体を明らかにし、そしてそのことにより根拠を欠くこと、あるいは証明不能であることが明らかになる。(33)」

この文章の前半は、四元素をあらゆるものの分類原理として採用したのであるから、当然といえば当然である。もちろん四元素と題材、主題との関係は複雑であり、そのためにわざわざバシュラールは実例に即して繊細微妙な分析を進めているのだし、それがすべて成功しているわけではない。だがそれを一顧だにせず、クーヌマンは形式論理を極端に手前勝手に進める。いったい「極端にまでおし進められて」、「結局還元的である」正体をもたない文芸理論など存在するのであろうか。「もしを重ねたら、ビンの中にパリを入れることができる」というけれど、クーヌマンの論理はこの「もし」の好例で、パリどころか地球だってビンの中に封じこめかねないような、ラクダに針の穴を通らせる論理なのである。『水と夢』の現実は、バシュラールの出した実例が極端にまでおしつめられたものなのか、還元的なのかを示しているはずなのだが、この論者はバシュラールの『水と夢』の序文からほとんど出ようとしないのである。この序文の方法論の論理が間違っているのだとすれば、そういう方法論に従った文学の分析や実例など何の価値もないというのがクーヌマンの本音なのであろう。

そうした仮定の前提に立ち「還元的」だという仮定の結果から、根拠がない、証明不能であるという「真実の」結論を導きだすのである。これはファッショ的な論理、恐るべき専制的な論理ではあるまいか。「もし批評の通常の基準（作品の内部的整合性、作者の作品全体の中の位置、構成の時に生きていた規則との関係）に頼っても、ひとつの作品が、その表面的題材にもかかわらず、四元素のひとつから《実際の》着想や意味をひきだしていることを証明するにはいたらないとすれば、なぜバシュラールの物質に対する不当な断定を認めるのか。換言すれば、いかなる芸術作品も元素の中に真のその題材や源泉を見いだしているということをわれわれに認めさせるようなものは、事実の中に何もないのである。」(34)

こういう断定を導きたいことは最初から目に見えていた。「実際の」とか「真の」という条件を重要な語の上につけている用心ぶりは見上げたものであるが、この形式論理の絶対主義者は、『水と夢』においてバシュラールが論じている作家たち、ポー、マラルメ、クローデルや、シェークスピアなどの作品は芸術作品ではないというつもりであろうか。これらの具体例に即しつつ、どこが「実際」ではないのか、どれが「真の」意味から遠いのか明示すべきであろう。しかもクーヌマンの並べた「批評の通常の基準」なるものが、おそろしく大雑把で皮相なことも、バシュラールのイマージュの分析の精緻さを把握できない理由であろう。いったいクーヌマンが麗々しく振りかざす「作品の内部的整合性」や「構成の時に生きていた規則」などが今どき批評の基準として通用するとまじめに考えているのであろうか。もちろんイマージュと作品のテーマとの関係は確かに重要であり、テーマと作品構成の関係については、バシュラールがはじめから考察の対象としていないだけに、今後の残された重要な課題ではあるのだが、もはやそうした議論は無駄らしい。

「たとえバシュラールが定義によってこういう確信を真実だというとしても、そのときわれわれはそれを認めることはできないだろう。かれの確信はそれほど突飛で主観的であるから。[35]」こういうトドメのことばを用意しているのである。まさに問答無用で、クーヌマンはみずからの安直な二分法論理に酔いしれて見得を切っているとしか思われないのである。

V　イマージュと象徴

したがってこれ以上議論しても無駄なはずであるが、クーヌマンの文章はまだ続くので我慢して聞くことにしよう。

「確かにわれわれの文学は四元素のイマージュによって通りぬけられている、しかしその頻度は肉体、金、植物、天体のような他の現象より多いとは何も示していない。[36]」

「通りぬけられた traversée」という奇妙なことばを用いたのは、バシュラールの考えを現実的でも真実でもないと断言したばかりだからであろう。ただ、四元素が分類原理であるとすれば、ここにクーヌマンがあげた現象はいずれかの元素の中に分類されるはずであり、バシュラールの四部作の目次だけでも見るならばそのことは氷解するはずなのだが、クーヌマンには「おそらく」そのひまも興味もなかったのであろう。

実体と機能をすりかえるクーヌマンのフォルマリスト指向は次の箇所で明らかになる。「こういうイマージュ群の機能は何か。バシュラールは水のイマージュ群の中に、まずそれらの役割がなんであろうと、より抽象的な実在の象徴的表出を見ようとしばしば試みた。バシュラールはこうして、ある作品の真の題材はおそらく物質そのものではなく、物質の象徴するものであるというまったく逆説的な結論、かれの主張のエレガントな逆転に導かれるのである。(37)」

こういう結論に導いてきたのはもちろんクーヌマンであり、けっしてバシュラールではない。どうして一番重要な断定の中に「おそらく」という条件緩和の語をしのびこませ、そこから導きだされる結論ではまったく大胆不敵な断定をおこないうるのだろう。そしてここでもまた「真の」という隠れ蓑を題材ということばに着せている。しかしこの箇所の指摘はやはり重要な問題であることに変りはない。幸い具体的な例が出されているのでそれを見よう。

「たとえば、バシュラールはときに水を液体の象徴だとする。しかし水が唯一の液体の元素だという間違った推論をする。《物質化する夢想にとり、あらゆる液体は水〔複数〕であり、あらゆる流れるものは水に属するのであり、水は唯一の液体の元素である。》〔バシュラール〕。しかしバシュラールが文学から借りた例では、水は固有の価値をもつイマージュであるどころか、象徴の価値をとり、そしてたとえば根源的液体となる。その液体の中には人体のあらゆる液体――血液、乳、尿、精液、涙などが溶けているのである[38]。」

まず分類原理としての水と、単純な水のイマージュとの区別を明瞭にしないための混乱があるというのであろう。バシュラールの文章の中にもそうした箇所は確かに多い。しかし水という単一物質を四大元素のひとつとして分類原理にまで昇格させるためには、水は水としての属性を極端に拡大しなければならない。さらにそれは他の三元素との比較の上で示差的相対的な特性にまで発展させられる。乳は乳であって水ではない、という素朴実在論的な、アトミスティックな見地からすれば、四元素の分類はそもそも成立しないのである。しかし実在論者も乳が水とよく似た性質をもち、そこに共通点のあることまでは否定できないであろう。さらに水が大地をうるおし、大地を養うといった比喩において、水がいわば乳としての機能を大地に対して持つことも認めざるをえないであろう。想像力の世界で水は栄養ある液体として機能したことも過去の事実として存在している。ところがクーヌマンは元素のイマージュを機能として捉えず、こういう事態を無視して、単一の実在として固定化しなければ満足しないのである。

またイマージュが、イマージュにとどまらず象徴になるという点については、すでに指摘したイマージュの両極性を想起してもらいたい。しかしイマージュはそれ以外の「より抽象的な現実」を表出する場合でも単なる記号になってしまうことはない。クーヌマンはやっきになってイマージュと象徴を区別しようとするが、この区別がそんなに容易にできるとは思われない。なぜなら「より抽象的な現実」にしてもイマージュの中にとけこんでいるのであり、イマージュの機能は、あくまで不在の何物かをまず再現し、その中で「より抽象的な現実」を指示するのがその機能なのであり、そこにある相互作用は何ら逆説でも矛盾でもない。その機能をたちまち固定化し実在化しなければ気のすまない二分化論理一本やりの石頭だけが、逆説だ矛盾だとさわいでいるにすぎないのである。しかしクーヌマンの言い分をもう少し聞こう。

「もし物質的想像力が、水の中に他のあらゆる液体を転換するのなら、水はもはやバシュラールのいう第一の実体ではなくて、それが意味する現実の第二次的な象徴であると答えることができる。たとえば水は血液の象徴となることができるが、血液そのものは死や暴力の象徴である。乳は、乳母のイマージュ、精液は男性的な活力のイマージュである。(39)」

こういうふうに一次的、二次的という区別は一見明示的であるが、文学的テクストにおいて、はたしてこの関係はそれほど単純であろうか(40)。水はあくまでも水で、血とはつねに別のものというさきほどのクーヌマンの言辞が当然想起されるであろう。一次的、二次的という区別にしても、水と血液、乳と水とがもつ夢想内での自由な転換のメカニズムがはたらかなければ成立できないことなのだ。この転換こそバシュラールが精力的に分析を集中したことではなかったか。一次的、二次的という比喩の次元の区別をクーヌマンはまたも素朴に実在化しているように思われる。

「それ（河）は大地の実体の液化であり、それは大地の襞のもっとも奥深く隠されたところに流れる水の噴出であり、乳房を吸う大洋の誘引による乳の噴出なのだ。(41)」

このようなクローデルの水の変貌を一次的・二次的という分類で説明できるのだろうか。バシュラールの説明はこうである。

「ここでは一体何が支配しているのであろうか。形態だろうか物質だろうか。砂洲の乳首をもつ河の地理的輪郭だろうか、それとも液体そのもの、生体の精神分析的な液体、すなわち乳であろうか。だが、乳を吸う大洋に結ばれた河口を人間のように力動化する本質的に実体論的な解釈によらずして、詩人のイマージュに参加するどのような媒介物があるというのか。(42)」

というふうに詩的イマージュの美が内面的な物質による価値づけによることを説明し、さらに「無意識にとっては水が乳であり、それはじつに頻繁に科学的思考の歴史上で水が大いに栄養になる元素だと見なされていたからだ」ということも付記している。かつては栄養摂取は重要な「説明原理」であったし、また「大地は水を飲む」と本気で考えられていて、水は「大地と空気を養う」召使いだと信じているひとさえいた。要するにある時代には水はそれだけで乳とみなされるような効力をもっていた。いうまでもなくこういう背景が水のイマージュに大きな価値を付加していたのである。

水が、クローデルのテクスト中のどの点で一次的であり、どこが二次的であるかをクーヌマンなら「正しい」根拠をもっていうことができるのだろうか。

「もしわれわれが水のような象徴をこのように分解するとしたら、基本的なものや恒久的なものとしては何が残るのであろうか。水はそれが象徴化する液体、前後の脈絡や状態にしたがい水が表わすことのできる人間の状況、思考情熱のある分野以上の重要性をもつことはない(43)。」

水が一次的、二次的な象徴活動をおこなうことの可否はおくとしても、それは水のイマージュの機能であることは、クーヌマンといえども認めねばならないであろう。そうでなければ血は血であって水ではないという単純な実在論に逆もどりするのだから。ところがクーヌマンはまた水を象徴として分解すると、もはや「基本的なものや恒久的なもの」は水に何も残らないというのである。水を電気分解すれは水素と酸素となり水は残らないという幼稚な化学的知識のアナロジーであろうか。水の物質因はまさにこの機能の表現なのであるから、象徴に昇華されても、水のイマージュは依然水としてそうした機能を保持するであろう。基本的とか恒久的ということばも水のイマージュの機能にあたえられた限定辞にすぎないのである。

したがってクーヌマンのこの文章の後半は水のイマージュの価値を貶めるつもりで書かれたのであろうが、水が象徴として表わすもの以上の価値はもたないということは当然であり、むしろなぜ水がそういう象徴の価値をもちうるのか、という問いこそバシュラールの発した問題なのだということを繰り返しておく。

だから水が他の液体と同じだけの重要性をもつというだけでは、けっしてバシュラールのいう水を貶めたことにはならない。水は変貌して他の液体になると、それらの価値を受容していくのである。

さてクーヌマンの最後の断定を聞こう。

「われわれはしたがって、バシュラールが望んだように恒常性や恒久性という特性が物質の中に存在するのではなくて、特性は自然に対して人間の属性をあたえる（擬人論化《アントロポモルフィゼ》）という人間の矯正できない傾向にあると結論できるであろう(44)。」

バシュラールは物質を恒久的とか恒常的だと主張したりはしない。想像力の物質へのはたらきかけ、物質的イマージュの機能が、人間において恒常的ではないかという指摘をしているだけである、そしてそのために文学のイマージュを中心に詳細な分析をしてきたのである。クーヌマンがいうアントロポモルフィゼとは、十八世紀後半に神性を人間化して考える異端な解釈を示した語であり、今さらことごとしくもちだしてバシュラールの仕事を総括できるようなことばではない。さんざんバシュラールの方法にけちをつけておきながら、クーヌマン先生が結論にうやうやしくもちだしたことばは、バシュラールが数十年も昔批判的に使用したことばなのだ。

しかし、クーヌマンはこの擬人化の傾向を人間の「矯正できない」性質というふうに規定しているが、これはさしずめ西洋人だけに特有の傾向なのであろうか。少なくとも現代のすべての西洋人に特有だということはできるに違いない。だとすれば、実験室における科学者も例外ではあるまいし、当然のことながらかれらの思考の所産である自然科学の理論にもその影を落しているのではないだろうか。もしクーヌマンがこういう結論を否定するのであれば、西洋の自然科学者は人間のカテゴリーからはみだすことになる。こういう矛盾した結論に導く覚悟をもってクーヌマンは「矯正できない」ということばを用いたのであろうか。

バシュラール自身がこのことばを初期においてどう理解していたかを示す文を引用しよう。「実在の細分化した様相に対するわれわれの唯一の表現方法は現在のところ神人同形同性論《アントロポモルフィスム》（擬人論）である」[45]（『近似的認識試論』一九二八）。

科学が実在の新しい様相を発見した場合、それを命名するのに頼るのは既成の言語体系しかなく、それはまさに人間中心の価値体系であってみれば、新しく発見された科学上の現象は、昔の神人同形同性論の神と位置を交換することになるのである。

神の場合と違って、事象の細部については適用される用語は対象とぴったり一致しないであろうし、大体が大まかにすぎることになるのではあるまいか。そしてまた人間的な既成の価値が付属して、対象を無益にゆがめるおそれがある。こういう事態をクーヌマン先生は考えた上で使っているのであろうか。

バシュラールは『新しい科学的精神』や『科学的精神の形成』において、頭脳に反して自然科学者が思考し、新しい発見にそなえるように訓練をするように説いているが、それは、はからずも人間性にひそむさまざまの「矯正できない」傾向を意識したからであり、あらゆる方法によってそれを矯正し、対象との「正しい関係」をもてるようにするための方策を考えたのである。そして一方、それとは正反対のポエジーの軸を設定し、詩的イマージュの愛好と悦びを解明する試みから、物質的想像力の提唱となったのである。こういった背景を全然無視し、バシュラールの物質的想像力を否定しさろうとする野心家クーヌマンは、はたして『水と夢』を「本当に」再読したのであろうか。たとえ一度でもその全文を「実際」に読んだのであろうか。またこういう暴力的な断罪をひとりの著者に対しておこなうことが、「再読」などという見出しの下で許されるのかという深い疑念を、『ポエティック』誌編集部への抗議の念とともに、クーヌマンに呈しておきたい。

Ⅵ　むすび

こういう現象は、ひょっとすると根がもっと深く、フォルマリストによるマテリアリストの断罪といったことだけではなく、(バシュラールをマテリアリストに分類しては、かれから異議が出されるであろうが)、人間がものに対してもつかかわりの深いきずなの変質を示すのではないか、という疑いが生まれる。バシュラールの四部作で分析された物質的イマージュの例は、一部をのぞいて、どれもこれも牧歌的なもの、過去の楽園からの歌のように思われてくるからである。人間は幼いときの行動の図式を事物との交渉によって形成する。あるいはこうした図式の形成にあたってものを媒介とする。そのとき地水火風の四大元素がどれほど深い影響を図式にあたえてきたのか、ほとんど測りつくせないであろう。

しかし、とくに最近の文化や教育の発達は、その図式の形成期の母親や父親の役割を減少させ、同時にものとの自然なかかわりの機会も極端に減少させる傾向があるが、こういった傾向が、西洋においても顕著になりつつあったのではないか、ということである。クーヌマンはもはや水というイマージュに水道の水しか思い浮かべることのない「文明人」の代表なのではあるまいか。そうだとすれば、物質的イマージュの貧困化の病根はさらに深いといわねばならないのである。

以上クーヌマンの所説の大筋に対し私見を述べ批判を加えたが、細部において聴くべき点がまったくなかったわけではない。バシュラールの表現の多義性についての分析などには、矛盾をついているところがある。しかしそれにしても、バシュラール理論の否定を急ぐという方向ではなく、一体その矛盾が何を意味するか、多義的に表現せんとしていた現象への関係を視野に入れて考えてみた方が、より生産的であろうし、何よりも文学的創造力、文学的イマージュの構造の解明に一歩でも接近することになったであろうにと、惜しまれるのである。

注

(1) Katrine Keuneman *L'imagination matérielle chez Bachelard*, in *Poétique*, revue de théorie et d'analyse littéraires, No. 41. février 1980, Editions du Seuil, p. 128–136. (traduit de l'anglais par Marc Porée et Marc Leroy) 以下 KK. と略。
当然のことであるが、このフランス語の訳文が忠実に原文を訳したものであるという前提に立って、拙論が書かれたことも付記しておかねばならない。また著者名の日本語表記は一応フランス語読みに従う。

(2) 著者は作品の独立性を暗黙の前提にしているが、この作品とは芸術作品、文学作品のことを普通はさすのであり、その独立性、あるいは完結性、さらには閉鎖性まで、芸術においてはひとつの価値を形成することについてはわたしも異論がない。しかし、前・後の作品との関係が、その作品の理解に役立つこともやはり否定できないことであろう。クーヌマンは『水と夢』を文学作品ではなく文学研究の著作、理論的作品とみなしている。バシュラールの文体をあまりに文学的だと批判しているほどであるからその点は疑いない。するとバシュラールの連作のうちなぜ『水と夢』がとりあげられたのか、その理由が判然としない（おそらく副題のせいであろう）が、理論的著作、しかも四部作の一作だけをとりだし、完全な独立性を要求することは、ジャンルをとり違え、見当違いの価値を要求していることになるのではあるまいか。

あえていうなら、クーヌマンのいう〈方法的厳密さ〉がむしろその視野の狭窄さのカモフラージュとなっているのではないか。そして論文の題名の過度の拡大化は、この〈厳密な方法〉がいかにまやかしであるかを図らずも暴露しているのではあるまいか。

（3）Gaston Bachelard, *L'Eau et les Rêves, –Essai sur l'imagination de la matière*, José Corti, 1942.（Nouvelle édition, 1956.）p. 1-2.

（4）同書、三ページ。

（5）KK. p. 129.

（6）KK. p. 129.

（7）「あたかも物理学者が現象を起動因の流れの中の一断面として捉える場合にのみ、現象を理解するように」という比喩が続いている。Bachelard, *Lautréamont*, José Corti, 1939, Nouvelle édition augmentée, 1956, p. 153.

（8）改訂版（国文社）

（9）KK. p. 129.

（10）、（11）、（12）、（13）、（14）、（15）KK. p. 130.

（16）KK. p. 130-131.

（17）、（18）KK. p. 131.

（19）久米博著『象徴の解釈学』、新曜社、二〇八ページ。なお「作品からテクストへ」はバルト『物語の構造分析』（花輪光訳）みすず書房に収載されている。

（20）KK.p. 131.

（21）、（22）、（23）、（24）、（25）KK. p. 131.

（26）バシュラールはこういうふうに現実から一歩しりぞき、現実について夢想する人間の傾向を、非現実機能fonction de l'irréel と名づけ、それがけっして現実機能の低下などではなく、正常な人間行動に不可欠な重要な機能であることを力説している。

（27）、（28）KK. p. 132.

(29) KK. p.134.
(30) とくに晩年の『夢想の詩学』参照。
(31)、(32)、(33) KK. p. 134.
(34)、(35) KK. p. 135.
(36)、(37)、(38)、(39) KK. p. 136.
(40) 「作品は(せいぜいのところ)多少象徴的である……。テキストは根本的に象徴的である。その完全に象徴的な性質を抱懐し、知覚し、受容した作品がテキストである。」(バルト)(久米博訳、前掲書)バシュラールのいう元素のイマージュが、二次的、あるいは象徴的だというクーヌマンの指摘は、このバルトの「テクスト」の本質を表わす特徴と符合し、期せずしてバシュラールの分析の方向の「正しさ」を示しているように思われる。
(41)、(42) バシュラール、『水と夢』p. 166-167.
(43)、(44) KK. p. 136.
(45) バシュラール『近似的認識試論』(豊田彰・片山洋之介・及川馥訳、国文社)
(追記) T・トドロフ、小野潮訳『越境者の思想』(法政大学出版局)に「ポエティック」誌のかたくなな一面を浮彫にした箇所が見られる。

第二章　切断と連続――接木という概念装置をめぐって

バシュラールの物質的想像力が実体の問題と深いかかわりがあることは、すでに述べたことからもお分かりであろう。(1)しかし水のイマージュのように、実体が深さという方向を強く指示する場合に、ただちに意識から無意識の深層へと一直線に下降するのか、あるいは文化コンプレックスと深層のコンプレックスがどのようにかかわるのか、という問いが残っていた。

バシュラールは深層の無意識に対し、意識下にありながら深層にはいたらない中間的なものとして文化コンプレックスを位置づけている。しかしこの文化コンプレックスはフロイトのいうようなコンプレックスの単なる延長ではない。一般的には昇華といわれる現象であろうが、バシュラールはそこに一種の断絶を想定し、接木 greffe という比喩によってそれを説明している。しかもそれはバシュラールが抱いていた自然と文化という問題や、人間と自然、あるいは人間性ということを考える上できわめて重要な鍵概念となっているのである。

このことは私が『水と夢』を論じた際にはそれほど深くふれないですごした問題であり、[2]ここで改めてとりあげ、『水と夢』にかぎらず、バシュラールの想像力理論の基盤そのものに照明をあててみたい。バシュラールは「水の物質的想像力の心理学の創設」(『水と夢』以下『水』と略記、p. 14)を構想したとき、現実の人間に対して直接調査をおこなうことができず、また調査の主体であるバシュラールが水を現実にまだ生きているために、火の場合のような心的距離をとれないことを告白することによって、精神分析という用語を書名にあげることを断念した。そのいきさつを述べている箇所で、研究材料としては人間について書かれた書物しかなく、そのためこの研究は「接木された物質的想像力」(『水』、p. 14)の研究にとどまると述べている。もっと具体的にいえば、それは「ひとつの文化がそのしるしを自然の上につけたとき、接木の上方で物質化する想像力のさまざまの小枝の研究」(『水』、p. 14)だというのである。

つまりかれの研究の素材は、被験者の人間からえたなまの証言ではなく、書物という文化的産物からの間接的な証言であるということについて釈明したのである。ではもしバシュラールが直接被験者に水についての心的な経験を問うのなら、それは人間の自然的な証言となったのであろうか。どうもそのようには受けとれない。この文化と自然の関係は一見ごくありふれた比喩のようにも見えるが、しかし実際にはもっと深い意味がこめられているように思われる。

たとえばバシュラールはこの接木の価値を飛躍的に高めて次のようにいうからである。

「まずそれ〔接木〕はわれわれにとって単なる隠喩ではない。それどころか接木は人間の心理を理解する本質的概念だと思われる。われわれの考えでは、それは人間のしるしであり、人間の想像力を特徴づけるのに欠くことのできないしるしなのである。われわれの見るところ、想像する人間性とは能産的自然を超えたものである。」(『水』、p. 14)

まずバシュラールが人間性というものを単純な自然から区別しようとする姿勢がはっきりとうかがえるであろう。自然と文化の対比は、自然と人間性の対比というところまでふみこんで考えられている。少なくとも接木とは文化的行為でありそれが自然の断絶をまず意味するように思われる。また自然についてはあらたに能産的自然と規定されている。はたしてそれがスピノザ的な神の創造までも意味するのかどうか定かではないが、神即自然として人間の自由意志すらも否定するような、決定論的な自然を意味することは間違いなさそうである。そうだとすればこの接木は人間の自由意志を生かすために必要な概念装置なのではあるまいか。

一方、文化として接木されるものは、自然とどのような関係があるのだろうか。以前にはこういう点に深くふれずにすましたのであるが、文化と自然についてバシュラールが考えたことをここでもう一度ふりかえってみる必要がある。そういえばこの接木の比喩が出される前に次のようなことをバシュラールは述べていた。

「われわれの方は人間を知るための手段として、読書、それも書いたものによって人間を判断するという素晴らしい読書だけしかもっていない。人間について、われわれが何よりも愛するのは、人間について書かれうることとなのだ。書かれえないようなことは、生きられる価値があるだろうか。」(『水』、p. 14)

書くという表現の行為、これはすぐれて文化的といえる行為であろう。ところがそれだけではなく、文字によって記録されるものは人間について書かれるに値するものだ、という価値判断がつけ加えられている。だが良きにつけ悪しきにつけ「生きられる価値」があるような書かれた記録とは何を意味するのだろうか。それは文学に表現された人間性の価値評価にもつながる判断である。それは日常的な平凡な人間性ではなく、何かしら特筆すべき非日常のものを指しているように思われる。だから日常的なレヴェルで捉えた人間を自然的な人間とすれば、文化とはそれを超えたものとならざるをえないことになる。

しかし日常生活のレヴェルには文化は存在しないといえるだろうか。ここで対比すべきなのは自然対文化なのだが、そうではなく、日常性対非日常性のレヴェルでの対比であって、そこに混乱の原因がある。書物に書かれた人間の行為は、日常性からはみでた、あるいはなんらかの意味で、ずれたものに違いない。文字で記するに足るものはそこに他と何らかの差異性を示す行為であろう。そしてそこにバシュラールは人間心理の可能性をさぐろうとするのである。

「人間の条件を超えるようにかりたてる諸傾向の総体によって人間を定義しなければならない。」(『水』、p. 23) つまり「人間は超人であるに応じて人間である」(同上) という人間観が示されるのである。しかもバシュラールによれば、想像力こそこのような現実や人間の条件を超える能力としてあまねく人間に授けられている能力なのである。

自然の中にあって自然を変え乗り超える存在という人間が、自然の制約から離脱する文化をいかにして形成するのか、あるいは自然としての人間性を文化の中にどのようにして生かしていくのか、もっと問題を単純化するならば、自然のたんなる延長上に人間の文化があるのかという問いのひとつの解決策として、この接木という概念装置が導入されたとみることができよう。

そしてこのことは、まず無意識の深層と文化コンプレックスの関係というかたちで捉えられるのではあるまいか。

いったいバシュラールはコンプレックスをどう考えていたか、かれの考えを簡単に見ておく必要がある。

II　コンプレックスとリビドー

バシュラールは水のイマージュを分析するにあたって精神分析を「〔水の〕夢の生理学」だといっている。[3] 一方、かれは精神分析の目的をコンプレックスの意識化による精神の解放にあると考えていることは、『科学的精神の形成』において明らかに示されている。この考え方はかなり長期にわたって続いていた。

バシュラールの精神分析の捉え方を端的に表わす文章をあげよう。

「精神分析について論ずるためには、前もって原初的イマージュ群を分類しておき、いずれにも最初の特権の痕跡を残さないことが必要である、つまりもろもろの欲望と夢とを長い間結合してきたコンプレックスを指摘し、ついで分解しておかねばならない。」（『水』、p. 9）

精神分析にたずさわる心の準備を述べた箇所であるが、ここでいうコンプレックスは文化的なものか、根源的なものか、はっきりした区別はたてられていない。しかしコンプレックスの存在を受け入れ、その問題を指摘していることに注目しなければならない。

ただバシュラールの文はあまりに概括的なので、これについてもう少し詳細な定義を見ておく必要がある。

「強い情動的価値をもち、部分的にあるいは全体的に無意識に属す表象と記憶との組織化された総体。コンプレックスは幼児期の生活史の対人関係から構成される。それは感情、態度、適応的行動など、すべての心理学的水準の機能を構成する。」（ラプランシュ・ポンタリス、村上仁監訳、『精神分析用語辞典』、以下

『分析辞典』と略。）

バシュラールのいうコンプレックスは「もろもろの欲望と夢とを長い間結合してきたもの」であるが、いったいそれは対人関係に限られるものなのであろうか。この文脈でみる限り、「原初的イマージュ群」のようにもとれないことはない。諸欲望と四大元素はどんな関係にあるのだろうか。このイマージュと夢はどのように結びつけられるのだろうか。

その点について、バシュラールは故郷での水にまつわる幼少期の体験を述べた後、そしてそれは分析家としてのかれ自身のコンプレックスの意識化という意味をもつのであろうが、次のように記している。

「われわれの夢に消すことのできない痕跡を残す最初の心的関心は生体的な関心である。最初の熱烈な確信〔証拠〕とは身体の安楽さなのである。最初の物質的イマージュが誕生するのは肉体の中、器官の中である。このような物質的イマージュは力動的で活発であり、単純でおどろくほど荒削りな意志に結ばれている。」（『水』、p. 12）

このように水の最初の物質的イマージュとは、母乳や尿などといった液体にまつわる幼児のごく初期の生体感覚に結びついている。しかも対人関係というよりは、人間関係を包み込んだ対物関係というべき段階であることは明らかであろう。したがって物質的イマージュは無意識のかなり深い層に根をおろしていることが分かる。つまり人間の物質的イマージュの発生はこのような幼児期に位置づけられているのである。

コンプレックスは一般的には幼児期の対人関係において形成されるというのが定説なのであるが、バシュラールはまず物質について快とか不快の素地が形成されるというのである。そしてそれは感情よりも感覚、しかも視覚や聴覚よりも、皮膚や筋肉や器官の感覚において形成されるはずだというのである。おそらく快不快の根底にある個人的体験といえるものはそのようにして形成されるのであろう。
次にバシュラールはリビドーという考えを導入する。
「精神分析は幼児のリビドーを論じ、多くの憤激をひきおこした。もしもリビドーに漠然たる一般的な形式をあたえ、生体のすべての機能と結びつけるなら、おそらくこのリビドーのふるまいをもっと良く理解できたであろう。そうすればリビドーはあらゆる欲望と欲求に連動したものとして出現する。リビドーは切望の推進力とみなされる、そしてまたリビドーは、安楽の印象をあたえるあらゆるものの中に、リビドーを鎮静させるものを見いだすであろう。」(『水』、p. 12)
バシュラールが「精神分析は幼児のリビドーを論じ、多くの憤激をひきおこした」というのは、フロイトがリビドーをもっぱら性的欲望と関係づけて論じたことをさすのであろう。バシュラールはその点かなり慎重であり、もっと拡大した考え方に傾いていることは明らかである。しかしバシュラールは性欲の機能を否定したり、無視するのではなく、しかるべき領域にそれを限定しようとするのである。
ここでまた『分析辞典』の中からリビドーの定義を引いておこう。
「フロイトによって仮定されたエネルギーであって、性の欲動は対象との関連(リビドー備給の移動)、目標との関連(たとえば昇華)、性的興奮の源泉との関連(性感帯の多様性)においてさまざまに変容してあらわれるが、その根底にあるものとしてのエネルギーをいう。/ユングの場合には、リビドー概念は拡大して、なにかに「対する傾向」、切望というものすべてにふくまれる「心的エネルギー」一般を示すまでにいたっている。」(『分析辞典』)
こうしてみるとバシュラールの考えはユングにごく近いことがお分かりであろう。リビドーはほとんど心的エネルギーとみなされているのである。

このリビドーがエネルギーとして欲望と夢を動かしている図式が明らかになる。しかも身体的安楽さを獲得してリビドーが満足させられる、とバシュラールは考えているので、そこには快感原則もはたらいていると思われる。このリビドーはいろいろに変容するというが、ユング派のボードワンによればコンプレックスは変換器の作用をするものである。「シャルル・ボードワンが力説するようにコンプレックスは本質的にいって心的エネルギーの変換器である。」(『水』、p. 26) このようにみてくると、心の深層、無意識の階層化とその作用のメカニスムがかなり図式化できるであろう。(4)

そしてバシュラールはこのような無意識の基盤について次のような見解を示している。「いずれにせよ確実なことがひとつある。それは幼児における夢想が物質主義的夢想であるということである。幼児は生れつき物質主義者なのだ。幼児の最初の夢は生体的〔有機的〕実体の夢なのである。」(『水』、p. 12–13) これも一種の仮説にすぎないであろう。しかしフロイトの仮説よりも数倍も受容しやすい仮説ではないだろうか。幼児が夢を見るのか、夢想にふけっているのか、誰にも分からないが、このようにものとのかかわりが意識下に記憶されていると想定することは、それほど非常識な考えではあるまい。バシュラールはあくまで経験主義に立って、その立場をつらぬこうとしているのである。

この深層はしかしたんなる仮説ではなく、次のような場合にその存在を示すのではないか、とバシュラールは考えている。

「創造する詩人の夢想が、きわめて深くて自然なために、自己の幼児期の肉体のイマージュを思いもよらぬかたちでふたたび見いだすときがある。根が非常に深い詩にはしばしば不思議な力がある。ひとつの力が詩をつらぬいていて、読者も知らず知らずにこの根源的な力を分かちもつのである。」(『水』、p. 13)

この場合、詩作という意識と無意識の協同作業において、この深層のエネルギーが汲み上げられて、詩の中に定着させられるのだ、というメカニスムが想定されている。そしてそれが成功すれば優れた詩ができるのである。また読者の感動をよぶのもそのような根源的エネルギーの共鳴なのだということになる。ボードレールがいった天才とは自由に幼年期を思い出すことだというようなことも響きあっているのだろうか。

ただこの場合、文化的エネルギーはどんな作用をするのであろうか。その点について、もっと精巧な概念装置が必要なのではあるまいか。

Ⅲ　文化コンプレックス

文化コンプレックスはバシュラールによれば、「熟慮反省のはたらきそのものを支配する非反省的態度」(『水』、p. 25)を具体的にさすのであるが、この文化コンプレックスはまさに作家の資質や個性の核のようなはたらきをする。これはすでに『科学的精神の形成』において小さな利益にこだわるアルパゴン〔モリエール作『守銭奴』の主人公の名〕コンプレックスとしてその存在が指摘されていた。(5)

「〔文化コンプレックスとは〕たとえば想像力の領域でいえば、〔各人が〕大好きなイマージュのことである。ひとはそれを外界の情景から取ったと思っているが、隠されたたましいの投影にすぎないのだ。ひとは事物とのかかわりによって、自己を文化的に育てている〔客観的に自己を教化する〕と思いながら、この文化コンプレックスを育成しているのである。したがって現実主義者は現実の中からそのひと独自の現実を選ぶ。歴史家はかれの歴史を歴史の中から選ぶ。詩人は自己の印象を伝統と関連させながら秩序だてる。良い形があたえられれば、文化コンプレックスは伝統をふたたび生かし若返らせるのである。」(『水』、p.

25–26）

人間が現実から好きなものを選ぶとき、そこに主体の好みが表現される。この好みとはまさに主体の欲望の表われであることは疑いをいれないが、それが想像の場合、好ましいと感じるイマージュにも表われているというのである。そしてこの「好み」という漠然とした傾向の中に文化コンプレックスがすでに機能していると考えられている。過去の経験の集積としての主体の行為において、主体の個性や性癖として主体を特徴づける中心的な機能を果たすものが文化コンプレックスだと見ることができよう。

しかもバシュラールは伝統との関係にもふれているが、この文化コンプレックスは「伝統をふたたび生かし若返らせる」ものとして、伝統を継承する可能性を認めている。ただし「良い形があたえられれば」という条件がついていることを見逃すわけにはいかない。詩人の例もだされているが、「自己の印象を伝統と関連させながら秩序だてる」という詩作の場において、文化コンプレックスはいったい詩人の印象の側にのみ作用しているのであろうか、伝統の側からもはたらきかけるのであろうか。そして創りだされた秩序としての作品とは文化コンプレックスを盛る器なのであろうか。バシュラールが文化コンプレックスに託した大きな機能について、われわれはもっとよく知ることが必要である。

文化コンプレックスがどのようにして形成されるのかすでにふれたが、もう一度検討してみよう。『火の精神分析』（ガリマール版、一九三七年、以下『火』と略）にはいくつかの例が分析されているが、代表的なプロメテウス・コンプレックスと名づけられたものを再度とりあげることにする。

親の目をぬすんで火をもてあそぶ子供の行動の中にそのコンプレックスが見いだされる。プロメテウス・コンプレックスとは、いわば禁じられた知をわがものにしようという抑制しがたい傾向のことだ、とまず考えておこう。おそらく幼児にとって火という未知の現象への好奇心は、目が見えるかぎり自然発生的に生じるものかもしれない。それは各種の動物の反応からも推察できる。そこではたらいている力はリビドーなのか、あるいはその変形したものであるかは判然としない。しかし火を知ろうとする意欲が作用していることは確実である。まずこれを自然的な欲望と認め、その自然な発露として、もし火への接触ということがおこなわれるなら、そこにおそらく火傷に類する経験が生じるであろう。まずこのプロセスを人間の自然な行為として想定することにそれほど異論はないであろう。

それに対し、周囲の人間、とくに親や大人たちが危険を察知して、幼児の行動を制止する事態が生じる。つまりめずらしがって火に近づく幼児の手は、まず父親によって警告の一撃を受け、幼児は火への接近、つまり火を知ることを思いとどまる。これが幼児にとって火についての最初の大きな経験だとすれば、バシュラールの概括的な次の文章も異論なく受け入れられるのではないだろうか。

「幼児期の火の認識の基底には、自然的なものと、社会的なものとの干渉がある。その場合、社会的なものがほとんどつねに優勢である。」（『火』、p. 23）

バシュラールが社会的なものというのは、親をはじめとする大人や周囲のものたちのことである。そして火に対するこの警告や禁止というものが、幼児にとっては一般的な禁止の最初の例になるとバシュラールは考える。「火は当初から一般的禁止 interdiction générale の対象である。」逆にいうと、この「社会的禁止が火についてわれわれがもつ最初の一般的認識 connaissance générale なのである。」（『火』、p. 28）

火について幼児がもつ最初の認識は、火に触れてはいけないという禁止事項であり、これが火というものについての一般的な認識になるというのである。また火についての禁止が一般的な禁止の存在を知る幼児の最初の経験でもある。火に対する尊崇の念にしても、太陽や山河に対する自然的尊崇と違って「教育された尊崇」（『火』、p. 27）であるのもそのせいである。

バシュラールはこの欲望の制止からコンプレックスが発生すると考える。『分析辞典』の定義にある「対人関係」までもふくめて考えるなら、このコンプレックスは、親に対するコンプレックスともなりうるであろう。そこから、反作用として巧妙な不服従ということが生じる。つまり親の目を盗んでの火遊びや、父親より巧みに火をおこしたいという願望が生じる。ここでやっと一般的なコンプレックスと文化コンプレックスの区別が始まる。バシュラールは知的生活のために意識と無意識の深層との間に中間的な領域をまず設定する。それは「原始的本能が機能する地帯よりも深くない」が、「明晰な思考に対し、つまり科学的思考に対し、〔原始的本能との〕中間的な地帯にあるために限定的な作用をもつ」(『火』、p. 30)ところである。

しかも彼はこの中間帯に必ずしも力への意志とは関係づける必要のない、知ること、作ることへの欲求の存在をほとんど自明のこととして認め、「人間には知的活動への真の意志が存在する」(『火』、p. 30)というのである。

「われわれを父のように、あるいは父以上に、先生のように、先生以上に知ることへとかりたてる一切の傾向を」(『火』、p. 30) プロメテウス・コンプレックスと命名するのである。そしてそれは「知的生活におけるエディプス・コンプレックスなのである。」(『火』、p. 31) 火への認識‐禁止という個別的なケースが一般的な知へと拡大される理由について、バシュラールはとくにふれてはいないが、そこに火の禁止の特別の価値があることはいうまでもあるまい。すでに見たように一般的禁止の存在を知らしめたものが火だからである。おそらく禁止の度合いやその他の条件が作用してプロメテウス・コンプレックス自体の強弱が形成されるのであろう。

この文化コンプレックスとフロイトのいうようなコンプレックスの相関性については次のようにバシュ

ラールは考えている。

「もちろん文化コンプレックスは精神分析によって解明されたもっとも深いコンプレックスに接木されている。シャルル・ボードワンが力説したようにコンプレックスは本質的にいって心的エネルギーの変換器である。文化コンプレックスもこの変換器の作用を継続する」(『水』、p. 26)

したがってエディプス・コンプレックスとプロメテウス・コンプレックスは相同的なのだとも考えられる。知的生活におけるエディプス・コンプレックスといえるほどプロメテウス・コンプレックスは類似しているのである。

一方でバシュラールはこの両方のコンプレックスを性急に混同してはならないともいう。それはしかし反面で両者が良く似ていることを認めているからであろう。ここで注意すべきは、昇華という用語をバシュラールがまったく持ち出さないことである。性的エネルギーの転換、あるいは置換ということではなく、知的領域におけるまったく自然なエネルギーの発動だからであろうか。

接木されるものと、台木となるものとの相同性や差異性についてもバシュラールはあまり詳細には述べていない。ただし権力への意志と知への意志を結びつける必要はないという指摘は、応用や実用とは直接結びつかない知ることへの純粋な意志というものがプロメテウス・コンプレックスにはあり、エディプス・コンプレックスの方にはむしろその逆の傾向が強いという差異性の指摘と受けとるべきなのであろう。したがって、後者よりも前者の存在が比較的少数の人間に限られるというバシュラールの指摘も、教室などでの現実の観察にもとづいたものに違いない。

「〔このような知的活動〕よりも、強力な本能によって最高権を獲得することの方が、当然のことながら大多数の人びとの気をひくであろう。しかし稀有な精神も心理学者によって検討されるべきである。たとえ純粋な知性が例外的であろうとも、いぜんとしてとくに人間的な進化の特徴を示すものであることに変りはないからである。」(『火』、p. 31)

だが人間を制約してきた悪条件を克服し、文化や知の分野で人類に新しい火をもたらす人たちが、文化コンプレックスに動かされているとすれば、それは逆に自然的なコンプレックスにまで根を下ろして心的エネルギーを汲み上げなければならないほど強力なものでなければならない。権力への野心をもたず、既成の知的権威にさからってノンといえるような強烈な力をもつためには、『ノンの哲学』の著者はそこまで考えていたのではないだろうか。純粋な知への意志こそ人類の進歩の源泉であるというバシュラールのことばは、豊富な科学史上の実例をふまえているだけに、今なお傾聴に値するように思われる。

バシュラールは『火』の時点ではまだ接木ということを述べていない。プロメテウス・コンプレックスは「幼児期の生活史」において形成されるものではあるが、父親による禁止をそのまま「対人関係」といってよいものかどうかなお疑問が残るであろう。ただここでいわれた社会的禁止は、父親が代表する広い意味の文化的な行為の発現なのであり、幼児の「自然」の上に「文化」がこのような制止というかたちをとって接木されるのだという見方はなりたつのではないだろうか。火傷という自然的制止をくみこんでしまう社会的禁止というものが、人間の火の文化の基本にあるシステムなのであり、これが火への接近という自然的欲望を切断するのである。そしてこの自然の切断を媒介として文化コンプレックスが形成されるのだと考えうるならば、この切断こそ文化コンプレックス形成に不可欠の要因であり、同時に接木という概念装置の大きな要因でもあることになる。したがって文化コンプレックスはすべて接木だといえることになるのではあるまいか。火という未知な魅惑的なものへの接近の制止が、一般的に未知なるものへの知の欲求を形成することに転換され、制止した知的文化的な権威をのりこえて進むという文化コンプレックスの中に一種の切断と接続があれば、文化コンプレックス自体が接木のうえに成り立つといえるからである。

さて、自然的な欲求の制止と延長を接木という比喩で示すことにより、さきほどふれた性的エネルギーの転換、つまり本能の昇華というような古典的な考え方に、より具体的な方向性や非連続の連続という力動性を付与したことは、バシュラールの功績なのではあるまいか。

しかもこの接木という考えは、プラグマティスムやベルクソンの考えよりも、自然から飛躍する可能性を人間に認めるのであり、本能にがんじがらめの古典的精神分析からも、かなり距離をおき、人間の精神の自由な進歩を認めようとするバシュラールの願望のあらわれとみることもできよう。

自然と文化の断絶と継承の弁証法的な関係のメタフォールとして接木の意味するところはこのように大きいのである。

Ⅳ　飛行の夢

バシュラールの文化コンプレックスがごく日常的な生活の中で形成されることは、プロメテウス・コンプレックスの例でも分かるが、バシュラールは夢の中の異常な行動も、そのような日常的な些細な経験の中に根をもつと考えている。本節では、そのひとつの例として飛行の夢をとりあげ、そのメカニスムを検討し、われわれの問題との関連を見ることにしよう。

さてフロイトに対するバシュラールの批判のひとつは、夢の象徴の解釈の一元性にある。夢の中の象徴を解釈する鍵が性だけしかないこと、しかも象徴の無意識の意味が一度見つけられると、その象徴は概念と化して説明の道具と化してしまうという点にあった。飛行の夢もそのようなものの一種で、「官能的欲求」の象徴だとみなされていた。

バシュラールは『大気と夢』（以下『大気』と略）の第一章で飛行の夢をとりあげるにあたり、飛行の夢の美的特性と加工、変形の合理化の努力を、古典的精神分析（これは主としてフロイトの精神分析をさしている）が見逃していると批判する。もちろんここでバシュラールは全面的に性的な要因を否定するのではない。この象徴が根源的な欲求からのエネルギーは受けとるとしても、なぜこれほど多様な方式をとり美的な印象をあたえるのかという事実の解明がなおざりにされていることが不満なのである。

バシュラールはそこで飛行の夢には軽やかなものと重いものがあるというような、重力に抗する相違の指摘を手始めに、夢の飛行の合理化の問題に取り組む。

夢の記録をよく調査すると、ノディエの気球の例のように流行の飛行物体がたちまち夢に登場する。それは「覚醒生活にもどった人間がその夢を日常生活の概念をもちいて合理化する」（『大気』、p. 35）傾向があるからではないか。そこからバシュラールは一歩進んで、夢の中の飛行が翼をもちいた飛行ではないというおどろくべき結論を導きだす。かれによれば翼は覚醒後におこなわれる合理化のひとつのしるしなのである。だから神話に出てくる鳥の翼をつけた神々の姿は「夢の飛行に対する古代の合理化」（『大気』、p. 36）の結果なのである。ここでいう合理化 rationalisation とは、つまり、ひとは「飛んだから翼があると信じる」（『大気』、p. 36）ような人間の性向のことをいうのである。

ではこのような飛行の夢はどうして可能になるのだろうか。「特殊な想像力の汚染がないかぎり、夢見るひとは羽ばたく夢を経験しない。多くの場合、羽ばたく翼の夢は墜落の夢」（『大気』、p. 39）である。(6) それに対し力のこもった瞬間的な飛行の夢はまぎれもなくある。この経験と一致する合理化は「踵に生えた翼であり、夜の旅人であるヘルメスの小翼」（『大気』、p. 39）としておこなわれているのだ。

これは足で大地を蹴る跳躍の経験の夢における再現が飛行なのだ、ということをまず意味するのではあるまいか。バシュラールはさらに夢における飛行は「生命のもっとも深い本能のひとつである軽さの本能」（『大気』、p. 38–39）の痕跡だというのである。

なぜこのような「本能」が形成されるのか。踵の例から分かるように「夢見る人間にとって飛行の力が宿るのは他ならぬ足である」（『大気』、p. 40）からである。つまり跳躍だけではなく、日常の歩行も夢の飛行の運動を支えているのだ、とバシュラールは考える。そしてついにこの歩行の中に軽さへ移行する秘密を発見する。

リルケの夢がその好例をあたえているのだ。

「街路は広くて、早朝で空虚であった。それは大通りの下り坂で、ちょうど子供の歩調からわずかな重さを取り去る程度に傾いていた。彼女はまるで足に小さな翼を持っているように歩いていた。」（『大気』、p. 42）

軽やかに坂道を下る歩行の経験こそ、飛行の契機を人間にあたえているのではないか。下り坂の軽さのあたえる微妙な幸福感が、「天に向かって自然に上昇できると信じさせるあの信頼にみちた力」（『大気』、p. 43）の源泉ではないだろうか、とバシュラールはいうのである。

また背伸びの感覚も、身体が軽くなる印象をあたえるであろう。身体の軽快で自由な運動の印象が飛行の夢の根底にある。人間が自己の身体の重さや重力から少しでも解放されるような日常の経験が、夜の夢の中では拡大され強化されるのである。

「［夜の中で］軽くされたいということの欲求、解放されたいということの欲求、夜からその広大な自由を得たいというこの欲求は、あるたましいの宿命として、正常な夜の生活の、安らかな夜の機能そのものとして現われる。」(『大気』、p. 46)

ここでいう「宿命」とは「深い本能」と別のことを示しているのではあるまい。結局、軽快さへの本能とは睡眠への本能であり、よく眠るためにはこの軽さをたましいにもどしてやることが必要だというのがバシュラールの考えなのである。だから飛行の夢はこの休息の状態におけるたましいの入眠儀式のひとつだといえないこともあるまい。それは直立歩行のため脚で重力にさからっていた人間が、横臥して全身で重力を受けとめる状態になるとき、脚の、あるいは下半身の筋肉の享受する解放感なのだ、とバシュラールはいわんばかりである。

ともかくこのように夢の美学は、身体の筋肉や細胞の記憶にまでかかわっているように思われる。少なくとも夢の多様性の原因の大半は身体の経験に求められるであろう。

さらに夢の美学にこれほど経験にもとづく基盤があるとすれば、無意識と意識の中間に位置する夢想の美学には一層日常的経験の影響が大きくあるに違いない。

バシュラールが曖昧で複雑な夢のテーマを分析するにあたって、つねにごく身近かな日常的経験を出発点とし、解明の鍵をそこに求めていることから目をそらしてはならない。この経験的な実証的な姿勢は一貫しているのであって、これがバシュラールの基本的な態度なのである。

昇華ということばでフロイトが示唆した現象を、バシュラールは接木という概念で補正し、連続性と断絶、延長と変化、および同型性ということまでふくめて発展させたのであるが、この変化や延長とは、日常生活における繰り返しとその中に生じる差異の敏感な知覚が母胎となっているのである。変化には外在的な原因もあろうが、多くは日常的に繰り返される経験の中の微妙な相違やズレのようなものとして知覚され、無意識の中にあたえられ、蓄積されているように思われる。

このように経験の中に積み重なったズレが、やがて目に見えるかたちで断絶や飛躍を生じさせるのではないだろうか。人間の自然の上に接木される文化という図式は、人間の自然さと人間らしさの問題の解決のためには概念装置としていささか単純すぎるきらいはあるが、バシュラールが人間らしさを自然の単なる延長としないで、そこに人間独自の意志や努力の可能性を見ようとしている意図を読みとるならば、この日常性のレヴェルでもなおも有効なように思われる。

また蛇足ながら付記するなら、随所にバシュラールが述べている身体と心、精神との相関性については、『大気』のロベール・ドゾワィユ（スイスの精神科医）の療法を論じた一章にみられるように、きわめて医学的で現実的な裏付けをもっている。心療内科などという用語が使用されるはるか以前にバシュラールはその必要性を見抜いていたのだといえばよかろうか。

V　固定化と逆＝精神分析

さて、接木された文化も、幹の上方の小枝には、さまざまの不都合が生じることがある。深い根から遠く離れた小枝であれば、人工の極致ともいえるはずだが、必ずしもそこに生命力の十分な供給がおこなわれない場合があるのだ。

それは一度形成された神話や文学など文化的イマージュが、享受にあたって、なぜ当初の生命力をもちえないのか、という問いにもなる。

バシュラールは文学のイマージュがすべて生き生きした効果をもつわけではないことについて、それはイマージュが無意識への訴えをもたなくなり、擦り切れたためだとみなしている。その例がラ・フォンテーヌの寓話「白鳥と料理人」である。白鳥を鵞鳥とまちがえて頸をつかんだ料理人が、「白鳥はまさに死なんとするとき、その声で嘆く」のを聞いて、しめ殺すのをやめるのだが、白鳥の歌は、バシュラールによれば本来、愛の死である昂揚の叫び、「至上の瞬間の直前」の叫びであり、結局は「性的な死の歌」(『水』、p. 52) なのだから、これはまったく場違いな用法になる。

これはラ・フォンテーヌの理解の度合いよりも、むしろ創作の場においてこのイマージュが原初の価値を提示しえないほど、根から切れてしまったことを示している。詩人がその根まで下ってリビドーを吸い上げることができないほどこのイマージュは擦り切れてしまっていたのである。その場合、次のようになる。

「詩は生命を失い、感動させることを止め、型にはまった象徴的用法や効力のない現実主義のために、詩固有の意味作用を失うのである。」(『水』、p. 53)

こうして詩作品もまた概念的な知にひとしくなるのであろう。散文の知的な作品と同じように意識の抽象的な作用の前面でのみ受けとられ、新鮮なイマージュの喚起力を失ってしまうのである。

このような文化コンプレックスの枯渇は、しばしば学校における教育や伝統的な教養によってひきおこされる。イマージュや象徴が深い根と切り離された知識のかたちで流通させられるからである。「象徴群はその象徴的発展を配慮せずに集められることが多い。」(『水』、p. 58) そして神話でさえ本来それがもたない「合理的功利的関係」(『水』、p. 58) をおしつけられてしまう。

「天空にかんする想像がどれほど誤っており、書物の知識によって妨げられているかは、作家たちが、無力でもあれば貧弱でもある《知識》のために、みずから進んで夢への道を踏みはずした文章を読みかえ

してみるとはっきりする。」（『大気』、p. 203）

このような硬直化した知識、あるいは意識のはたらきは、文化コンプレックスの活性化にとって最大の障害である。ではこのような状態をぬけだすためにどうすればよいだろうか。

『水』の中でバシュラールは次のように述べている。

「象徴の分析が見えるものと欲するものとの分離を要求するように、文化コンプレックスの精神分析には知っているものと感じているものの分離が必要である。このような解決によって、古い象徴が今もなお象徴的な力で生きているかどうか、みずから問うことができるし、古いイマージュを時おりよみがえらせる美的突然変異を評価することもできるのである。」（『水』、p. 58）

文化コンプレックスの産物である神話や象徴について、単なる知（それは概念とよぶこともできるだろう）となって喚起力をもたなくなったものと、感情を動かす何かをまだもつもの、つまり無意識への根をもつもの、とにかくまず分離すべきだというのである。しかしこれはまだ喚起力を回復するための予備的段階であろう。まず文化的イマージュの知的概念化と感情的価値の摩滅とを明瞭に意識化することが必要なのである。

さてこのように喚起力をもたなくなった知が抽象的、概念的であるのは、意識の尖端で思考作用をになうために、認識がまず一義的であることが要請されているからであろう。図式化していえば、ここでの言語は、ＡはＡであることが必要なのである。ＡがＡ１、Ａ２、Ａ３と変化することは、Ａ自体が考察の対象となる場合をのぞいて、なかなか認められないことではあるまいか。言語は一般的にいえば思考の一義的な用具として駆使されることが必要なのである。むしろ科学的思考においてはＡは日常的な多義的な、ミラージュを脱ぎすてて、本質的な一義性（ａ）をあらわにするとすれば、ａの領域はもとのＡよりも狭くなることは明らかであろう。想像力の世界はこのような一義性の要請とはまったく逆の方向をとるのである。一方、バシュラールは『近似的認識試論』や『科学的精神の形成』において言語による対象認識の障害を詳細に考察しているが、そこからは、いかに人間が言語のイマージュあるいはミラージュに動かされやすい存在か、ということが浮かび上ってくることもつけ加えておかねばならない。だがもう少し概念化の事情を見ておこう。

「想像的なものの原理をはなれ、一定の形式のなかに定着するイマージュはしだいに、現前する知覚の性格をおびる。やがてそれは夢想させ、語らせるかわりに、われわれを行動させる。安定しでき上ったイマージュは想像力の翼をたち切るといってもよいのである。」(『大気』、p. 8)

つまり安定したイマージュは現実の知覚と同等のものとなり、概念に接近する。あるいはこのイマージュはA＝Aとなる。

バシュラールの想像力の定義は、「知覚の提供するイマージュを歪形する能力」(『大気』、p. 3) であるから、安定したイマージュは想像力の支配を受けないことになる。ここで想像力とは知覚からきたイマージュAを、A1、A2、A3とたえずずらし変形する能力だといえよう。一般的にいって概念的な知のように固定的にA＝Aであるものは、容易に想像力の作用を受けつけないのである。言語にしても同様であろう。

バシュラールはこのように固定化したことばに、どうすれば想像力を受け入れさせることができるのか、次のような具体的な方策を考えている。おそらく彼自身も実際に実行した手段にちがいない。

「言語のもつ想像的役割をはっきり感じるためには、あらゆる語について忍耐強く、他者性への欲望、二重の意味をもたんとする欲望、隠喩への欲望を探求しなければならない。」(『大気』、p. 10)

言語に対して想像力がはたらきかけることは、より具体的にいえば単語のもつ「他者性への欲望」を見つけだし、それを解放してやることなのである。語のシニフィエはA＝Aという一義性をすてて、A1、A2、A3……Bとずれていくことが期待されている。そしてこのずれはシニフィアンの水準においても可能である。[7]

このずれ écart は何を意味するのだろうか。名詞を例にとれば、AがA1、A2とゆれだすとき、そこに開く意味の場には何がおこっているのだろうか。われわれは実体の問題ですでに見たようにシニフィエからレフェランへという一方向を、ここにも見ることができるのではあるまいか。深さの方向をとるとすれば、このずれは、シニフィエと一体化していてそれまで見えなかった、レフェランとしてのもの（オブジェ）を別の角度から垣間見させることではないだろうか。そしてこのずれをとびこえること、あるいはこのずれに足をふみこむことが、AをA1、A2、A3と変化させていく契機になるのではあるまいか。

そしてこのAから非Aとむかう、いわば想像力の鉄則としての非同律、ともいうべきこのメカニズムは、文化的コンプレックスにも適用できるものであることは、接木という概念装置を必要としたことによっても想像できるであろう。コンプレックスAはそのまま延長されるのではなく、一度切断され完全なAであることを止めるが、A1という接木によって延長される。このAとA1あるいは非Aとの関係はすでに詳述したとおりである。むしろ文化コンプレックスの場合、Aが非Aに向かうこの方向性があらかじめ制約されているとも考えられるのである。

一方、抽象化した象徴や概念化した言語に対して、もっと強烈な処方も用意されている。抽象的な思考によって意識が極端に動かされている場合、想像力の入りこむ余裕がないような時には、反＝精神分析によって、想像力を解放すべきだとバシュラールはいう。

星座の名前や天体図などによって概念化の枠が強固にはめられているような場合、そこにはもはや生き生きとした想像力のはたらく余裕はないであろう。満天の星を見上げたときに、このような固定した知は障害以外の何ものでもない。星空が夢想に対し宇宙誕生のドラマを繰り広げているのに、星の古い神話や星座表は想像をはばたかせる何の契機もあたえないではないか。

「おそらくその時、われわれは夢想にその安定した連続性を取りもどさせる唯一の手段、すなわち作られた夢幻状態のために、意識を破壊すべき一種の反＝精神分析を問題にすることが許されるであろう。」（『大気』、p. 203）

バシュラールが逆＝精神分析 contre-psychanalyse とよぶものは、意識の上でまったく抽象化されてしまった知識に対し、その原初的な根源を取りもどすために、精神分析とはまったく逆のプロセスをたどってみようということなのである。そしてそれは、ひとがコンプレックスを意識化することによってそのコンプレックスから解放されるプロセスをとるのであれば、逆に一面化した意識を混乱させることによって、コンプレックスを覚醒させようということのようである。

この逆＝精神分析によって、意識の概念的、合理化作用を停止し、あるいはその作用を混乱させるとは、具体的にはどうするのだろうか。文化としての言語を切断し、放棄することである。もはや喚起力をもたない記号をすてて、レフェランであった対象に直接対峙することである。あるいは喚起されるシニフィエがレフェランとあまりにも乖離しているとき、その言語を放棄する必要があるということなのである。

「したがってわれわれには、真の詩、生来の詩とは自然の偉大な形を無名な状態に返すべきだと思われる。ベテルジューズ星〔オリオン座の星〕が空に輝いているとき、その名をつぶやいたところで喚起力がいささかも増すわけではない。どうしてその星がベテルジューズという名前をもっているのが分かるのか、と子供はたずねる。詩は伝承ではない。それは原初の夢であり、最初のイマージュの覚醒なのである。」(『大気』、p. 206)

自然に接木された文化の枝の上方に咲いた文学や文字が、もはや喚起力をもたなくなったとき、つまり、シニフィエからレフェランへの指示力が弱まったとき、この記号を一挙に切断し、まったく記号とは無関係にこのレフェランとしての対象に対峙するというのである。このとき言語という文化を放棄して、まったく自然としての人間が、無垢な対象に対峙できるのか、という疑問が残るが、図式的にいえば、この中間的な文化を徹底的に切断することが必要なのである。そしてものと対峙することによって原初的な体験を発見し、原初的なイマージュを誕生させるのだ。そしてこの原初の体験に立ちもどることが、また新しい言語あるいは新しい有縁性を発生させることを可能にするのだ。このような断絶もありうるのである。

ところで真のポエジーの機能はものを無名性の状態にもどすことだとバシュラールがいうのは、この原初的な言語発生の場に読者を導くことであり、いわば命名の原初的体験に参加させることだといえよう。ポエジーはこのレフェランの前に読者をつれもどすという、バシュラールのポエジー観がはしなくも提示されたわけであるが、もちろん、言語による虚構としての本当の詩の効果は、命名の瞬間に読者を立ちあわせることであり、そのとき一瞬読者は無名で無垢なレフェランの姿を垣間見るのではないだろうか。

だが考えてみれば人びとにとって、あるいは知や意識にとって、名称をものから取り去ることほど大きな衝撃があるだろうか。

ここでバシュラールは二つのことを教えている。ひとつはものを見る場合、そのものの名称がいかに邪魔になるか、ということである。この点についてはすでに『科学的精神の形成』で一章をもうけて論じていたが、詩的な感動の場合にも、名称は障害になるということである。無名性におかれることによって、ものは原初性を復活し、根源的な存在となるのである。名称すなわち知識を媒介せず、直接的なものとの接触は、容易なことではないがその困難をのりこえたところに詩が発生するのである。

第二は、記号と指示対象の関係である。星や星座の名称は記号である。記号と指示対象である輝く天体との乖離がここで指摘されている。星座の名称となった神話は天体とは別個の意味体系を形成し、完結したシステムを作りあげているために、天体そのものへの接近の障害となっているというのである。神話が作られた頃にはシニフィアンとシニフィエとレフェランとは一体化していたのであろうが、現在ではシニフィエとレフェランとの距離があまりに遠くなってしまったのだといえばよかろうか。AはAだと思っていたのにAは非Aどころか、矢印の先に何も指示しなくなっているのではないだろうか。

この概念的知は意識の表層で作用する知なのであるが、詩作において詩人は文化的コンプレックスはおろか深層のコンプレックスまで測鉛を下降させる。そして想像力がたえずこの内在性を追うことによって超越をおこなう。文化の枝の尖端にある文学も新しい方向に伸びるためには、根からエネルギーを吸い上げねばならないし、そのためにはおそらく両コンプレックスの同型性を何らかの意味で、引き受けねばならないのであろう。

このことを別な面からいうなら、自然的なコンプレックスから上の方向に延長される場合は、文化コンプレックスとしての切断と延長があるということである。重層的な心的階層を通過するためには変形、変圧を受けなければならない。だから接木がこの昇華の適切な比喩であった。

しかし逆に上から下に降りる場合にはこの関所はそれほど積極的な作用を果たしていないのではないだろうか。むしろ下降自体がかなり困難な作業のように思われる。この接木の上方に花開く文化から下降してくること自体が大きな抵抗を受けるのではあるまいか。

もはや何らの喚起力もない言語や象徴は放棄されるが、星座の名称のようにレフェランと別の根をもつ場合には、これも放棄され、自然であるレフェランと直接対峙することによって新しいイマージュを作る必要がある。そしてその場合には、やはりまた新しい文化コンプレックスが生じるのであろう。

Ⅵ むすび

物質的イマージュは、このイマージュの本質的力動性を内包している。つまりAという物質的イマージュはたえず非A（A1、A2、A3、……）とゆれているといえよう。なかでも実体のイマージュは深さをもつがゆえに、文化的コンプレックスから深層のコンプレックスへとたえず根を延ばしている。この場合AはA1、A2、A3、と変化しながら根源まで通じていくのであろう。実体はレフェランなのだから、重層的にこの根まで連続的に延長することを十分許す構造をもっているに違いない。(8)

接木と実体との関係についてはバシュラールは何も述べていないが、実体のイマージュは外界のオブジェにつねに人間の感覚や感情あるいは何らかの人間的な痕跡をつけたものであり、そこにこそ根本の幹と接木された木とを連続的に結びつける機能が存在するように思われる。

「ひとが詩的性質をもつ実体的な根を見つけたとき、また物質的想像力がその上にはたらきかける物質、つまり形容詞の物質を本当に見つけたとき、しっかり根づいた隠喩はすべておのずと展開していく。感覚的価値は——感覚ではなく——実体に結びつけられているために、誤まることのない万物照応をあたえる。」（『水』、p. 46）

しかしこの物質的想像力が下降して万物照応をもたらす場合、ボードレールの例をとっていうなら、それが「物質的実体の深い一致」(『大気』、p. 62) から生じるとすれば、ここには重さの照応があるのかもしれない。なぜなら、他方では上昇の方向をとり、物質性を次々に脱ぎすてていく、まったく別の軽さの照応の世界も存在するからである。これは文化コンプレックスの接木の上方の小枝をさらに上方に伸ばしていくものだというよりは、上昇する意欲のみを精選して作られた光の中での軽やかな飛行の世界なのである。これはバシュラールのいう力動的想像力の世界であるが、その代表的詩人シェリーの例に見られるように、そこにも断絶と延長があることは注目に値する。次の文はバシュラールが共感をこめて引用したテーヌの甥アンドレ・シュヴリヨン(一八六四—一九五七、フランスの旅行家、英文学者)のことばである。

「イギリスでは人びとはシェリーを詩人のなかの詩人と呼んでいる。実際かれの詩は二重の蒸溜から生まれたものだ。かれの詩が他の詩人の詩に対する関係は、それらの詩人の詩が現実に対する関係にひとしい……かれの詩は蒸発しやすく、不安定で、火のように熱く、量りがたく、つねにみずから昇華せんとかまえ、もはや肉体をもたない。」(『大気』、p. 63)

バシュラールはこのように物質と運動にそれぞれ独自の想像力のはたらきを割り当てるのであるが、あくまでも基盤は身体的な経験である。そして自然と文化もこの身体が宿しているのであり、接木もこの身体と精神の中でおこなわれる切断と延長だと考えることができる。物質的イマージュはこの生体と不可分であるがゆえに、切断と延長の運動を支えるはたらきをしているように思われるのである。

注

(1) 次の拙論を参照されたい。
『バシュラールの詩学』第二部「『水と夢』——物質的想像力」(法政大学出版局、一九八九年)
同書第二部第四章「水のバロール——音韻の詩学」

なお『水と夢』の引用頁数はコルチ版による。

(2) 同書一三六—一三九頁参照。ここにごく簡単に指摘してある。

(3) バシュラールと精神分析、とくにユングとの関係について筆者は次の論文で論じている。またコンプレックスや文化コンプレックスについても簡単にふれている。

「バシュラールとユング」「現代思想」(総特集ユング)第七巻五号(一九七九年四月)

また文化コンプレックスと文学や言語の関係については次の拙論がある。

「バシュラールのイマージュ論——科学的認識の障害から質料的想像力へ」「現代思想」(特集・文学の言語)第六巻第三号(一九七八年三月)

いずれも『バシュラールの詩学』第一部第三章「二つの精神分析をめぐって」に収載。

(4) 接木のメタフォールはもうひとつの意味を示している。バシュラールの物質的想像力の研究が「物質化する想像力の種々の小枝を、接木の上方で研究することにほとんどつねに甘んじてきた」という一行に、高さと深さ、上方と下方という〈深さ〉の関係を認めることができるからである。

フロイト自身も無意識と意識、あるいは自我と超自我の関係などについて、局所論モデル、三分論モデル、反射弓モデルといったものから、さらに階層モデルをいくつか想定して症例分析に応用している。(ゼド/ゴールドバーグ共著、前田重治訳『心の階層モデル』、誠信書房)またユングもさまざまの図式化をこころみており、とくに自我を頂点とし、以下、意識、個人的無意識、集合的無意識、その意識されない基底の部分というふうに大きな円錐体を考えている(ヤコービ、高橋義孝監訳『ユング心理学』、日本教文社、六三頁)

バシュラールの場合、上述のように本能の領域、エディプス・コンプレックスの機能する無意識の深部と、プロメテウス・コンプレックスの作用する中間的部分、つまり意識から深い無意識にいたる中間領域があり、想像力の夢想の領域もそのあたりに想定されているように思われる。そして「想像する人間性は能産的自然の上方に位置している」(『水』、p. 14)というように想像力、さらには非現実作用が人間性独自の活動と見られているので、それは意識と無意識の間を結ぶ太い幹の上方の小枝なのだということになる。しかも「芸術は接木された自然である。」(『水』、p. 15)とさえいわれるように、接木の上と下の構造的な相同性さえ示唆していることも注目すべきであろう。

（5）『科学的精神の形成』（及川馥・小井戸光彦訳、国文社、〔改訂〕第二刷、一九八一年、一七六頁以下）

（6）バシュラールは水に浮いた経験をしなかったのであろうか。水の浮力も身体の重さを軽減するし、経験的には空中遊泳という夢が可能になるはずである。そして腕も容易にその合理化の手段になるのではあるまいか。バシュラールは遊泳から飛行への連続性は認めても、その逆の飛行から遊泳への連続性はないと考えている。（『大気』、九二頁）

（7）第四論文「水のパロール」参照。

（8）バシュラールは「物質を何よりもエネルギーの変換器として、エネルギー源として見なければならない」と『新しい科学的精神』（六二頁）で述べている。ヴァンサン・テリヤン『文芸批評におけるガストン・バシュラールの革命』一九七〇年、参照。

第二部　『瞬間の直観』を読む

第一章　瞬間

まえがき

バシュラールにおいて断絶と連続、あるいは不連続の連続という考え方は個人の生成から文化の形成まで一貫する大きな問題である。

前章において考察した接木というバシュラールのひとつの思考装置も、フロイト的な欲動——本能にかぎりなく接近するこのエネルギー源——を、できるだけ人間的で文化的な活動という高次元の活動へ誘導するために案出された図式と見ることもできよう。(1) それはやがて文化コンプレックスという一種の擬似コンプレックスとして定型化されることになる。これは、それまで昇華作用と一言で片づけられてきたプロセスを、バシュラールがあえて構造化したものだといえるであろう。もちろんこの文化コンプレックスも『火の精神分析』から始まって『水と夢』、『大気と夢』、『大地と意志の夢想』、『大地と休息の夢想』にいたる物質的想像力の研究においては有効であったが、やがて後期の現象学的な方法の採用とともに姿を消し、断絶の問題も後景にしりぞくのであるが、バシュラールの前期の活動においては無視できない重要性をもっている。

バシュラールの思想形成のなかでこの断絶の問題をふりかえってみるならば、『瞬間の直観』（一九三二）と『原子と直観』（一九三三）において、時空の基本的構成要素である原子と瞬間の意識を考察しており、『新しい科学的精神』（一九三四）で非ユークリッド的、非アリストテレス的、非デカルト的認識論を提唱する以前に、とくに時間論としては非ベルクソン的な時間の概念を確立し、時間と空間についてバシュラール自身の哲学の基礎を固めていたことが分かるのである。

なおバシュラールの時間論にはほかに『持続の弁証法』（一九三六）があるが、ここではまず『瞬間の直観』をとりあげてその概要を検討することにしたい。(2) 本書はディジョン大学の同僚、ループネルの思想をもとにしており、当時の大思想家ベルクソンの持続概念への批判を中核とし、時間意識の問題を数学や自然科学的視点まで導入して基盤を広げ、進化やそしておそらく歴史の問題までも射程に入れて、なかなか理解の困難な問題を多くふくむからである。

まず『瞬間の直観』には「ガストン・ループネル『シロエ』研究」という副題がついている。ガストン・ループネル Gaston Roupnel（一八七一―一九四六）の『シロエ *Siloë*』（一九二七）についての研究であるが、(3) 序文でもこの『シロエ』に対して讃辞を献げ、そこに流れている「この新しい直観に光をあて、この形而上学的重要性を示す」ことがバシュラールの課題であると明示している。しかもループネルのこの本を要約するのではなく、発展させることが真の目的であると述べているように、『瞬間の直観』で述べられているループネルは、バシュラールが共感をこめてかれなりに変形したループネルであるともいえよう。「私は『シロエ』の諸直観をまったく自由に活用したので、結局ここにお見せするのは、客観的論文というよりも、『シロエ』についての私の経験である」(p. 11)とバシュラールは断わっている。

全体の構成も『シロエ』の展開どおりではなく、『シロエ』第二部のヌースを中心にバシュラールは論を進めている。『瞬間の直観』は、序文のあと、第一章　瞬間、第二章　習慣の問題と不連続な時間、第三章　進歩の観念と不連続な時間の直観、結論という構成になっている。

なお各章の扉にはエピグラフがつけてある。第一章には、マラルメの有名なソネットの冒頭「けがれなく、生気にみちて、美しい今日」(松室三郎訳)という一行と、「わたしたちは出会いの記憶さえ失っているだろう……けれどもふたたび出会うだろう、また別れるために、そしてまた出会うために。そこは他界した人びとの集うところだ。つまり、生きている人びとの唇の上だ」(サミュエル・バトラー)。

目次からもうかがえるように、バシュラールは持続よりも瞬間を時間の本質と考え、連続よりも不連続に時間の特質を見ようとする態度がみえてくる。しかし習慣という反復の問題がどうして瞬間の不連続性とかかわるのか、さらに進歩という超越的問題がなぜここに出現するのか。目次を見ただけでもただちに疑問が湧出するが、それについてはこれから詳しく見ていくことにしたい。

まず瞬間からとりかかろう。

I　時間の存在様式、創造的暴力

本書の冒頭に「時間はたったひとつの実在、すなわち〈瞬間 *Instant*〉の実在しかもちえない」というループネルの「決定的な形而上学的理念」(p. 15)が示されている。やがてそれはループネルだけではなく、バシュラール自身の考えでもあることが判明するけれども、ひとつの美しい比喩を引用しよう。

「時間とは瞬間の上に局限されそして二つの虚無のあいだに宙吊りにされた実在である。」(4)(p. 15)

このイマージュがまずきわめて空間的であることに注意したい。時間は瞬間の上に局限されている。局限された resserrée という語は「狭く限定された」という意味で「狭い谷間」という例が『プチ・ロベール辞典』に出ている。もうひとつの意味は「一層締めつけられる」状態をさし、もともとの動詞 resserrer（締めつける、圧縮する、簡約にする）の現代の意味を受けついでいる。時間がぎゅっと収縮したのが瞬間なのであろう。なお瞬間 instant の語源はラテン語 instans, antis（instare 立つ、接近するの過去分詞。さらに分割すれば in+stare 立っている）である。また漢字の瞬間の瞬は、まばたきするということで、ほんの短い時間をさすことばである。

なぜ時間が収縮するのであろうか。それは等間隔にきざまれる時計の日常的時間ではないようである。どういった心理的な時間、あるいは形而上学的な時間なのであろうか。

さらにこの時間は二つの虚無のあいだに宙吊りになっている。宙吊りされた suspendue とは suspendre の過去分詞であり、文章語として「中断される、一時停止される」という意味があって、「会議中断、休会」という例が辞書にのっている。その他に「延期された、留保された」という意味もある。しかしここでは「吊された、ぶらさげられた」という普通の意味にとっておく。

だからこの文は「二つの虚無のあいだで中断された」とも訳せないこともないが、そうすると、時間の流れを前提にしなければならず、その流れと瞬間の前後の虚無との関係はどうなのかということになるであろうし、また中断ということはたとえ一時的にせよ時間の運動の停止を意味しうるので、はたしてそれでよいのかまだ判断できない。ここは虚無のあいだに吊されたというふうに位置を指示するとしておく。

したがって、このような時間は普通の物理的時間のように、単純な前後関係、つまり順序で示される時間ではなく、意識や心理にかかわる非日常的な凝縮された時間であり、また形而上学的な時間であることに留意しなければならないのではあるまいか。

瞬間を本質とする時間はまた一回かぎりの時間である。しかし時間は何度でも再生が可能である（p. 15）ことはいうまでもない。だが、「時間はまず死ななければならないであろう。」時間の死とは、ただ消失することとなのだろうか。少なくとも時間の再生とは、以前の時間はすでに死んで存在しないのだから、もとの時間がそのまま再生するのではないのだ。「時間は、その持続 durée をつくるために、ある瞬間におけるみずからの存在を別の瞬間に移すことはできないであろう」（p. 15）。一個の瞬間は消滅し、死ぬのだから、次の瞬間に自己を移すことはできないのである。だから時間は持続しない。瞬間の存在は次の瞬間の到来とともに刹那的に消滅するのである。したがって瞬間は幾何学における点のように本来はその時間的な幅をもたないといえば定義を誇張したことになるであろうか。ともかく時間意識の最少の単位というふうに瞬間を理解しておこう。

バシュラールがまず第一に示す瞬間の特質は孤立 solitude ということである。「瞬間とはすでに孤立である。」（p. 15）断絶しているということは孤立、孤独として意識される。「それはもっとも狭い形而上学的価値〔意味〕での孤立である」（p. 15）という説明が続く。瞬間の孤立のもつ形而上学的価値とはなにをさすのだろうか。もっとも狭い意味ということになればそれほど重大ではないということであろうが、持続のような形而上学的価値はないという意味も言外にふくんでいるのかもしれない。さきほどの非日常性とのかかわりでみれば、瞬間は孤立無援という一種の危機的状況を暗示しているのだろうか。

だがこの孤立には別の価値が付加されている。「しかし、もっと感情的なレヴェルでの孤立は瞬間の悲劇的隔絶性を明確にする」（p. 15）ということが生じる。非日常的な孤立だとすれば、感情のレヴェルでいえば、瞬間の孤立性には、どうしても悲痛感がともなうことは否定できないであろう。われわれの想定が一層確実性を増すように思われる。「悲劇的隔絶性」ということばは具体的になにをさすか判然としないが、危機意識がうみだす感情的な陰影を明らかにともなっている。

バシュラールはそれを次のようにさらに分析する。「瞬間に局限された時間はいわば創造的暴力によって、われわれを他者たちから孤立させるだけではなく、われわれ自身からも孤立させるからである。それはもっともいとしい自己の過去とも断絶するからである。」(p. 15)

瞬間がもつ「創造的暴力」とは、新しい瞬間が暴力的に有無をいわせずわれわれに強制する断絶、あるいはさらに時間そのものの不可逆性がもつ強制力とでもいうような、誰もが好むと好まざるとを問わず服従しなければならない強制力をさすのであろう。しかしなぜそれは創造的なのであろうか。これは後にいわれる瞬間の新しさと無関係ではあるまい。瞬間の意識のもつ断絶、孤立の意識は過ぎ去った瞬間に対する意識であるが、到着した新しい瞬間の意識でもあるゆえに創造的なのだと考えるべきなのだ。つまり到着した瞬間は少なくとも以前の瞬間と別個だという意味で新しく、だから創造的なのである。この創造的暴力 violence créatrice とは、おそらくベルクソンの創造的進化 évolution créatrice を念頭において考えられたものだとすれば、時間あるいは瞬間の破壊力の大きさと無方向性を強調することばなのではあるまいか。

この瞬間性の悲痛感は、悲劇的という最大級の限定がついている。バシュラールはその理由を他者からの孤立だけではなく、もっとも親密な自己自身からの隔絶、断絶をふくむところに求めている。内密な自我、もっとも安定した自己同一性をこの瞬間がたえず否定するのだとすれば、悲哀は否定された自己をいたむ感情であろう。しかし過去の自己を否定して出現する今の瞬間の自己は、当然のことながら創造された新しい自己であるに違いない。ただこういう状況を想像すると、なんらかの危機的状況にあることは間違いないのではあるまいか。瞬間は内密な既成の自己をすてさせる暴力をもつとすれば、それはまさに悲劇的といわざるをえない特別な状況なのではないだろうか。

次に瞬間の意識は現在の意識であるという特質が考察される。「現在の瞬間と実在〔=現実〕le réel とが完全に等価であることを深く洞察しなければならない」(p. 16)。瞬間の意識は過去とも未来とも切り離された時間の意識であるが、それはとりもなおさず現在の意識であり、唯一の現実の意識である。しかもそれは実在の意識でもあるという自覚に達しなければならないとバシュラールは考えているのである。

「実在であるものは、現在の瞬間の刻印から逃れることがどうしてできようか。それとは逆に、現在の瞬間がどうして実在の上に自己を刻まないでいられようか。私の存在が、ただ現在の瞬間においてのみ自己を意識するのであれば、現在の瞬間はそこで実在が自己を証明する唯一の領域である、ということをどうして見ないでいられようか」(p. 16)。

このように時間の意識を瞬間の意識とするなら、必然的にそれは過去でも未来でもない現在にしか位置づけられることができないのだから、それは即座にいま現在の意識となるであろう。これは誰しも否定できない実感として受けとめることができる。逆に自己の実在の意識も瞬間の意識のなかにあるといえよう。一切の他者と、あるいは過去の自己とすら絶縁されていても、瞬間を意識する主体の実在の意識は疑いえないものであり、したがって自己の実在の意識がその瞬間に出現するのだということもできよう。瞬間の意識は、現在の意識であり、自己意識であり、実在の意識であるとして、等号で結ばれることに注目したい。

このような瞬間は今見たように、人間の意識上の現象であり、また現実感や実在という心理的・形而上学的な問題となっていることは明らかであろう。実在、現在、存在（人間存在）というものが、瞬間という時間的な点においてその構造を明らかにするように、問題が設定されたのだといえば、かれの主張を先まわりして述べたことになるであろうか。

「たとえ後になってわれわれが自己の存在を排除すべき事態になろうと、この存在を立証するためには実際に自己自身を出発点としなければならない。それゆえまずわれわれの思考をとりあげてみよう。そうすると思考は、通過する瞬間とともにたえず消えていき、われわれを離れたものについての記憶をもたず、また訪れた瞬間がわれわれに何かを渡してくれる期待もないことを感じるであろう。」(p. 16)

バシュラールは自己の意識について反省をこころみ、その思考の運動を対象化しようとするが、どうもこの記述は簡略すぎて、あまりよく分からない。いわゆる意識の流れを否定しているのであろうか。思考することが通過する瞬間とともに消失するとすれば、意識の流れ、思考の展開ということも不可能ではないだろうか。自己を出発点として時間を意識する自己を反省的に捉えると、瞬間の意識は、自己の思考を中断させてしまう、ということであろうか。むしろそれは、瞬間の経過を意識することの無益さを強調するための布石にすぎないのだろうか。

バシュラールはループネルの『シロエ』(p. 108) からの引用文を示している。

「われわれが意識をもつのは、現在、ひたすら現在についてである。われわれからいま離れ去った瞬間は、一様で巨大な死であり、消滅した世界と燃えつきた天空がそれに属している。そして恐るべき木知未来の一面の闇のなかでわれわれに接近する瞬間とともに、まだ海のものとも山のものとも分からないさまざまの〈世界〉と〈天空〉とを宿している。」(p. 16)

ループネルはただ現在の瞬間しか存在しないということを力説しているのであって、それはすでにわれわれわれが受け入れたことではあるまいか。過去と未来は現在の意識には入っていない。この意識は現在の知覚とほとんど同義なのだろうか。時間を知覚しつつ考える、あるいはその逆も、瞬間そのものが意識の前面にでてくるとすれば、そのほかのことは、たとえ意識そのものであろうと対象にはならないのではあるまいか。思考はそのプロセスにある程度の継続を必要とする場合があると思われるが、そのとき瞬間の意識は正面に出ないのであろうか。

ループネルは右の引用に続いて、「未来と同様過去でもあるこの死のなかには、いかなる段階もない」とも述べて、現在の瞬間以外はすべて死として、つまり虚無として、存在をもたないものとして一括して考えるが、バシュラールは、むしろ瞬間の孤立性を強調するために、「死のなかにも段階があって、死よりも一層死んでいるもの、それはいままさに消えたものである……とさえいうべきであろう」(p. 17) と考えている。

また過去の保存や記憶については次のように述べている。

「いま鳴り響いた瞬間を、完全な存在として、その個別性をいかしつつ保存することは、われわれにはできない。完全な思い出をつくるためには、多くの瞬間の記憶が必要である。」(p. 17)

この記憶の問題はあとでも論じられるけれど、鮮明な記憶は瞬間の記憶であり、時間のなかの前後関係は、他の社会的事件などとの関連で決定されるように、きわめて間接的なものであるということを、バシュラールはあらかじめ断わっている。

瞬間の孤立、断絶、切断ということは、とりもなおさず時間の非連続性を示すことになる。瞬間と瞬間を結ぶ方向性や瞬間の多数性についてはあとで論じられるけれども、断絶が非連続だということは、接木のイマージュにも当然適用される原理であることを想起しておこう。しかし接木と同じように断絶して非連続的ながら、瞬間も連続することを忘れてはならない。だが瞬間の悲劇性はこの断絶をとくに強調する一面をもっている。

むしろこの悲劇的な特色こそ、瞬間の実在性を示すものだとバシュラールはいう。「存在のこのような断絶のなかに、非連続の観念が異議なく認められるのだ、ということを力説したいと思う。」(p. 17-18)

瞬間の非連続的な連続というと、われわれは無数の点の羅列を想像してしまいがちであるが、この瞬間はむしろ選ばれた瞬間であると考えねばならないのではあるまいか。危機的状況もまた選ばれた瞬間であることは間違いない。バシュラールは「われわれが熱意をこめて検討しないような変遷はみな単調で規則的だということにする」(p. 18) と述べるからである。しかしすべての瞬間はよく見れば、そのような選ばれた瞬間となる可能性をそなえているのではないだろうか。先ほどの「創造的暴力」を想起しよう。個人の心あるいは記憶はそれだけの容量がないから、特殊な瞬間だけを特別扱いするだけのことである。

「もしもわれわれの心 cœur が人生を細部にわたって愛するほど広いとすれば、われわれはあらゆる瞬間が贈与者であると同時に略奪者であることに気づくだろう」(p. 18)。あらゆる瞬間を万遍なく意識することは現実の人間にとって不可能ではあるけれども、どの瞬間でも熱意をこめ、真剣に意識されるとき、「贈与者であると同時に掠奪者である」ことに気づくはずなのである。これはまさに「創造的暴力」の別の表現でなくて何であろうか。しかし瞬間は何をあたえるのか、何を奪うのだろうか。瞬間を強烈に意識する状況を考えてみるなら、きわめて緊張した意識によって、前後とは区別される孤立した瞬間というものが、今までにない何かをあたえるのであり、しかもそれはたちまち過去のなかにもち去られることになる、という構造をもつことが分かるであろう。しかしすでに指摘したように、非連続的ながら新しい瞬間が新しい現在と存在と実在の意識をもたらすのであり、そういう意味で瞬間は創造的な面をつねにもつのである。創造的暴力とは、瞬間の断絶と非連続と新しさを不可避的に強制する時間の作用を示すことばだ、と考えなければならないのである。またそのような瞬間は、熱意にもえた心理状態、緊張した意識状態であることにも留意しておかねばならない。

バシュラールはこの文に続けて次のようにいう。「そしていつも突然に、若々しい新しさあるいは悲劇的な新しさが、〈時間〉とは本質的に非連続であることを、たえず例証していることに気づくであろう」(p. 18)。意識された時間、その瞬間が新しさ nouveauté をもつことも、区別、孤立ということの別の表現だと考えるべきであり、それに若さとか悲劇的という限定がつくのは、瞬間の贈与の内容によると見るべきであろう。

ここで本節の瞬間の特性を整理しておきたい。

まず時間は瞬間という実在しかもたない。瞬間の第一の特徴は他の位置に移動されない、持続として延長されない、ということである。ひとつの瞬間は次の瞬間には消滅するのである。だから瞬間は孤立している。前後つまり過去と未来から断絶している。また外部の他者だけではなく、自己自身の過去とも断絶する。

瞬間は現在しかもたない。

そしてこれらのことは人間がもつ時間の意識が現在の意識、自己存在の意識、実在の意識と等価であることを示すのである。(ただしこの瞬間が時計の時間の何秒にあたるかといった計測の問題は一切入っていないことに留意しよう。)

次に感情のレヴェルでは、瞬間の孤立性は悲劇的な悲痛感をともなう。その理由は瞬間が次の瞬間に移行されずに消滅するという根本的な断絶が、他者や外界だけにとどまらず親密な自己内面にもおよぶからである。これは自己同一性の危機というバシュラールが用いなかった用語で説明することもできよう。(悲劇的隔絶性の瞬間は日常的な時間というよりも、むしろ局限された、あるいは危機的な瞬間であると考えた方が、理解しやすいと思われる。)

さらにこの瞬間としての時間は無数の再生が可能である。一個の瞬間は消滅する。しかし別の瞬間が再生することも確実である。注意すべきことは、再生された瞬間が消滅した瞬間とは同一ではないということ、これは断絶性を媒介にした非連続的連続なのである。

したがって次の瞬間というものは、必ず新しくなければならない。何かしら以前と相違するもの、区別されるもの、つまり新しいものをもたらさなければならないのである。前の瞬間の消滅と次の瞬間の新しさの必然的な関係を、創造的暴力とバシュラールは名づけたのである。

もちろんこれは意識の上での現象であるが、現在、実在、自己の存在という要素にも、この創造的暴力は絶対的な力をふるうのである。

瞬間と次の瞬間の関係は無数に繰り返され、反復される。しかし人間の意識はすべての瞬間をこのように捉えているわけではない。だから実際には特別の瞬間を意識することになる。それは緊張した真剣な意識、熱意をこめて意識が立ちむかう瞬間である。しかし原則的にはどの瞬間もこの特別に選ばれる可能性をもつのである。

すると思い出、記憶はどうなるのか。瞬間の完全な保存は不可能であるが、「完全な思い出」は多くの瞬間の記憶を集めることによって可能になるのだ、とバシュラールはいう。瞬間の記憶がいかなる構造をもつのかは今後の問題である。

II　持続と瞬間

ループネルの瞬間という命題は、当然のことながらベルクソンの持続を念頭において主張されたに違いない。しかしバシュラールはベルクソン批判を正面からはおこなわず、両者の命題を対比することによって、まずループネルの瞬間の特色を浮き出させ、できれば両者の立場を折衷しようとする。ところが折衷的な試みは成功するかに見えながら、これは結局不毛であるとして否定されることになる。あらかじめこのことは断わっておくべきであろう。ベルクソンの持続観のなかではまったく影をひそめてしまった瞬間の現実性の復権を主張して、「時間についてもっとも直接的な意識に対応する立場はいぜんとしてループネル氏の理論であることが分かるであろう」(p. 20) とバシュラールが述べているからである。

「まずベルクソン氏の立場を研究しよう。

ベルクソン氏によれば、われわれは持続 durée について内密な直接的経験をする。この持続は意識の直接的所与でさえある。おそらく、この持続はつぎに同化され élaborée〔＝知的なはたらきによって構成しなおされ〕、客観化 objectivée〔＝対象化〕され、変形されうるものである。たとえば物理学者なら、完全に抽象作業にうちこみ、持続から生命のない、終末も不連続もない画一的な時間すら作りだす。それからかれらは完全に脱人間化 deshumanisé した時間を数学者に引き渡す。こういう抽象の予言者たちのもとへ入った時間は単純な代数的変数に還元される。とりわけこの変数は以後、実在の検討よりも可能性の分析にふさわしいものとなる。実際に数学者にとって、連続性は実在のもつ性格であるよりも、純粋な可能性の図式なのである。」(p. 20–21)

まず持続が「意識の直接所与」であることの確認。誰でも持続を心のなかで直接経験しているとベルクソンはいう。

次にこの持続は知的対象として入念に構成され、対象化される。物理学者は「生命のない、終末も不連続もない時間」を持続から作り、数学者は完全に脱人間化した時間を代数的変数にまで還元する。

連続性は可能性の図式である。

ベルクソンの瞬間の捉え方を次に見よう。

「それでは、ベルクソン氏にとって瞬間とはいったい何であろうか。それはもはや幾何学者の図式的思考を助ける人為的区切りでしかない。知能は生命あるものを追うことが不得意なので、つねに作為的な現在のなかに時間を不動化する。この現在は過去と未来を実際に分離することにすらいたらない純然たる無である。実際、過去はその力を未来にもたらすようである。また未来は過去の力に出口をあたえるために必要であるように見える。そして、一回限りの同一の生の躍動《エラン》が持続を連帯化しているようである。思考は生の断片であり、生に対し思考の規則を命令すべきではない。知能は完全に静的存在、空間的な存在だけを見つめることに没頭するので、生成の現実を誤解することのないよう注意しなければならない。結局、ベルクソン哲学は過去と未来をほどけないほど固く結びつける。だから時間をその実在性によって捕捉するためには、時間のかたまりとして dans son bloc 捉えねばならない。時間は生の躍動の根源そのものにある。生は瞬間の挿絵をいくつか受けとることはありえても、生を説明するのは本当のところ持続である。」(p. 21)

つまりバシュラールにいわせれば、瞬間はベルクソンにとってまさに幾何学的な点であり、存在をもたない抽象的な人為的な区切り coupure にすぎないのである。

一方ここでは現在の持続的な時間が提示される。それを知覚するのは意識ではなく知能 intelligence である。意識と知能の相違はここでは問題にならない。知能は現在のなかで時間を動かなくするのだ。この現在は「純然たる無」だといわれている。なぜなら、過去と未来から現在を分離できないからである。逆にいえば現在の時間のうえに過去と未来が重なっていて、現在が見えないということなのである。要するに時間を「かたまり」として捉えているのであり、過去と未来を解きほぐせないほど一緒に結びつけているのである。

しかも未来は過去の力の出口のようにも思われ、過去の力が強力である。生の躍動が持続を一体として連動させている。そこに孤立はまったくない。また断絶もない。瞬間の意識と等価な現在の意識もない。

バシュラールの持続批判はこの特徴に集中する。

「もし瞬間が虚偽の区切りなら、過去と未来を区別することはきわめて困難になろう。両者はつねに人工的に分離されることになるからである。すると持続は分割できないひとつの単位《ユニテ》として捉えるべきである。そこからベルクソン哲学の結論がすべて生じる。ひとは自己の行為のそれぞれのなかに、ほんのちょっとした動作のなかに、やりかけたことの完成した特徴を、つまり開始のなかに終末を、胚子の躍動《エラン》のなかに存在やまた存在のおこなうすべての生成を、捉えることができることになってしまうだろう。」(p. 22)

過去と未来を一括して持続とする場合、いったいそれはいつ開始するのかという難問が生じてくる。あるいは開始にすでに生成や終結がふくまれているといえるのか。持続の開始をどうすれば設定できるのか。バシュラールがとくにこだわるのはこの点である。

また過去と未来の連続的な状態がうまく進展しているとしても、「創造的行為がふいに出現する突然変異の領域に身をおくなら、新しい時代はつねにひとつの絶対によって開かれることをどうして理解せずにいられようか。」(p. 23)

ベルクソンのいう創造的変化にしても、過去から未来への連続性を途中で区切らずには説明できない。この創造という視点は、ループネルにおいては、すでに述べたように、瞬間の新しさ、断絶のあとの新しさというかたちで導入されていた。「あらゆる進化は、その進化が決定的である度合いに応じて創造的瞬間によって区切られている」(p. 23) から、ループネルの瞬間の視点からすれば難なく説明が可能である。

ここでまた瞬間に立ちもどってみると、ベルクソンのいう躍動 élan がもっとも活発なのは、むしろ瞬間においてであるといえるのではないだろうか。意識湧出の瞬間こそもっとも躍動的ではないか、とバシュラールはいう。

「創造的瞬間のこの認識を、われわれの意識の湧出以外に確実に見いだせるところがあるだろうか。そこでは生の躍動がもっとも活発ではないだろうか。われわれの眼前で、活動的な現在において、われわれの固有の文化の無数の偶発事、われわれを変革し、創造する無数の企てが繰り広げられるとき、みずからの躍動を多かれ少なかれ取り逃がし、その躍動を完成させず、連続さえしなかった目立たない、隠された何らかの潜在力〔=持続〕に、なぜもどろうとするのだろうか。」(p. 23)

このように意識における認識の発生をみ、あるいは新しい認識の努力をおこなう精神こそ、この瞬間のテーマの中心領域であることが再認識されねばならない。精神を肉体から解放し、もっと自由なものとして精神を考えれば、精神のはたらきが、終始一貫した連続的持続をなすものではなく、はじめから論理的に整合した一元性をもつよりも、偶然性を受け入れ、ジグザグに躍動するものであることが分かり、それを可能にする不連続的な瞬間の価値が見えてくるであろう。

「認識はとりわけ時間的な仕事である。そこでわれわれの精神 esprit を肉体のきずなという物質的な牢獄から解放するようにしよう。ひとが精神を解放するや否や、また精神の解放の度合いに応じて、精神は無数の偶発事を受けいれ、精神の夢の線は無数の頂点に引かれた無数の線分に分断されることにひとは気づく。認識の仕事中の精神は明瞭に分離された諸瞬間をつらねた一本の糸として示される。この歴史を記述しながら心理学者は、あらゆる歴史家と同様に人工的に持続のきずなをそこに置く。われわれの心の奥では、無動機 gratuité がいとも明快な感覚をもっているので、持続に力をあたえるような因果性を捉えることはない。したがってさまざまの観念しか生まれない精神のなかにいろいろな因果関係を探すのは学者の間接的な問題なのである。」(p. 23–24)

精神のはたらきは、まずこのように自由なジグザグの方向をとるもので、けっして一方向に集中的に統一されるものではない。認識の仕事はその線分の整合化であり、それは二次的な仕事である。「明瞭に分離された諸瞬間をつらねた一本の糸」という表現は、控え目ながら意識の流れという一般的な考え方に、瞬間の不連続の連続という視点から光をあてたということなのであろうか。それではこの一本の糸とは何であろうか、という疑問が直ちに生ずるであろう。歴史家も心理学者もそこに持続を認めるのに何の苦労もないであろう。

それゆえ創造や躍動を認めるためにも、持続とは別に瞬間に対しても独自の存在を認める必要が、どうしても出てくるのである。

「ベルクソンの直観において把握された持続自体について、われわれは数ページで批判したとうぬぼれるつもりはないが、ひとがどう考えようと、少なくとも持続のかたわらに、瞬間に対し決定的な実在性を認可すべきである」（p. 24）。

しかしそうなれば、「持続のない瞬間によっていかにして持続を構成できるか」（p. 24）を示すことが要請されるが、これは次章の大きな課題である。だがもしそれが証明されれば持続が「間接的で媒介的な性質」（p. 25）をもつことを結果的に示すことになるとバシュラールは考えている。

その前にもう一度ループネルにもどって瞬間の内容を心理的に、というのはベルクソンの方法も心理的なので、考えてみようとバシュラールはつぎの文（『シロエ』、p. 108）を引用する。

「われわれが現在についてもつ〈観念〉は特異な充実を示しており、また特異な積極的な明証性をもっている。われわれは自己の欠けることのないパーソナリティをもって現在に身を置いている。われわれが生存の感覚をもつのは、ただ現在によって、そして現在においてのみである。現在の感情と生の感情のあいだには絶対的同一性 identité absolue がある。」（p. 25）

すでに述べられたところの瞬間の意識が、とりもなおさず現在の意識であるということが、感情のレヴェルでも確認されたことになる。意識としても、感覚や感情のレヴェルでも、現在が中心であり、それが生の意識であり、生の感覚とも一致するのだと、ループネルとバシュラールは主張するのである。

だから過去によって現在を説明することは見当違いであり（p. 25）、生そのものの視点から現在によって過去を理解すべきである。「おそらく持続の感覚もその後で明らかにされるはずだ。それまではひとつの事実とみなしておこう。持続は他の感覚と同じような感覚であり、また他の感覚と同様に複雑な感覚でもある。持続は表面上矛盾した性格をもつことを何のはばかることもなく強調しよう。持続は持続のない諸瞬間によって作られる。直線が大きさをもたない点からなるように」（p. 25）。このようにバシュラールは持続には瞬間のような特別の第一義的性格はなく、他と同じ二義的な感覚だと断言してはばからないのである。ループネルからの引用（『シロエ』、p. 109）をみよう。

「われわれに持続を正当に肯定させるものは何もない。われわれにおいてはすべてが持続の意味と矛盾し、持続の論理を崩壊させる。そればかりか、われわれの本能は理性よりもそのことに通じている。われわれが過去についてもつ感情は否定と破壊の感情である。精神がいわゆる持続に対して認めた信用は、もはや持続が存続せず、またそれに対する信用ももはや存在しないゆえ、預金のない信用なのである」（p. 26）。

つぎに、瞬間が注意の緊張をともなって意識されることを中心にして、ベルクソンとループネルの相違点を浮き上らせようとバシュラールはこころみる。

「ついでに瞬間の経験における注意の行為 acte d'attention の位置を強調しておかねばならない。実際に真の意味で明証的なものは、意志 volonté のなかにしかない。つまりそれはひとつの行為を決定するまで緊張している意識のなかにしか存在しないのである。」（p. 26）

「この行為 acte のあとで展開される行動 action は、論理的にもあるいは物理的にも受動的な結果の領域にすでにもどっている。ベルクソンの哲学は行動の哲学であり、ループネルの哲学は行為の哲学であるといえるように、そこにループネル氏とベルクソン氏の哲学を区別する重要なニュアンスが存在する。」（p. 26–27）

ループネルの哲学は行為の哲学、ベルクソンの哲学は行動の哲学であるといっても、行為と行動の厳密な区別はほとんどつけがたいと思われるが、バシュラールは、ここでは意志を中心にした決定までのプロセスを行為とし、それからあとの具体的動作を行動として区別している。人間の行動の内部的なプロセスと外面的プロセスということができようが、かなり微妙なニュアンスをふくむ区別なのである。

ただ意識の面での瞬間ということではなく、人間の行動面における瞬間の考察に移行したことに留意したい。

「ベルクソン氏にとっては、行動とはつねに決断と目的——両方ともいくぶん図式的である——のあいだにおいて連続的展開をみるものであり、つねに独自で現実的な持続である。ループネル氏側のひとにとっては、行為は何よりもまず瞬間的な決断であり、また独自性のはたらきのすべてを担っているのはまさにこの決断である。」(p. 27)

この瞬間と持続の関係をバシュラールは物理学の、運動量 impulsion と比較したあとでつぎのようにいう。

「変化する運動——ベルクソン氏がきわめて正当に実在として評価する唯一のもの——は、その運動を開始させる同じ原理にしたがって連続することが分かるであろう。ただ、その展開の不連続性は、行為のあとに続く行動が、意識されることの少ない生体の自動作用にゆだねられる度合いに応じて、観察がだんだん困難になる。それゆえ、瞬間を感じるため、意識の明瞭な行為にもどらねばならないのである。」(p. 27–28)

ここでバシュラールの瞬間の現実面での理解が示される。生が行動のたんなる反復ではなく、受動的に軌道の上を進行することでもなく、瞬間という決意を要する緊張した時間によって構成されていることを明らかにする。前節でふれた強烈な心による選ばれた瞬間である。

「生とは時の瞬間の行列に強制されたひとつの形態である。しかし生がその最初の実在性を見いだすのはつねにひとつの瞬間においてである。したがって、われわれが心理学的明証性の焦点に立つとき、つまり感覚がつねに単純な意志の行為のつねに複雑な反映か反応にすぎないという点に立つとき、極度に集中した注意が生をただ一個の要素に、孤立した要素に圧縮するとき、われわれは瞬間が時間の正真正銘の特質であることに気づくのである」(p. 28)

「時間と進歩との関係を理解するために、瞬間の経験の現実的で積極的な考えにもどると、生は受動的な凝視のなかには取り込まれえないことが分かる。生を把握することは、生を生きること以上のことであり、本当に生を推進する propulser ことである。生は水路のように生を受け入れる客観的時間の軸にそって斜面を流れるのではない。生は時間の瞬間の列に課せられたひとつの形であるが、しかし生がその最初の現実を見いだすのはつねに瞬間のなかにおいてである。だからわれわれが心理学的な明証性の中心に赴き、感動がもはやつねに単純な意志的行為の、つねに複雑な反映か反応でしかない地点にいたり、凝縮された注意が生をただ一点に、孤立させたひとつの要素の上に圧縮するとき、われわれは瞬間が時間の本当の特徴であることを悟るのである。」(p. 28)。

瞬間が緊張であり集中であり凝縮であるとすれば、持続は散慢であり弛緩であり拡散であるし、前者が努力であれば後者は怠惰であるということになろう。時間についての思考でさえ同じことを持続して考えるならやせ細ってしまうではないか。逆にどんなつまらない考えでも「瞬間の上でそれを凝縮させるなら、精神を輝かすものとなる。」(p. 28–29)「それでは、行為《アクト》の本性とは、現実的《アクチュエル》であることである——奇妙な表現だが——と見てはどうしていけないのだろうか。そして次に、生は諸行為の不連続であると見てはどうしていけないのだろう。この直観をループネル氏はとりわけ明快な用語で示している(『シロエ』p. 109)。《持続は生であるとひとはいうことができた。そのとおり。しかし、少なくとも生を含む不連続の枠のなかに、そしてその生を表出する攻撃的な形態のなかに生を置くべきである。生はもはや機能的統一体として相互に混合しながら流出する生体的現象のあの連続的流動体ではない。存在は物質的な思い出の奇妙な場であり、自己自体への習慣にほかならない。人間存在において恒久的でありうるものは、不動の恒常的な原因の表現ではなく、捉えがたくしかも終結しない諸結果が並ぶことの表現である。結果のひとつひとつが孤立した土台をもち、それらの結びつき、これはひとつの習慣にほかならないが、その結びつきが個人をつくりあげているのである。》」(p. 29)

バシュラールが認識論研究者としてこのような瞬間の非連続的連続にもっとも同感したと思われるのは、偶発事や錯誤や挫折を時間の流れのなかにきちんと位置づけることができるからではないだろうか。ベルクソンの方はこのような障害を無視して歴史をまったく「進化の叙事詩」(p. 29)として描くことになった。このような進化の頂点を結ぶ歴史の必要なことをバシュラールも否定はしない。しかし細部にこだわって詳細に見るならば、現実は別な様相を呈するのである。

「おそらく、ベルクソン氏は進化の叙事詩を書きながら、偶発事を無視しなければならなかった。ループネル氏は細心な歴史家であり、行動のひとつひとつはどんなに単純であろうと、生の生成の連続性を必然的に破ることを無視できなかった。もしひとが、生の歴史を詳細に眺めるなら、他の人びとの人生と同様に、冗長な繰り返しや時代錯誤や、やりかけの仕事や、挫折や、やりなおしやらで満ち満ちていることに気づくであろう。」(p. 29–30)「ベルクソン氏は偶発事のなかから、生命の躍動が分割し、系統樹が多種多様の枝に分岐する革命的行為だけしかとりあげなかった。このようなフレスコの大壁画を描くために、かれは細部を描く必要はなかった。対象を素描する必要がなかったのだといっても同じである。したがってかれはあの印象派的絵画ともいうべき『創造的進化』という著作にいたったのである。あの挿絵入り直観は事物の肖像よりもむしろひとりのたましいのイマージュである。」(p. 30)

ベルクソンの『創造的進化』(一九〇七)は明瞭な対象も細部のデッサンもない大壁画であり、印象派のような作風だという（しかし、もしすべての瞬間を考慮したら本当に歴史が書けるのだろうかという疑問が残るし、他方、たとえば進化の分岐点には、変化が生じ持続を変更させる事件が必ず生じたはずなのに、それをどう解決したのだろうか、という疑問もあるであろう。）歴史的必然をたどるベルクソンに対し、ループネルはむしろ「原理としての偶発事」（p. 30）を重視するのである。

「しかし原子をひとつひとつ、細胞を一個一個、思考をひとつずつ、事物の歴史を、生物や精神の歴史を記述しようとする哲学者は、結局、事象をばらばらに分離させねばならない。なぜなら事象は事象であり、事象は行為であり、なぜなら行為はもし成就していないなら、あるいはうまく成就していないなら、少なくとも、絶対に発生するという状態でなんとしても開始する必要があるはずだからである。それゆえ有効な歴史はさまざまの開始するものとともに書かれるべきである。ループネル氏に従って原理としての偶発事という理論をたてねばならない」（p. 30）。

事後的に組み立てられた目的に向かって流れるような進化的持続や、生命の躍動の結果という進化の見方に、バシュラールは根本的な疑問を呈する。それは緊張を忘れ、自主性を喪って大勢に順応する大衆の歴史に他ならないのではないか。歴史の実体はむしろ偶発事に戸惑いながら、試行錯誤を繰り返しつつ蟻のように進むのではないか。

「本当に創造的な進化には一般的法則はただひとつしかない。それはあらゆる進化の試みの根底には偶発事があるということである」（p. 30）。

バシュラールはここでベルクソンとループネルの時間意識を図式化して示そうとする。

「ベルクソン氏にとって、時間の真の実在は時間の持続であり、瞬間はなんの実在性もないひとつの抽象にすぎない。つまり瞬間とは、動かない状態に準拠することによってのみ生成を理解しようとする知能が外部から押しつけたものである。こういうわけで、われわれはベルクソン的時間を、一本の黒い直線でかなりうまく表現できるであろう。その場合、ひとつの無、すなわち架空の空虚として瞬間を象徴化するために白い点をおくことになるだろう。」(p. 31)

ベルクソン的時間、すなわち持続は直線で、あるいは実線で表現され、瞬間は架空の白い点で表現されるとすれば、ループネル的時間はどうであろう。

「一方ループネル氏にとっては時間の真の現実は瞬間であり、持続はいかなる絶対的実在性ももたない構成物でしかない。それは夢みて再生することを望み、理解しようとはしない記憶、すなわちとくに想像の力によって外部からつくられたものである。したがってわれわれはループネル的時間を、まったくの潜在性、可能性の状態にある一本の白い直線によってうまく表現できる。そこに突然まったく予測しえない偶発事として、不透明の実在の象徴として黒い点が記入されることもあろう。」(p. 31–32)

ループネルの図式には持続は表明されず、純然たる可能性としての瞬間の非連続の連続を白い直線で表わす。その上に偶発的な現実として黒い点、つまり瞬間をおくのである。

いずれにしてもこの図式は便宜的なものであり、「想像力の術策の域を出ない」(p. 32)。ベルクソンの場合、「時間の長さは持続の価値を表わすわけでなく、また拡散的時間から集中的持続へと上昇することが必要であろう。そこにおいても、非連続の命題が難なく当てはまる。つまりこの集中の度合いは、自我が段階的によどみなく豊かになるのと同じほど容易に、意志が照らしだされ、また緊張するところの瞬間の個数によって分析されるのである」(p. 32)。

持続における躍動も瞬間に分析することによってもっと容易に理解できるのである。

第二節では瞬間重視の立場からベルクソン持続説批判がおこなわれた。時間は意識、心理の問題から、より広い行動や行為の面で対象化される。ベルクソンの持続が時間をブロックとして捉えるため、まず開始と終結が区別できず、もし開始があるとすれば、その時点で生成や終結までふくまれるということが第一点である。もっと具体的にいえば、過去と未来が現在に対して優位であり、とくに過去が現在を覆い、未来は過去の出口のようなものになっている。現在の位置づけが薄弱である。

そのため「進化の叙事詩」として系統樹の上で分岐する革命的行動だけをひろう「創造的進化」観が生じる。それは歴史における錯誤、挫折、失敗などつまり偶発的事象を無視し、対象の細部、さまざまの偶然を捉えなかった。これに対しバシュラール、ループネルは原理としての偶発性を主張する。

ループネルの哲学は行為、ベルクソンの哲学は行動という区別が成り立つ。ベルクソンの持続という代数的変数の傍らに、瞬間に対しても少なくとも「決定的実在性」を認めるべきである。

図式化すれば、ベルクソンの持続の実線と瞬間の白い点に対し、ループネルの時間は可能性としての白い線であり、その上に偶発的な黒い点として瞬間が示される。

Ⅲ　ここといまの絶対性

前節でのベルクソンとループネルの時間概念の長所を結びつける折衷の試みには、「瞬間にひとつの次元をあたえ、それ自体にある種の持続を保持しうる一種の時間的原子をつくりだしたい」(p. 33) という意図があった。

もっと具体的にいえば「事象はその内部的発展の絶対性からすれば、事象そのものにかかわる論理的な短い歴史をもつはずである」(p. 33) から、「事象の発端は事象の外側に起源のある偶発事と関係があるとしても、輝き、ついで傾き、そして死滅するためには、どんなに孤立した存在といえども、時間の分け前が当然あたえられるべきだと思った」(p. 33-34)。結局このような考えは「持続が存在の深い直接的な豊かさ」(p. 34) であるという願望にささえられているのだ。したがってこの時間の分け前としての瞬間は「ベルクソン的連続の小さな断片」(p. 34) ということになる。瞬間という時間原子の構造は折衷的にはまず小さく断片化された持続とみなされるであろう。

一方ループネルの説から採用したのは、この時間原子である瞬間は相互に接触しない、というより相互に融合できないという考え方である。まず同語反復に近い実体の理論では、性質や記憶を一個の瞬間から別の瞬間に苦もなく運ぶであろう。だが恒常性が生成を説明するようなことなどはけっしてありえない。ここで瞬間の存在理由である孤立、新しさを想起しよう。「生成にとって新しさが本質的なものだとすれば、この新しさを〈時間〉そのもののせいだと見ることによって何もかもうまくいく。存在が画一的な時間のなかで新しいのではなく、瞬間がみずからを更新しつつ存在を自由へと運び、あるいは生成の最初の機会へと運ぶのである。」(p. 34-35)

ここでまた主語と述語の逆転がおこなわれる。瞬間が孤立し、断絶していることは、旧の瞬間に対し新しいからだということを認めると、新しさこそ時間であり、それが存在を自由にする力まで獲得することになる。はたしてそれはうまくいくのだろうか。

また瞬間は「その攻撃によってみずからを一挙に全面的に認めさせる。瞬間は存在の綜合化の因子である」(p. 35)。ここで存在の綜合という新しい視点が導入される。しかし綜合する前に分離していること、隔離する空虚が存在することが必要である。「時間の原子を正確に想像するためにはひとつの空虚が——

それが現実に存在しようとしまいと——必要」(p. 35) だということとも、「二義的」(p. 35) なこともしれないが、想起しておかねばならない。

「したがって生成し発展するために必要な創意とエネルギーを〈シロエ〉の泉の神秘のなかから汲みあげ、存在が部分的にまた見いだされる行動の核のまわりに時間を凝集させることが有利なように思われた。」(p. 35)

このように両論を折衷すれば、ベルクソンの持続の原子化をおこない、柔軟で実り豊かな分析手段、いわば「時間的多元論」(p. 35) が得られるはずだった。

ところがたちまちこの折衷論は矛盾をあらわす。「折衷的理念のもとに組み立てられた形而上学的直観が長続きすることは稀である。多産な直観はまずその単一性を証明しなければならない」(p. 35) からである。したがって「考察を展開させた帰着点ではなく、直観の根本において選ぶべきだったのである」(p. 36) という反省にいたる。折衷的な考えは「二つの理論の難点を集めてしまった」(p. 36) からうまくいかないのではないか。

そしてこの到達時点が時間の算術の可能な時点なのである。

「いったいどうして、さきほど足を止めた時間の原子化から、ループネル氏が断固として主張する絶対的な時間の算術化までやってきたのだろうか。」(p. 36)

いったい時間の算術化とはそもそも何を意味するのだろうか。「十分に精密にされた瞬間は、アインシュタインの理論のなかでもひとつの絶対である。瞬間にこの絶対の価値をあたえるためには、時間―空間の一点として瞬間を綜合的状態で考察すればよい。換言すれば、時間と空間と両方にかかわる綜合化として存在を受けとるべきだ。」(p. 39)

「存在は場所と現在つまりここといま *hic et nunc* の交点にある。」(p. 39)。瞬間を意識するのはあくまでも現在であるが、そのとき空間もまた決定されるというのである。まずこういうふうに瞬間を空間と結合して絶対化する操作が完了するならば、このような絶対的な瞬間の相互の関係は、算術的な加減乗除の可能なものになるというのである。

ここではもはや時間は意識だけの問題ではないことは明らかである。その原因のひとつはベルクソンにもある。もちろんかれは主観的な体験のなかで持続をとらえるように要求したが、そこに止まらず、「かれはわれわれが唯一の躍動と連動し、同一の波によって全員が運ばれることを客観的に証明した。」(p. 37) ベルクソンのいう持続の知覚がたんなる主観的な直観であるだけでなく、客観的な持続が対応しているのである。

「われわれの持続の感情に、客観的かつ絶対的なひとつの持続が対応していることを理解するためには、一個の角砂糖が水の入ったコップのなかで溶けるという簡単な経験を前にするだけでよい。」(p. 37)

ベルクソンの狙いは「内的直観の明証性を保持しながら、計測の領域にもどること」(p. 37) にあるとバシュラールは見ている。つまり「存在の時間的な質と生成の本質との直接的交流を、たましいのなかでわれわれはもったのであるが、しかし時間の量の領域は、それを研究する方法がいかに間接的であっても、生成の客観性の保護領域であった。したがってこうしたことはすべて〈持続〉の原始性、つまり直観的明証性と論証的証明を保護するように思われた。」(p. 37)

ベルクソンが『創造的進化』で出した、あの角砂糖の溶ける客観的時間は、それを早く飲みたいという感情の持続を測る尺度になっている。しかし物理的な時間を問題にするなら、角砂糖の溶解に要する時間と心理的な時間とは何のかかわりもないのだ。むしろアインシュタインのいう相対的時間の考えを適用すればもっとその関係は鮮明になる。

「客観的持続のアインシュタインの批判によってわれわれは独断的夢想から目を覚ました。この批判は持続するものの絶対を破壊するが、存在するものの絶対、すなわち瞬間の絶対は保存するのである。」(p. 38)

「相対性によってアインシュタインの思想がとらえるのは、時間の経過、時間の「長さ」である。この長さは測定の方法と相関的なことが分かる。かなりの高速で宇宙空間を往復旅行するとき、旅行中にたずさえた時計の上では数時間しか記録しないとしても、数世紀を経過した地球に帰ってくることになるといわれる。水の入ったコップのなかで角砂糖を溶かすために、ベルクソン氏が固定的で必然的なものとして要請した時間を、われわれの短気さに適合させるために必要な旅行はもっと短いはずである。」(p. 38)

ベルクソンのように中途半端な客観的現象の利用ではいけない。「まずただちに強調すべきことは、ここでは計算のむなしい遊びが問題なのではないということだ。運動するシステムにとって時間の経過は以後ひとつの科学的所与となる。この点について科学の教えることを拒否する権利があると考えるなら、砂糖の溶解の実験における物理的条件の介入や、時間と実験変数との実際上の干渉を自分自身であえて疑ってみなければなるまい。たとえば、この溶解実験が温度に関係するということに誰でも同意するのではないだろうか。ところが現代科学にとって、この実験は時間の相対性にもまた関係している。ひとは科学にその分け前をあたえていない。科学全体をとりあげなければならないのだ。」(p. 38–39)

ベルクソンの出した持続の外部的証明となるものは、「事象の配列の明快な原理」としての唯一の持続の証明でもあったわけだが、これが相対性の原理のもとにあえなく崩れてしまった、とバシュラールは考える。「〈形而上学者〉はその局部的時間の上に後退し、自己自身の内密な持続の中に閉じこもるべきであった。世界は意識の内奥で体験される人びとの個人的持続のために収束する保証を——少なくとも直接的には——提供しなかったのだ。」（p. 39）

しかし注目すべきは「正確に決定された瞬間はアインシュタインの理論ではひとつの絶対なのである」（p. 39）ということである。要するに、空間中の異なった点にある二つの事象の同時性を明白なものとすることはできない。それを成立させるためには「静止したエーテル éther fixe のようなものによって結ばれているとでも考えねばならないが、マイケルソンの実験の否定的な結果によって、それは不可能なことが分かっている（p. 40）。異なった場所の同時性は「間接的に規定する」（p. 40）ことが必要であり、「異なった瞬間を区別する持続の尺度を、同時性とつねに相関的なこの規定に、適合させねばならない」（p. 40）のである。

それに対し、瞬間は空間の一地点と結合させれば、絶対的なものとして止まる。それはここといまという時間と空間の交点であって、「ここと明日とか、あそこと今日」（p. 39）という組合せではいけない。もしこうした組合せをおこなうなら、持続や空間の軸上に拡大されて、相対的なものになってしまう。「しかしこの二つの副詞〔ここといま〕を結合し、融合させることを認めるやいなや、動詞 être（である）はついにその絶対の力を受けるのである。」（p. 40）

この場とこの瞬間における同時性には疑いえない明証性がある。「そこでの継起は完璧に曖昧さなしに整然とおこなわれる。」（p. 40）意識された瞬間は「正確に客観的なものとして明らかにされ、そこに安定と絶対のしるしをわれわれは感じる」（p. 41）のである。なぜだろうか。アインシュタインの保証することといまは、瞬間の現在の意識にはかならず空間のことという意識の支えがあるから、絶対だということになるのだろうか。それは安定し、絶対的なのだろうか。瞬間の直感をささえる空間の直感とは、自己意識のことなのだろうか。安定はともかく、絶対のしるしまで感じることができるのだろうか。それはデカルトのコギトの意識なのであろうか。

一方、持続は、どんなに手をつくしても克服できない異質性をふくんでいる。どうしても純粋持続にはいたらないのである。バシュラールはそれができないのは自分の能力が劣っているせいだと反省し、また努力を重ねたが、しかしベルクソンのいうような飛躍や生成にはいたらなかったと告白している。

「スピノザが存在の考察から汲みあげた要素《エレマン》（単子）に匹敵するほど、明快で整合的な要素の生成について、何度われわれは探求をおこなったことか。」(p. 42)

バシュラールは、生の躍動が生成を示す偉大な線を、自分のなかにどうしても見つけられないので、だんだんその線を断片化し広がりをせばめて「持続の同質性」を求めることにした。

「しかしこの探求はつねに同一の失敗に帰した。持続は持続するだけにとどまらず、それは生きていたからである。当の持続の断片をどんなに小さくしても、顕微鏡的に検討すれば、事象の多様性を読みとることができた。そこにあるのは、いつも布地ではなく刺繡の模様であり、つねに小川の動く鏡の上の影と反映であって、けっして清澄な波ではないのである。」(p. 42)

バシュラールがベルクソン的持続を真摯に追体験しようと苦心したことは、ここからも十分読みとれるであろう。たんに理論的に反撃するのではなく、その前に柔軟に理解の努力をかさね、その結果としての否定的な結論であることが分かる。

「持続は実体と同様に、われわれにもっぱら幻影をあたえるだけである。持続と実体とは、どうしようもない換位命題として、生成とは実体の現象であり、実体とは生成の現象である、というふうに、だますものがだまされる嘘つきの寓話を演じるのである。」(p. 42-43)

ここで実体《シュブスタンス》というものが何の説明もなく登場させられ、しかもまったく価値をおとしめられた意味で使用されていることに、注意しなければならない。この実体概念はわれわれが『水と夢』の研究において指摘した実体とまったく同じ内容をもっていると見てよいであろう。(5) 持続が「実体」化されて、さまざまの価値の受容体となっていることに、バシュラールはひそかに警告を発しているのである。生成もまた実体化された持続から派生する現象にすぎない、とその仮構性を指摘しているのだ。

バシュラールは次にベルクソンの記憶の理論についても、時間の直接的な経験が持続ではなく、瞬間であり、持続の記憶がもっとも持続性にとぼしいという。「ひとは……であったということは思い出すが、持続したことは思い出さない。時間のなかの遠ざかりは持続の見方を変形する。ちょうど空間の遠ざかりが長さの見方を変形するのと同じである、なぜなら持続はつねに視点に左右されるからである。それにしても、ベルクソン哲学のいう純粋な思い出とは、孤立して捉えられたイマージュ以外の何物でもあるまい。」(p. 44)

記憶によっておこなわれる思い出の「時間的位置づけ」(p. 44) にしても、純然たる個人的なものではありえず、外的な根拠、あるいは社会的な枠組みにたよらざるをえないことは、少しでも過去の記憶を位置づけてみようとすれば誰にも容易に分かるであろう。バシュラールはアルブヴァクス Halbwachs (一八七七—一九四五、フランスの知識社会学者) の「記憶の社会的枠組み」の説を援用しつついう。

「われわれの思索は堅固な心理的横糸をもたない。それは死んだ持続の骨格であり、もしそれがあれば、自分の意識だけで、呼び戻された思い出の場所を決定するのが自然にまた心理的にできるであろう。だが実は、われわれは自分自身の年代記を学習し、学びなおす必要を感じているし、またこの学習のため、この上なく偶発的なことを年代の一致によって集め要約したにすぎない一覧表のたすけをかりるのである。」

(p. 44-45)

「自分自身の年代記を学習する」ということは、具体的にいえば、内的な個人的な事件を客観的に位置づける心理的な内的基盤は見あたらず、自分とは別の、なんらかの社会的枠組みにたよらざるをえないということである。これはもちろん二つの事象の同時性とは次元の違う問題である。

「もし人びとが同時代の〈歴史〉にあまり注意していなければ、自己自身の歴史をよく知らないということになるだろうし、少なくとも自分自身の歴史には、多くの時代錯誤があることになるだろう。」(p. 45)

このことはもっと具体的に次のように述べられる。個人の過去の歴史をたんに想起しても、前後関係が正確に決定できず、どうしても外部の事件、社会的・歴史的事件を道標のように役だてながら、位置づけをおこなわざるをえない。そしてそこから、記憶が持続を保持しないという結論に導かれることに注意しよう。

「われわれが心情の運命を賭けたような内密な思い出を、迅速正確に位置づけるのは、共和国の大統領選挙といったようなつまらない選挙〔の日付〕によるのである。しかし思い出の位置決定が間接的になされるのは明らかであり、精密にしようとすると、内的な生のもっとも遠く離れた領域まで参照項目をふやさねばならないとすれば、そのことは死滅した持続の最小の痕跡さえ、われわれが保存しなかったことを証明しているのではないだろうか。記憶という時間の番人は瞬間しか保存しない。記憶は持続という複雑で人為的な感覚については、絶対に保存しないのである。」(p. 45)

バシュラールは記憶のあと、意志と注意つまり「知能の意志」(p. 45) の心理学においても持続が間接的でしかありえず、瞬間がより一義的であることを検討する。

まず注意 attention の持続を考えてみよう。いったい自己の上にどれだけ注意を向けられるだろうか。「個人的にいって筆者は、むき出しにされた自我が表象するこの観念の無の上に、注意を長く固定できないので、注意という行為のリズムにのって、持続を破らざるをえなかった」(p. 46) と告白している。意識、あるいは知能の意志としての注意は、むしろごく敏捷に動くことにその特色があるので、長く固定されることは本性に反することなのであろう。ただこのように反省的な考察の結果、バシュラールは次のような新しい発見にいたる。

「そしてそこでまた、予想しがたいものの最小な状態に正面から向きあい、純粋で無垢な内密さの領域を見いだそうとつとめながら、自己自身に向けられたこの注意が、みずから機能として、歴史のない思考、思考群のない思考という、あの甘美で脆弱な新しさをもたらすことに、突如として気づいたのである。」(p. 46)

いわば現象学的な反省の記述ともいいたいような文章は、デカルトのコギトの秘められた一面の発見にいたるだけに、バシュラールの気迫のようなものが伝わってくる箇所である。

「デカルトのコギトに全面的に集中されるこのような思考は持続しない。その明証性は、思考の瞬間性という特色によってのみ保証されるのであり、思考が空虚でありまた孤立しているからこそ、思考そのものについての明快な意識がもてるのである。」(p. 46)

思考がそれ自体を思考するとき、思考以外のものはその対象ではないから、思考は空虚であり、孤立しているということなのだろうか。それはただ一瞬のひらめきであり、長く続くことはない。デカルトがコギトによって「われあり」という自覚をもったのも、この一瞬の反省によるのだという発見を、バシュラールはやがて『ノンの哲学』においてさらに深めて、非デカルト的な認識に突入する。そのとき、コギトのゆるぎない主体の同一性が疑われる。「われ知覚する、ゆえにわれあり」となるとすれば、固い蠟を知覚するわれは、軟らかい蠟を知覚するわれとは同じではない、というふうに知覚の対象とともに変化する主体という展開をとげることになるが、すでにこの時点でそれを予感させている。

「このとき思考は思考のひとつの無にすぎない持続、したがって効果的なひとつの無にすぎないひとつの持続のなかで、世界の攻撃を待つ。世界は思考にひとつの認識をもたらすが、しかも注意深い意識がひとつの客観的認識によって豊かになるのは、依然として多産な一瞬間においてなのである。」(p. 46)

ループネル的な瞬間を作業仮説として意志と注意の心理的な考察をはじめると、持続は間接的な介入をしているだけで、根本的な条件ではないことがすぐわかる。「持続でもって期待を測ることはできても、注意そのものは測れない。注意はたったひとつの瞬間にその強度のすべての価値を受け取るからである。」(p. 45–46) 注意は瞬間的にはたらくが、それで終りではなく、また次の瞬間か、あるいはそのあとで、また同じ対象に向かうことをさまたげるものはない。だから「注意はまた一連の開始であり、時間が瞬間をしるしづけるときに、意識にもどる精神が、繰り返し再生されることによって、注意がつくりだされるのである。」(p. 47)

「さらに、注意が決定となるような、あの狭い領域にもし検討を進めることができるとすれば、確固たる動機と行為の喜びとが集中していく意志のなかに、ピカリと輝くものがあることが分かるに違いない。そのときはじめてわれわれは本来の瞬間的条件について語ることができるであろう。その条件は厳密にいえば予備的なものであり、せいぜい始まりに先だつもの pré-initiales である。というのは、それは幾何学者が運動の初期条件とよぶものに先立つものだからである。しかもその場合、この条件は形而上学的に瞬間的なのであって、抽象的に瞬間的なのではない。」(p. 47)

おそらくこの予備的注意、始まり直前の意識の緊張状態は、のちに非現実機能として考察される心的状態により前々から準備されたものか、それとも緊急時のまったく予期しない状況の下なのかでも違うのであろうが、行為の喜びは非現実機能が準備するものではあるまいか。

そのあとバシュラールはまったく予想外の例をあげる。

「待ち伏せしている猫を眺めてみよう。そうすれば悪の瞬間 *instant du mal* が実在するもののなかに登録されていることが分かるであろう。これに対しベルクソン主義者なら、持続についてかれがおこなう検討がどんなに狭かろうと、悪の軌道 *trajectoire du mal* をつねに考えることになるはずである。もちろん跳躍が開始されて、物理学的、生理学的な法則、複雑な集合体を規制する法則と一致するような、ひとつの持続が展開される。しかしこの跳躍の複雑なプロセスに先立って、意思決定のための単純で犯罪的な瞬間が存在していたのである。」(p. 47)

バシュラールは注意が決定となるような瞬間が、日常生活においてはけっして合理的で必然的な原理にもとづいてなされるのではなく、つねに「偶然の一致《コアンシダンス》」から生じることを力説し、注意や思考の始動には新しさが必要であり、また意識や生の進化にも新しさが不可欠であることからも、持続ではなく新しさの原理である瞬間の必然性に光をあてるのである。

最後に時間と空間の交点において、意志、明証性、注意の心理学がもっともよく分析できるはずだが、残念ながら哲学用語がまだ相対論を同化しておらず、同化吸収は始められたものの完成にはほど遠い、とバシュラールはいう。空間的原子論と時間的原子論の融合もこの方向をとるであろう。

「この融合が内的に深く進めば進むほど、ループネル氏のテーゼの価値がよく理解されるはずだ。空間―時間―意識の複合、それは三要素の原子論であり、いうなれば、事物との交流も、過去との交流も、他

者の魂との交流もない三重の孤立のなかで顕現されたモナドである。」（p. 48–49）

しかし結局、心理学の領域はこの時間的な形而上学的研究にとってあまり適切な領域ではないとバシュラールはいう。

バシュラールは本節の終りにループネルにおける時間の直観の主張を特徴づけて次のようにいう。

「一、時間の絶対的に非連続な特性。

二、瞬間の絶対的に点的な特性。

したがって、ループネル氏の命題は、時間についてもっとも自由な算術化を実現する。持続とはその単位が瞬間であるようなひとつの数にほかならない。」（p. 49–50）

こうしてバシュラールのいう算術化がやっと明快になる。「さらに一層明快になるのは持続の実際に時間的、直接的特色の否定性だと述べておこう。ループネル氏がいうように（『シロエ』p. 126）《〈空間〉と〈時間〉はそれが実際に存在していないときにのみ、われわれには無限だとおもわれるのだ。》すでにベーコンは《空虚なものより広大なものはない》と指摘していた。こういう公式をもとに、本当にあるものは連続する虚無しかない、といってもループネル氏の考えをねじ曲げたことにはならないと思う。」（p. 50）

第三節での大きな主題は、前節での折衷が挫折した理由を反省し、ベルクソンが提示した物理的な持続の例を、相対性理論によって正面から打破し、「ここといま」という空間―時間の交点に瞬間を位置させれば、それは絶対的な存在であると主張する。持続はいわば前科学的精神の信じた実体にすぎない。

一方、時間は偶然であり、不動の瞬間の経験が単純で強力で恒久的である。持続は記憶にはとどまらず、記憶の位置決定は直接的には困難で、外部の社会的枠組みにたよらざるをえず、結局、記憶もまた瞬間しか保持しないことが分かる。

こうして瞬間を中心として、空間―時間―意識という複合的な三重のモナドを構想し、それは時間的には絶対に非連続であり、瞬間として絶対に断絶している時間の直観だということになる。持続はしたがって瞬間を単位とする数として考えればよいことになる。

Ⅳ　持続と不連続の連続

バシュラールはベルクソンの持続とループネルの瞬間の折衷を断念し、今度は瞬間の立場から、一般的に持続とみなされている事象を徹底的に再検討することによって、瞬間概念の正当性を証明しようと試みる。
まず前節までのバシュラールとループネルの主張に対し、バシュラールが予想する反論が次のように設定される。
「人びとは、われわれをもっと上手に論破するため、必要とあれば出来事は瞬間的に発生し、必要とあればそれらの出来事が瞬間的であることにさえ同意するであろう。しかし、それらの諸瞬間を区別するためには、ひとつの間隔が現実に実在性をもつのだと主張するだろう。この間隔がつまり本当の時間であり、空虚な時間、出来事のない時間、持続する時間、自己を延長しまた自己を計測している持続であると、われわれにいわせたいのである。」(p. 51)
ここでバシュラールはきわめて明快な反論を示す。それは、瞬間と瞬間をへだてる空無としてのこの間隙に瞬間を瞬間たらしめる尺度を適用してみることである。

「時間は、もしそこで何ごとも生起しないならば、時間は何ものでもないし、〈天地創造〉に先立つ〈永遠〉など意味がなく、無は測定されることができないかもしれない、無は大きさをもちえないだろうとわれわれはあくまで主張することにしよう。」(p. 51)

現在の時間の意識であった瞬間が、何かの生起する時間となっている。瞬間が強く意識される時間は選ばれた時間であるに違いないし、またすべての瞬間は選ばれる可能性があるのだから、当然そこに何かが生起する可能性も大きい。

時間とは何ごとか生起する時間であるとバシュラールはいうのであるが、瞬間と瞬間の間隙の無と、創造以前の無と同一視できるものであろうか。また出来事の生起する時間はつねに瞬間なのであろうか。このような疑問が当然生じるであろう。

一般的な算術的な時間の概念、人びとが時計によって計測する時間の感覚からつくりあげるこの時間概念を、バシュラールはまったく否定するのであろうか。時間の尺度を受け入れることは、当然その持続性を受け入れることになるのではあるまいか。だから算術的時間の立場からは次のような批判が生じるであろう、とバシュラールは想定する。

「あなた〔バシュラール〕の主張では、あなたは割り切れる部分に時間を分割することも、また時間を計測することも受け入れることもできないはずだ。ところが、あなたは一般の人びとと同じように、一時間が六〇分続き、一分は六〇秒続くという。したがってあなたは持続を信じているのだ。ところがあなたは、持続するもの、過ぎ去るもの、ひとが待つものを喚起するあらゆる副詞、あらゆる単語を使用せずには話すことはできないはずだ。だが、あなたの議論のなかで、あなたは長い間 longtemps とか、その間 pendant とか、引き続いて durant とかということばを語らないわけにはいかない。持続は文法のなかにも、語形

態のなかにも、文章法中にも存在すると人びとはいうのではあるまいか。」(p. 52)

算術的反論から、ことばの意味や文章の中にある持続にまで話は飛躍しているが、ことばの問題は「具体的なものから抽象性を抽出し、事物から思考が解放されるようにするため、語の意味を十分に変形することが哲学者の役割である」(p. 52–53) というふうに考えれば、「言語表現レヴェルでの循環法」(p. 53) からは離脱できるとバシュラールはいう。

しかし持続の支持者にとって最初のよりどころとなる計測の問題は、もっとも素朴な問いだけにどうしても解決しておかねばならない問題なのである。「持続が計測されるのは、持続が大きさをもつからである。持続はしたがってその実在性の明らかなしるしをもつことになる。」(p. 53)

これがバシュラールの設定した反対派のいう持続説の根拠である。いったいこのしるし signe がほんとうに直接的（無媒介）であるかどうかを考えれば、ループネルの直観の理論のなかで、持続をどう評価するのかが分かるはずだとバシュラールはいう。「いったい時間に連続性の外観をあたえるものは何であろうか。われわれは自分の欲するところでひとつの切断をおこなうと、任意に指定されたその瞬間を例示するひとつの現象を指示できるらしい、という事実である。このようにしておそらくわれわれの認識の行為は十分に自由な認識活動にゆだねられているということに、われわれは自信がもてるらしいのだ。換言すればわれわれはどんなときにも *n'importe quel moment* われわれの行為の有効性を試すことができるから、われわれの自由な諸行為を連続した線の上に置けるのだと主張するのである。」(p. 53–54)

だがこの持続の根拠は、角度を変えていえば、ほとんど同義語的表現によって「われわれは自分の欲するときはそのたびごとに *toutes les fois que nous voulons* われわれの行為の有効性を試すことができる」(p. 54) と転換できるであろう。

つまり前者の表現は「われわれの存在の連続性を暗黙のうちに仮定しており、自明のものとして仮定されたこの連続性を、われわれは持続の説明に移し替えているのではないだろうか。しかし、それではわれわれ自身に属するとされる連続性についてどんな保証をわれわれはもつのであろうか。このような検討がそのつど成功するためには、支離滅裂なわれわれの存在のリズムが〈宇宙〉のひとつのリズムに対応しているとでもいうほかなかろう。あるいはもっと簡単にいえば、われわれの切断の恣意性を証明するには、内的な行動の機会が宇宙のひとつの機会に対応する、要するに、空間―時間―意識の一点の上で偶然の一致がひとつ明確になるとでもいうほかあるまい。そうなるとわれわれの重要な論点もここにあるのだが、非連続的時間の命題のなかでは、……するときはそのつど *toutes les fois* という表現は、連続的時間の命題のなかで捉えられたつねに *toujours* という語に対し、正確な同義語として示されることになるではないか。このような翻訳をわれわれに許してくれるなら、この鍵を使うことによって連続という語のすべての内容がわれわれに引き渡されることになるのだ。」(p. 54–55)

つまり計測のために区切りをつけて時間を切断しても、瞬間がそのつど対応するのであれば、持続の堅固な連続性もあえなく瞬間の不連続な連続におきかえられてしまうというのが、瞬間の多数性にもとづくバシュラールの反批判なのである。

しかもバシュラールは、連続の別の原因を次のように示すのである。

「それどころか、生は数えきれないほどおびただしい多くの瞬間をわれわれの手のとどくところに置くが、われわれがする計算にくらべてみれば、瞬間は無限であると思われるほどである。もっともっと多くの瞬間をわれわれは消費しうることに気づく。そこから〔瞬間を〕数えたりしなくともわれわれは消費しうるのだという確信が生じる。そこに内密な連続性の印象が根ざしているのである。」(p. 55)

持続説の根拠にある持続の印象は、よく見れば瞬間の連続なのではないかとバシュラールは主張するのである。直線も拡大してみると点の集合ではないかといっているような気がする。したがってバシュラールは、瞬間の一致ということを表わす「共存《コンコミタンス》」という考え、また共時性《サンクロニスム》という平行関係を示す概念によって、ベルクソンの持続とループネルの非連続性を説明することになるのである。

持続説の立場からすると、「二つの現象は、もしつねに一致しているなら、共時的である。生成と作用の調整が問題である。」(p. 55)

他方、ループネル側からいえば、「二つの現象は、もし第一現象が現前するつど第二の現象が同じように現前するなら、共時的である。反復と行為《アクト》の調整が問題である。」(p. 55)

どちらの表現が慎重であろうか。

「ベルクソン氏とともに、共時性は二つの平行的展開に対応するといえば、客観的証明をいささか超過することになるし、検証の領域を広げてしまうことになる。われわれはつねに自分の経験の非連続に直面することとしかないのだから、連続それ自体を肯定するこの形而上学的外挿法は拒否する。したがって共時性は、いつでも効果的諸瞬間に対応した数え方のなかにあらわれるものであり、ひとつの連続した持続の、いうなれば幾何学的な尺度としてあらわれることはけっしてないのである。」(p. 55–56)

持続と瞬間の関係をもっと物理的に考えてみよう。というのは好むと好まざるとにかかわらず、技術は時間を細分化する方法を次々に編み出してきたからである。超高速度映画のように「一万分の一秒の単位で生成を描く」(p. 56) ことも可能である。

こういう場合には、肉眼で見て連続的な持続を今度は「細部の検討のため、選ばれた単位のつねにより小さな分数として持続を見積る」(p. 56–57) という事態にいたっている。

しかし、あくまで瞬間の立場に立って、時間の構造を考えれば、「時間は連続の細分化という図式にしたがって分割されるのではなく、むしろ数値の対応関係の図式にしたがって増加することが分かるであろう」(p. 57) とバシュラールはいう。

ここでクーチュラ Couturat (Louis, 1868–1914, フランスの哲学者、数学者) の分数の理論をひきあいに出し、「分数とは二つの整数の集合であり、本当は分母が分子を分割することはない」ということを確かめたのち、時間の連続説の方は、「分析の必要から、同質で連続的な量《カンティテ》としての――またとくに直接あたえられた量としての――分子を出発点とし、任意の検討にこうしてゆだねられる分母、しかも検討が精密になるにつれてこの任意(数)が大きくなる分母によってこの「所与(データ)」を分割する。われわれの反対者は、無限小的分析をさらにすすめれば、持続を「解体崩壊」させてしまう恐れすらある」(p. 57) とバシュラールはいう。

一方、瞬間の側からすれば、「比較の基礎である現象の瞬間の多数さのしるしである分母を出発点とする。それは当然もっとも精密に知られる」(p. 57–58)。そうすると、「計測すべき現象より、計測の装置の方が精密さに乏しいことは、おかしいのではないか」とバシュラールはいう。この分母の上におくべき分子は何であろう。「精密に区切られたこの現象に、もっと緩慢な現象の実現が何度対応するのかを考えてみよう。すると結局、うまくいった共時性の結果がこの分数の分子をあたえる」(p. 58) ことが分かる。

「このように構成された二つの分数は同じ数値をもつこともありうる。しかし同じ仕方で構成されてはいない。」(p. 58) この場合、共時性の結果をかぞえるときに「……する間」という語をこっそり使うことはなかったか、という反論について、バシュラールは次のようにいう。

「もしひとが、瞬間の豊富な現象から瞬間の少ない現象へ――つまり分母から分子へ、そしてその逆ではなく——移りながら考えを深めてみれば、そのひとは、たんにことばの上の成功にすぎない持続の観念をひきおこす用語だけでなく、持続という観念そのものも用いずにすますことができることに気づくであろう。そしてそのことは、かつて持続が主人公として君臨したこの領土において、持続は召使いとして利用されるにすぎないのだということをはっきり立証しているのである。」(p. 58–59)

次に、こういう立論を支える図式的証明をバシュラールは用意する。それは二系列の点線である。一方の肉眼的現象はひとつの点がひとつの持続をあらわしているとする。バシュラールは実際に黒い点を一列に並べる。

現象1。 ・ ・ ・ ・ ・

「間隔を問題にしないでこれらの点を配置する。われわれにとって持続がその意味、あるいはその図式をもつのは間隔ではなく、また連続した間隔とはわれわれにとっては無のことであり、そして無はいうまでもなくもはや持続も〈長さ〉ももたないからである。」(p. 59)

他方の精密に区切られた現象は、第一の点線の点一個に対し三個が対応するように図示される。

現象2。 ⋮ ⋮ ⋮ ⋮ ⋮

さて、この場合連続説からすれば「現象1が一度おこる間に現象2は三度おこるといえる。」

「〔その場合〕両系列を支配するひとつの持続、つまりこの「間に」という語がその意味をもつ持続に人びとはうったえるであろう。またこの持続は、分、時、日というようにだんだん大きくなる領域のなかで明らかにされる。」(p. 60)

「逆に非連続性の絶対的信奉者のやり方で現象2から現象1への共時性を読むなら、ちょうど対応する肉眼的現象は数多く出現する現象(現実の時間にもっとも近い現象であるが)に三対一の割合で対応す

るといえるであろう。」(p. 60)

「この二通りの読み方は根本においては等価であるが、前者はいささか比喩的であり、後者がもともとのテクストにより近い」(p. 60) という評価をバシュラールは下している。いささか譲歩的なかれの態度が気になるが、持続は〈実体〉のように、本来価値をそのなかに無制限にのみこむだけに、瞬間の尖鋭な意識だけが時間の本質を生かすことを別のかたちで示さねばならない。

バシュラールはつぎに音楽の比喩をつかってもう一度その考えを示すのである。

「〈世界〉というオーケストラのなかには、しばしば沈黙している楽器がいくつかある。しかし演奏している楽器はつねにひとつだといってしまっては間違いである。〈世界〉は諸瞬間のテンポに従う音楽的拍子にのって規制されている。もし現実の全瞬間を聴くことができれば、八分音符は二分音符の断片でできているのではなく、二分音符が八分音符を繰り返すのだということを理解するだろう」(p. 60) と音楽の例をだし、「この反復から連続という印象が生じる」(p. 60) のだということを力説する。

「したがって、瞬間における相対的多数さが時間のいわば相対的尺度を準備することが分かる。人間の時間的な富を正確に計算し、われわれ自身のなかで反復するすべてのものを最終的に測定するためには、〈時間〉のすべての瞬間を本当に生きることが必要であろう。ひとが非連続的時間の真の展開を獲得するのはこの全体的な経験においてであろう。そして空虚な持続、つまり純粋な持続の印象をまたもつとすれば、反復が単調だからである。瞬間の総体との数的な比較の上に立って見れば、個々の生や個々の現象のもつ時間的な豊かさの概念は、時間の豊かさが利用されるその手段により、あるいはむしろ、時間の豊かさの実現に失敗する手段により、ひとつの絶対的な意味をもつであろう。しかしこのような絶対的土台は人間には認められていない。われわれは相対的なバランスシートで満足しなければならない。」(p. 60–61)

しかしすべての瞬間を意識して生きるという理想的な、不可能な、観念的な立場から、現実の立場、すなわち相対的立場に移行しても、持続が瞬間の代りに存在することにはならない。

より具体的な感情面での持続を考えよう。

「持続の情動的特色、あるいは存在の喜びや悲しみをつくるものは、思考の時間としてあるいは共感の時間として利用された生の時間の均衡あるいは不均衡である。」(p. 62)

このあまりに概括的な表現をもとにもどせば、楽しい情動は、共感の時間として利用された人生の時間と均衡していると読むべきなのだろう。もちろんこれはシロエの岸辺、「精神と心が相互に補完しあって、和解している」(p. 62) ところでの、まだまだ〈理想的〉情況である。だがもっとよく見よう。

「物質は存在をおろそかにし、生は生きることをなおざりにし、心は愛することをおこたる。ひとは眠っているうちに楽園を失う。まず人間の怠惰を展望してみよう。原子は放射しそしてしばしば実在し、きわめて多くの瞬間を利用するけれどあらゆる瞬間を利用することはない。生きた細胞はすでにその努力を一層出し惜しみし、細胞を構成する原子全体が細胞にゆだねている時間的可能性の一部分しか利用しない。思考についていえば、それが生を利用するのは、不規則なひらめきによる。この三つの濾過体を通って、ほんのわずかの瞬間が意識に達するのだ。」(p. 62)

このように現実に利用された瞬間の意識がまことに僅少なことにわれわれは驚かざるをえない。

「そこで失われた瞬間を求めて行こうとすると、われわれは鈍い苦痛を感じる。復活祭の無数の鐘の音に記されたあの豊かな時間をわれわれは思い出す。あの復活の鐘のひとつきひとつきが、すべて数えられており、ひとつひとつが目覚めたわれわれのたましいにこだまするゆえに、それらは数えられないのである。」(p. 62–63)

一個の鐘の音は次の音とはっきり区別されていて、それぞれの瞬間を区切るにもかかわらず、いくつ鳴り響いたかもはや数をあげることができない、そのような状況で、瞬間は時間の豊かさを示すのである。「目覚めたたましいにこだまする」ことが、豊かさのしるしなのであり、ここでひとつの主観的な事件が生じたことを示している。耳をすまして鐘の音に一体化する瞬間には、その音を数量化する知覚や意識は消えなければならず、むしろ豊かさのためにこうした表層の客観的な意識は障害となると考えるべきなのではあるまいか。

「そして生命そのものであるこの時間に対し、相対的に貧弱なために知的には緩慢な時間、空虚なために――カーライル（一七九五―一八八一、イギリスの思想家）がその悲しみのどん底でいったように、計画の空虚さ――のために死んでいる時間、何ものもあたえないゆえに際限なく敵意をもつ時間を対比させるとき、喜びのこの思い出はすでに悔恨になっているのである。」(p. 63)

もう一度理想的な時間、時刻を考えてみよう。

「すべてがあたえられる神の時間 heure divine を夢みよう。それは充満した時間ではなく、完璧な時間 heure complète である。つまり時間のあらゆる瞬間が物質によって利用され、物質のなかで現実化された全瞬間が生によって利用され、生きた全瞬間が感じられ、愛され、思考されるような時間である。その結果、意識が完璧な時間 temps complet の正確な尺度となるはずの、意識の相対性が消去されているような時間である。」(p. 63)

このように人間にとって完璧な理想的時間の意識は、瞬間の意識であり、それが完全に機能すれば、まさに意識は瞬間によって時間を測定するクロノメーターになる。しかし、そのとき人間の存在はすべてに開かれ、愛することも感じることも意識することもできるのであろうか。意識は瞬間を意識しつつ愛しまた感じるのであろうか。絶対的な意識、つまり相対性を消去した意識のあり方が示唆的である。「結局、客観的時間とは極限の時間 *temps maximum* である。それはあらゆる瞬間をふくむ時間である。造物主の諸行為の凝縮した集合によって作られたものである。」(p. 63)

このことは逆にいえば普通の人間の時間とは、主観的な時間であり、断片的時間であり、あらゆる瞬間をふくむことはできない時間となるのではあるまいか。近似的認識における実在と同様に、理想的時間も「経験の理想的な極限」であることは逃れられないのであり、人間は完璧な、聖なる時間の出現を目指して生きる存在なのだということであろう。

ここで結論を先取りして補足すれば、ループネルは「神の超越性もわれわれの欲求の内在性に即してかたちづくられる」(p. 117) からその理想を目指すことが可能なのだということを暗に示しているのである。

第四節の要約はこうなる。

まず空虚な時間、つまり出来事のない時間は無である。瞬間と他の時間の間隙も無であり、天地創造以前の永遠はまったく意味がない。つまり時間の人間的な枠組みという大前提が設定される。瞬間の意識は何かが生起する意識であることが、はじめて確認される。

時間の測定は連続性の外観にもとづくが、これはよく見れば瞬間の不連続な連続であるということができる。持続はすべて瞬間によって説明することが可能である。したがって「……するときはつねに」という持続的時間を「……するときはそのつど」という不連続的時間で示すことができる。

ベルクソンからすれば、二つの現象がつねに合致するなら、それは共時的である。

ループネルにいわせれば、第一の現象が現前し、そのつど第二の現象が現前すれば、両者は共時的である。

時間の算術的分割を高速度映画のようにおこなっても持続の証明にはならない。持続を出発点にして細分化して検討するなら、時間は一層小さな分数になってしまう。瞬間から出発すれば、この場合でも分割されず、数値の対応関係にとどまる。

クーチュラの分数の考えによってみてみる。

ベルクソンの場合は、分子が直接所与であり現象であり、計測される時間を分母とするが、計測を精密にすればするほど分母の数値は増大する。したがって分析が進めば分数としての持続は消えてしまう。

ループネルでは、分母が瞬間。分子は瞬間に対応する現象の共時性の結果。

瞬間の多い現象から瞬間の少ない現象へ、つまり分母から分子へと移りながら思索すれば持続をもちいずに説明可能。

次の二通りの読み方は等価である。

Aが一度おこる間にBが三度おこる（連続説）

Aが一度に対しBが三度対応する（非連続説）

また音楽でも二分音符の断片で八分音符がつくられるのではなく、八分音符の反復から二分音符がつくられる。そこから連続という印象が生じる。純粋持続とは単調な反復ではないか。持続が広がりをもち、豊かであるというのは幻想である。

じっさいの瞬間の消費。原子はしばしば放射するとき実在する。多くの瞬間を使用するが、すべての瞬間ではない。細胞はその努力を出しおしみ、可能性の一部しか使用しない。思考が「生を使用するのは不規則な閃光による」。瞬間はこの三つのフィルターによってわずかに意識に達するのである。したがって瞬間の大半は失われた瞬間である。

バシュラールにいわせれば、「完璧な時間」とはすべての瞬間が物質によって利用されている時間である。物質中に実現された全瞬間も生によって利用された時間である。理想的な時間とは、生きた瞬間がすべて感じられ、愛され、思考される時間である。この結果、意識は完全な時間の正確な尺度となる。したがって意識の相対性は消失することになる。だが客観的時間―極限の時間――全瞬間を意識する時間――は造物主の行為の凝縮した集合である。これは人間の現実の不完全な時間意識の対極にある。

V　瞬間と過去および未来

次に残された問題は持続のヴェクトル的性格の検討である。

バシュラールによれば、過去とか未来とかは本質的には持続同様、間接的な印象にもとづくもので、時間の本質にはふれない無であり空虚である。

「時間の方向をなすもの、そのなかで消えた諸瞬間への視野は過去と呼ばれうるし、期待への視野は未来と呼ばれうるが、持続のヴェクトル的特徴の説明がのこされている。

もしわれわれがループネル氏の提唱する直観の根本的な意味を理解させることができたとすれば、人びとは持続としての過去と未来が本質的に二次的、間接的な印象に対応するものだということを認めようとしているはずである。過去と未来は存在の本質にかかわることはなく、ましてや〈時間〉の第一本質にかかわるものではない。」(p. 64)

このようにバシュラールは持続概念からみた過去、未来の一時的性質が根拠をもたないことを繰り返し指摘する。それに対しループネルの瞬間は現在であり、現在が時間のすべての機能をもつのである。

「瞬間は持続を内部に保持していない。それはあるひとつの方向にも、他の方向にも力をすすめない。瞬間は二つの面をもたないし、それは全体であり唯一である。その本質をどんなに考えたところでひとつの方向を考え付くために必要で十分な二面性の根拠は見当たらないであろう。」(p. 64-65)

ここからループネル的に〈瞬間〉について熟考すると、驚くべき新しい性質があらわれる。

「現在は過ぎていかないことが分かる。なぜなら、別の瞬間を見つけるためでなければひとつの瞬間を離れられないからである。意識は瞬間の意識であり、そして瞬間の意識は意識である。それほど接近した二つの表現はもっとも近い換位命題のなかにわれわれを置き、そして純粋意識と時間的現実の同化を主張する。ひとたび孤独な冥想において捉えられた意識は孤立した瞬間の不動性をもつのである。」(p. 65)

現在にある瞬間は過ぎていかない、という驚くべきことをバシュラールはいう。それは瞬間の意識がそのまま意識の瞬間となり、両者は同化し一体となるからである。つまり純粋意識と純粋時間意識とが合体すると、現在の瞬間しか意識されないということである。そのとき時間は過ぎていかないことになる。他方、移動するものの意識は変化の意識であり、つまり別の瞬間の意識ということになる。時間の意識は瞬間にしかはたらかず、その意識は反省的意識ではない、あるいは瞬間の意識を意識する意識ではないと考えるべきなのであろう。意識がはたらきながら、意識はそのまま深くなる、というような詩的表現を他のところでバシュラールは使っている(『詩的瞬間と形而上学的瞬間』)。この瞬間の不動性は、緊張し、力のみなぎった点の充実性なのであり、他の一切から切り離された高度の燃焼をおこなう瞬間だともいえよう。思考のプロセスをそのまま意識の流れとするような安易な見方はここで切り捨てられたのである。

「瞬間の孤立化の状態で捉えられることによって、時間は乏しいけれど純粋な同質性を受けることができる。まずこの瞬間の同質性は瞬間のさまざまの群の結果である異方性に対し何も証明しない。ベルクソン氏によってあれほど強調された持続の個別性の再発見を許すのはこういった瞬間の群である。換言すれば、瞬間そのもののなかには、われわれに持続の要請を許すものは何もない。というのも過去や未来とよばれるものについて、われわれの経験が、たとえ現実的であっても、それを直接説明しうるものが何もないのであるから、われわれがただたんに過去や未来を指し示すだけの諸瞬間の展望を構成するように、きちんと努めなければならないのである。」(p. 65–66)

過去や未来というような異方性を生じさせるのはもろもろの瞬間の集合した結果なのである。瞬間それ自体は過去でも未来でもなくひたすら現在なのであるが、われわれが意図的にいくつかの瞬間の集合で未来や過去を形成するのだとバシュラールはいうのである。しかし瞬間には過去や未来を直接根拠づけるものは何もない。もちろん瞬間のなかには持続もない。瞬間が移り行かないということこそ持続に対する本質的な異質性なのであり、瞬間には流動がないことに、あるいは瞬間の不動性にあらためて注意しなければならない。しかし現実に過去や未来という時間的存在を何とかして位置づけなければ、瞬間説による時間体系が破綻をきたすのではあるまいか。

瞬間の集合によって生じる異方性をどう説明すればよいのか。バシュラールはまた音楽の例によって過去というものの特性を考える。

「諸瞬間よりなる交響曲を聞くことによって、人びとはそのなかに死につつある楽句、倒れた楽句、過去の方に送られる楽句を感じとる。しかしこのような過去への逃避は、二義的な外観であるという事実によって、まったく相対的なのである。ひとつのリズムは連続している交響曲の別の譜面と相対的なかたちで消える。この相対的凋落は次の図式によってかなりうまく表わされる。

五分の三が五分の二になり、ついで五分の一となり、ついには、われわれのもとを離れた存在が沈黙するのだが、そのときでも周囲では引き続き世界が反響しているのである。」(p. 66)

オーケストラのなかでしだいに消えるリズムは過去に移行したといえるであろう。消えたあとに残る無音は他の継続しているリズムとの関連で不在を響かせる。換言すればそれは楽音の不在というかたちでひとつの役割を果たしているのである。

逆に未来は今鳴り響く音が期待させる次の音というポテンシャルなかたちで捉えられるだろう。

バシュラールはこの図式から、時間のポテンシャルなものを引きだすつもりなのだ。

「この図式によって〔両方の〕境界を確定することもなく現在の時間と呼んでいるもののなかに、可能的である potentiel と同時に相対的 relatif でもあるものをひとは理解する。変化することもなく連続するひとつのリズムは、ひとつの持続をもつひとつの現在である。この持続する現在は、個別的な視点から見れば、完全な単調さを確保した多数の瞬間からなっている。個々の心の個性を決定する持続的な感情がつくられるのは、このような単調さによってである。その上、きわめて多様な状況のただなかで〔瞬間群の〕統一化が成り立つこともありうる。恋し続けているひとにとって、過ぎ去った恋は現在であると同時に過去である。変わらない心にとってその恋は現在であり、不幸な心にとってその恋は過去である。苦しみと思い出を両方とも受け入れる心にとって、その恋は苦しみであると同時に慰めである。次のように述べても結局は同じことになる。持続するたましいのしるしである永遠の愛は、苦しみや幸福とは別のものであり、感情の矛盾をのりこえることにより、持続する感情はひとつの形而上学的な意味をもつのだ。恋するたましいは規則正しく反復される瞬間の連帯性を身をもって体験する。逆に、諸瞬間を統合するリズムは同情のひとつのアプリオリな形式である。

「完全な単調さによって安定された多数の瞬間」は持続と同義である。バシュラールはここではじめて持続の存在を容認するのだが、五分の三、五分の二と続いたリズムの例でいえば、五の側の連続が、単調な安定性をもつのであり、こちら側が持続だといいうるのである。それにしてもなぜここで愛情の例がでてくるのだろう。恋し続けるということが、単調な安定を瞬間群にもたらすのだとすれば、これは五の側にあるものとみるべきであろう。恋し続けるひとにとって、過ぎ去った恋がなぜ現在であったり過去となったりするのであろうか。その恋は3、2、と変化する側にあるとみるべきなのだろうか。

恋するひとの永遠の愛にしても、それを現在とも過去ともみることができる自在な立場があることが指摘される。同一人物の心のなかで、死せる恋人への愛が生きているその瞬間には、それは現在の愛であり、今の瞬間に死者を愛惜するとすれば、その愛は過去のものとなる。引き続いて高鳴っている愛はしたがって、瞬間にどうあらわれるかということで、過去にも現在にもなると考えねばならず、この永遠の愛は現在の苦しみや幸福とは次元の異なる形而上学的なものだとバシュラールは考えているようである。そうするとこの新しい持続は今まで反論してきたベルクソン的な持続とはどんな点で異質なのだろうか。「規則正しく反復される瞬間の連帯性」には不連続性はもはやなく、瞬間の規則正しい反復はかぎりなく持続に接近するということなのだろうか。永遠の愛というエネルギーは不連続性を連続性に変化させ、瞬間を永遠に連続させ連帯させるものなのであろうか。

それでは未来はどう考えるべきなのであろうか。

「第一の図式と逆の図式があれば、新しく生まれるリズムを示し、その進展にかかわる拍子の要素をあたえるであろう。音楽的な耳はメロディーの前途が分かる、始まった楽句がどのように完成するかを知っている。星の軌道の将来を予測するように、音の未来も前もって聞きとれるのだ。われわれは直接の未来の方にあらゆる力をふりしぼって身をのりだす。われわれの目下の持続をつくるのはこの緊張、精神集中だけである。ギュイヨー Guyau (Jean-Marie, 1854–1888, フランスの哲学者、詩人) がいったように、われわれ自身が投射の中心であるようなパースペクティブとして、未来を真に支配するのはわれわれの意図である。《未来を創造するためには、欲しなければならない、欲求しなければならない、手をのばし前進しなければならない。未来はわれわれの方にやってくるものではなく、われわれが向かって行くところのものである》(ギュイヨー『時間の観念の生成』、p. 33)。未来の方向と射程距離は現在そのもののなかに登録されている。」(p. 67–68)

過去にくらべ未来はさらに意欲の緊張を要求する。いまことという瞬間に意図を付加し、そこにいわば四次元的な点を作るのである。〔「奇想と細密画としての世界」(『エチュード』邦訳、五九頁以下) でいう「掘り下げ」と同じような力やエネルギーをパースペクティブに加味することによって、未来が創造されることになるのではあるまいか〕。

しかしこの未来も過去も習慣にすぎないとバシュラールはいう。いずれも「第一の観点の特質」とはいえないのであり、瞬間の現実によって再構築しうるものなのである。

「一見反対のような次の二つの結論を両立させるようにしなければならない。

第一。持続は直接の力をもたない。現実の時間は孤立した瞬間によってしか本当は実在しない。現実のもののなか、行為のなか、現在のなかに完全に全体が存在する。

第二。しかし存在は諸瞬間の諸リズムにとって反響 résonance の場である。そしてこのようなものであれば、こだまはひとつの声をもつといわれるように、存在はひとつの過去をもつといえるのかもしれない。しかしこの過去は現在のひとつの習慣にすぎないし、この過去の現在的状態もいぜんとしてひとつの比喩なのである。実際、われわれにとって、この習慣は物質にも空間にも登録されてはいない。私見では本質的に相対的な、まったく音響的な習慣しか関係しえないのである。われわれからみれば、思考であるこの習慣は登録されるにはあまりに軽やかであり、物質中に眠るためにはあまりに非物質的である。この習慣は連続するひとつの演奏であり、再開されるべきひとつの楽句である、というのはそれがひとつの役割を演ずる交響曲の一部をなしているからである。少なくともこの手段によって習慣的にわれわれは過去と未来を連帯させようとするのである。」(p. 68–69)

ここで早くも習慣という第二章での主題が導入され、過去も未来も習慣であるという考え方が示される。いつものようにバシュラールはひとつの章の終りに次章のテーマを導入して、論文全体を有機的に構成しようとしているのである。

しかも過去の現在的な状態とはあくまでも比喩にすぎないし、実在ではなく、現在の習慣的な形式にすぎないとバシュラールは考える。過去的な瞬間の在り方を習慣によって理解し受けとめているにすぎないというのである。過去と記憶という問題は習慣というテーマによってどう処理されるかは次章の課題である。

「当然ながら、未来の側ではリズムは確実さが乏しい。昨日と明日という二つの虚無のあいだでは左右対称ではない。未来は序曲でしかなく、前進しそしてみずからを試みているひとつの楽句にすぎない。それはただひとつの楽句である。〈世界〉はごく短い準備によってしか延長されない。演奏中の交響曲においては、未来はいくつかのテンポによってのみ保証されている。」(p. 69)

「人間にとって過去と未来の非対称性は根本的なものである。われわれのなかで過去とはこだまを発見した声のことである。こうしてもはやひとつの形式にすぎないものにひとつの力をあたえるのであり、さらには多数の形式に対し単一の形式をあたえるのである。この綜合によってそのとき過去は実在の重さをもつのである。

しかし、未来は、われわれの欲求がいかに強くとも、奥行きのない展望にすぎない。未来は現実に対し本当はいかなる堅固な結びつきももたない。だからわれわれは未来は〈神〉のみぞ知るというのである。」(p. 70)

過去と未来の非対称性は、いわば瞬間の非連続性の空間化した結果であろう。未来は「奥行きのない展望にすぎない」ということは現在の瞬間に眼前にある行動の空間は奥行きをもち、さらには力を加えて「掘り下げ」すら可能であるのに、未来の空間はまだ二次的なものにすぎないといっているのであろうか。

「もしループネルの哲学の第二主題を要約するとすれば、以上のことはおそらく解明されるであろう。われわれは習慣について論じたいのである。ループネル氏は習慣を第一に研究している。われわれが検討の順序を逆にしたのは、過去の実在を絶対に否定することは恐るべき要請であり、習慣についての通常の観念とそれを同列に扱うことで生じる困難について、よく判断を下すためには、まずこの要請を認めてかからなければならないからである。要するに、次の章では習慣についての普通おこなわれている心理学と、過去に対し現在の瞬間の直接的で無媒介のはたらきを否定する主張とをどのように両立させるか、ということを問うのである。」(p. 70)

ループネルが習慣を『シロエ』第一章で論じていたのに、バシュラールはその順番を変更して、まず瞬間を論じたこととの弁明をはじめてここでしている。それはわれわれ読者にとっても理解しやすい順序であるとバシュラールが考えたのだとすべきであろう。

さて第五節のレジュメをしておこう。存在の根拠を瞬間のなかにもたない過去や未来をどのようにして位置づけるか。

現在の瞬間は移り過ぎることはない。別の瞬間を見つけないかぎり意識は移行しないからである。意識は瞬間の意識であり、純粋意識と時間意識は同化する。

ひとつの瞬間は等質であるが、しかし瞬間の集合は異方性をもつ。また単調なリズムの連続は持続をもつ現在を現出する。

オーケストラの音の交替を例として、現在の瞬間に対して相対的なものとかポテンシャルなものとして過去と未来を考える。楽曲のなかでしだいに消失するリズムは過去に移行したといえるが、消えた後に残る無音は、他の継続しているリズムとの関連で不在を感じ取らせるし、また未来は、今鳴り響く音が期待させる次の音というポテンシャルなかたちで捉えられる。

一方、安定した単調なリズムの連続は持続を持つ現在を現出する。愛に忠実な心（これは変らない記憶をさすのであろうか）のなかに、現在でありまた過去である愛がみられる。しかし永遠の愛は持続するたましいのしるしだが、現在の感情とレヴェルを異にする形而上学的意味をもつ。愛するたましいは瞬間の連帯性を共に体験することだという点に留意すると、持続に接近する。

未来は、意識の集中が現在の持続を作りだす延長上にある。また意図が未来を支配する。現在の意欲が未来を作るのであり、未来の方向と射程は現在のなかに登録されている。

しかしこの未来も過去も現在の瞬間にくらべれば比喩にすぎず、これはループネルの習慣によって説明されていることなのである。

過去は物質や空間に登録されていない。こだまの声のような過去は音響上の相対的な習慣である。過去を未来に結ぶ機能をもつ習慣は非物質的であり、物質のなかに眠っているものではない。もちろんここの習慣はループネル独自の意味をもっているはずである。

Ⅵ　瞬間の物理学

バシュラールは瞬間の問題を当時の物理学的知識を駆使して考えている。

しかし本節について筆者の言及する余地は少ないので、訳文を示すにとどめよう。

「しかしながら、以上のようなことがわれわれの目的であるなら、次章を始める前に、非連続的時間の直観を強化するための理由をいくつか現代科学の領域で探すこともできるのではあるまいか。ループネル氏もかれの主張と、量子の仮説のもとでの放射現象についての現代的記述とを、わざわざ対照している。（『シロエ』p. 121参照）実は、原子エネルギーのカウントは幾何学よりも算術を使っておこなわれる。このカウントは持続よりも頻度〔振動数〕によって説明され、《どれだけの回数》ということばが《どれだけの時間》ということばを徐々におきかえている。

一方、ループネル氏が『シロエ』を執筆していたとき、一九二七年（ベルギーの）ソルヴェ研究所での学会において発表されたような時間の非連続性という主張が、どれだけ広がりを持ちうるか、ことごとく予見することはほとんどできなかった。また原子の統計についての現代の業績を読んでみれば、こういう統計の基本的要素を決定することに躊躇を感じることはよく分かるであろう。いったい何を数えればよいのだろうか。電子か、量子か、エネルギー群か。個別性の根本をどこに置けばよいのか。偶然によって動かされる要素を発見するために、時間の実在性そのものにまで溯及することは不合理なことではない。そこから、繁殖力豊かな諸瞬間の総計という構想が、瞬間をひとつひとつ孤立させて捉えることによって可能になるのである。」(p. 71–72)

「原子の積極的な存在《エグジスタンス》の問題とつねに瞬間的な出現とのあいだで興味ある対比をやはりおこなうべきであろう。ある点からすれば、放射現象は、原子は変化する瞬時 moment にしか存在しないということで、かなり良く説明されるかもしれない。この変化は突然おこることを付加すれば、実在するものはすべて瞬間の上に凝結することを認めざるをえなくなる。原子のエネルギーをかぞえるためには、速度を使うのではなく、運動量を使うことにすべきなのである。」(p. 72)

「逆に出来事における瞬間の重要性を示すことによって、二つの瞬間をへだてる《間隙》にはいわば現実的性格があるという、たえず繰り返される反論の弱点をすべて明らかにしうるであろう。時間の統計的概念にとって、二つの瞬間のあいだの間隔は蓋然性の間隔にすぎない。その無が延長されればされるほど、瞬間がその無に区切りをつけるために生じる機会があることになる。空虚な持続、純粋な持続はその場合、機会の大きさしかもたない。原子は放射しなくなるや完全に潜在的なエネルギー的存在に移行する。原子はもはや何も消費せず、その複数の電子の速度はいかなるエネルギーも使わない。またこの潜在的状態では原子が長い休息のあとで解放しうる潜在力を貯めこむわけでもない。原子はまったく打ち棄てられた玩具にほかならない。それどころか単純な可能性を構成するまったく形式的な遊戯の規則にすぎなくなる。存在は機会がくれば原子にもどされる。換言すれば、原子は繁殖力豊かな瞬間の贈与を受けるだろうが、原子は確率論の法則にしたがい、本質的な新しさとして、偶然にそれを受けとるであろう。なぜなら、遅かれ早かれ〈宇宙《ユニヴェール》〉はそのあらゆる部分に時間の実在性の分け前をもつからであり、また可能なものとは現実的なものがつねに最終的に受け入れることになるひとつの誘惑なのだからである。」(p. 72-73)

「その上、偶然は絶対的必然性と結びつかないことを強制する。そのとき分かるのは、本当は現実に作用しない時間が運命的な作用という錯覚をあたえうるということである。もし隣接する原子が放射したにもかかわらず、一個の原子が活動しないことが何度もあったとすれば、長い間眠っていて孤立したこの原子が活動する順番はしだいに可能性が大きくなる。休息は作用の蓋然性を増大させるが、実際に作用を準備することはない。持続は《原因というやり方で》(ベルクソン『意識に直接あたえるものについての試論』p. 117) はたらくのではない。それは機会というやり方ではたらく。ここでもまた、因果性の原理は、持続する作用の幾何学的言語よりも、行為を数える言語でもってよりよく表現されるのである。」(p. 73-74)

「しかしこういう科学的証明はすべてこの本の問いの範囲外である。この証明を進めると、今まで追求してきた目的から読者の目をそらすことになる。ここでは直観によって解放することしか実際には企てたくはない。連続の直観がしばしばわれわれを圧迫するので、それとは逆の直観によってものごとを解釈することがおそらく有益である。われわれの証明がどれほど力があるとひとが考えるにせよ、哲学と科学の基礎に別々の直観をふやしていくことの利益を見失うことはないだろう。われわれはループネル氏の本を読むことにより、困難な直観を発展させながら獲得した直観の独立、という教訓に大きな感銘を受けたのである。直観によって盲目になる危険もなく直観をもちいることになるのは、直観の弁証法によるからである。哲学的観点から捉えた不連続の時間という直観は、物理科学のもっとも多彩な領域において不連続の主題に入門しようとする読者を助けるであろう。不連続のかたちで考えることが一番困難なのは時間である。孤立した〈瞬間〉によって現実化されたこの時間の不連続性の考察は、不連続の教育学にもっと直接的な道を開くであろう。」(p. 74–75)

　このような蛇足的な一節を置いたのは、主として直観としてみた瞬間の考え方が、現代物理学においても原子の放射現象と原子の存在との関係のようにきわめて親近性をもつからである。

　私自身としてはこの節についてはとくに解説すべき手段をもたないが、次章の「習慣」の問題に移る前に、現代物理学における瞬間の問題を要約してみよう。

　量子論の仮説における放射能の記述と対比。原子エネルギーのカウントには幾何学よりも算術をもちいることに注目(それは持続よりも頻度を、何秒というより、何回という表現を用いる)。

　原子の統計学は何をかぞえるのか。電子か、量子か、エネルギーか。個別の根拠が問題になる。つまり原子の具体的実在性がつねに瞬間化していることを指摘し、「原子は変化する瞬時にしか実在しない」という原理をひきだす。これはループネルの瞬間説に対する最大の支持原理ではあるまいか。これで放射能現象を十分説明できる。しかも変化は突然生じる。実在のすべてはこの瞬時に凝集する。(またエネルギーをかぞえるには速度ではなく運動量をもちいる。)

一方、蓋然性の問題が残っている。原子は放射をやめると潜在的エネルギーになる。何も消費せず、エネルギーも使わない。それは見棄てられた玩具、形式的なゲームの規則になる。原子にもどるのは偶然（蓋然計算の法則に従う。本質的な新しさとして）である。偶然は絶対的必然とは結びつくべきではない。本当は現実の作用をもたない時間が宿命的な作用という錯覚をあたえうることを理解すべきである。（隣の原子が放射したのに、一原子が多数回も不活発であれば、この原子が活動する蓋然性がだんだんふえてくる。したがって休息は作用の蓋然性を増大させる。しかし実際に休息が作用を準備するのではない。持続は原因ではなく、機会というかたちではたらく。）

因果性の規則は持続する行動にかんする幾何学用語より、行為の計数法によってよく表現される。

しかし以上のようなことは本論考の問題外のことであり、バシュラールの主題は直観による解決にある。哲学と科学の基礎の上にさまざまの直観がつみ上げられる。哲学的見地からの非連続的時間の直観は、もっとも多彩な物理学の領域において、非連続の問題解決をめざす読者の理解を助ける。

注

（1）「バシュラールの物質的想像力における切断と連続——接木という概念装置をめぐって」茨城大学人文学部紀要「人文学科論集」第二〇号、一九八七年三月。本書第一部第二章。

（2）Gaston Bachelard, *L'intuition de l'instant, Etudes sur la Siroé de Gaston Roupnel*, Paris, Stock, 1932. Nouvelle Edition, suivie de *Introduction à la poétique de Bachelard* par Jean Lescure, Paris, Gontier, 1971. 〈Bibliothèque Médiations〉.

わたしがたまたま気のついたテクストの相違は、一九三二年版三六ページ。

〈engardant le contact avec la thèse bergsonienne, nous voulions mettre la durée dans l'essence même du temps.〉

という文章の下線の部分が「メディアション新書」版二八ページでは l'espace となっている。一応訳文をつけておこう。「ベルクソンの命題と接触を保ちながら、われわれは持続を時間の本質そのもののなかに置こうとした」ということが、「持続を時間の空間そのもののなかに置こうとした」となる。実はこの文で、ベルクソン主義との折衷の試みが袋小路に入ったことを反省して、「形而上学的本体の間違った概念」を反省し、そして前記引用文がくるのであるが、持続を時間の本質とすることを、持続を時間の空間とすると変更したとすれば、かなり大胆な変更となると思われる。もちろんたんなる誤植ではないかとも考えられるので、ここでは異同を指摘するにとどめたい。追記、「リーヴル・ド・ポッシュ」版（一九九四）でもl'espaceとなっている。

（3） Gaston Roupnel（一八七一―一九四六）ディジョン大学教授。『一七世紀ディジョン地方の町と田園』（一九二二）、『フランス田園史』（一九三二）、『シロエ』（一九二七）、『歴史と運命』（一九四三）、『新シロエ』（一九四五）などがある。

なおシロエSiloeとはエルサレムのある伝説的な池の名で、『ヨハネ伝』によれば生まれつきの盲人をいやすとされるシロアムのこと。シロアムとは「遣わされた者」という意味である。

『シロエ』の目次をあげれば、序文、第一部ビオス。1、理論。2、種の形成、3、生命の形成、4、物質の形成。第二部ヌース。1、時間と空間の概念、2、個人の意識、3、普遍的意識、4、シロエ。第一部は主として発生と遺伝の問題。第二部で時間の問題が扱われている。

（4） …le temps est une réalité resserrée sur l'instant et suspendue entre deux néants.

（5） 拙論「バシュラール『水と夢』における「実体」の問題」、茨城大学人文学部紀要「人文学科論集」第一六号。

拙著『バシュラールの詩学』第二部第一章参照。

第二章　習慣の問題と不連続な時間

I　習慣とは何か

本章のエピグラフにマラルメの一行が置いてある。「そもそも人間の魂なるものはその孰れもが一つの旋律なのであって、問題は、この旋律を再びつなぎ合わせることなのである。」（松室三郎訳）

時間とは何かが生起する時間であるとし、その時間の意識は瞬間しかないと主張してきたループネルとバシュラールは、もちろん存在の現在をそれだけで説明しえたとは思っていない。現在を支えているのは習慣 habitude だという主張を展開するのが第二章である。ただここで用いられる習慣ということばは、後天的に身につけた反復的行動様式という普通の意味を大きく拡大しているように思われる。語源のラテン語 habitudo（存在のやり方、manière d'être）に近い古い意味も響かせているように感じられる。そのため習慣を、たんに反復するだけの慣習 routine と、新しい対応を柔軟におこなう真の習慣とに区別することも、新しく付け加えられることになる。

「さきに示したように、一見すると習慣の問題は、われわれが展開した時間の命題から出発しては解決できないように思われる。確かにわれわれは過去が実際に存続することを否定した。新しい瞬間が現実的なものを保証するとき、過去は完全に死んでしまったということをわれわれは証明した。さてここで、人びとが習慣について一般的にもっている考えに合わせて、われわれは消え去った過去の残したこの遺産、すなわち可動的生成のもとにあって安定した形象を存在にあたえる力を、習慣 habitude にもどしやらざるをえないだろう。したがってわれわれは袋小路に入ってしまったと心配するひとがいるかもしれない。われわれはループネル氏に信頼してこの困難な領域にもかれに従っていくことにより、いかにして多産な哲学的直観の大道を発見できるかを見ることができるであろう。」(p. 79)

瞬間には現在の実在だけしかない。過去が存続する現在の瞬間というものはない。過去における現在の瞬間は完全に死んでしまったとバシュラールは断定したのである。一方、習慣という新しい概念は、過去の残した何か、「可動的生成のもとにあって安定した形象を存在にあたえる力」と定義されるが、いったいそれは瞬間の概念と両立するものであろうか。まずバシュラールはあえてその矛盾をさらけだし、両立させる哲学的直観の正道を探るのだと公言する。この章は前章よりもループネルの引用が多くなっているが、胚や遺伝のように生物学的分野に問題が移っていくことにもひとつの理由があると思われる。

バシュラールによればループネルはこの課題の特色を次のように指摘している。(『シロエ』p. 127)「いまわれわれのやるべきことは、〈空間〉と〈時間〉から取り上げた実在性を原子にあたえ、〈聖堂〉のこれら二つの掠奪者から奪った戦利品をうまく利用することである。」(p. 79–80)

ループネルの考えでは空間も瞬間と同様に原子の属性であり、しかも原子の化学的、物理的属性と同列

のものである。(1)

「実際、連続的空間に帰属する現実に対して向けられた〔ループネルの〕攻撃は、われわれが先ほどたどったような、直接的連続とみなされる持続に帰属する現実に対する攻撃におとらず激烈である。ループネル氏にとって原子は空間的属性をもつが、それは原子が化学的属性をもつのとまったく同じ理由であり、また同じように間接的なのである。換言すれば、原子は現実の骨格となるような空間の一片をもつことで、それ自体を実体化する substantifier のではなく、ただ、空間のなかにそれ自体をあらわす s'exposer にすぎないのである。原子の生成が孤立した諸瞬間を組織だてるように、原子の見取図は分離した諸点を組織だてるにすぎない。存在の連帯の力を本当にもたらすのは、時間でもなければ空間でもない。かつてがいまにはたらきかけることがないと同様に、あそこはもはやここにはたらきかけないのである。」(p. 80)

原子のレヴェルでの空間と時間は、二次的な属性にすぎず、原子の「存在の連帯の力」はまったく別のところからくると考えられている。

このように、まずループネルの原子の存在についての特異な考えが紹介される。原子が空間に出現するのは、空間の実在性を示すのではなく、化学的な性質と同じレヴェルの間接的な性質なのだというのである。あくまでも原子の活動によって時間や空間が組織だてられるにすぎず、原子と無関係に時間や空間は存在しない。そのことを理解するためには、あらかじめ空間のなかに原子の出現を実在化しないことが必要なのであり、原子の存在を第一義に考えることが要請されている。(2)

「外側から見られた存在は孤立した瞬間と点によって二重に遮断されている。存在を内側から捉えようとすると、この二重の物理的孤立に、すでに見たように意識の孤立が加わる。ここでライプニッツ的な直観の強化を見ないわけにはいかない。ライプニッツは空間に配分された諸存在の直接的で能動的な連帯関係を否定した。それに対し、予定調和〔説〕は、普遍的で絶対な時間の作用によって実在化される真の連続性 continuité が各モナドの中心にあり、あらゆるモナドの完璧な一致照応 concordance がその時間の流れにそって示されると仮定した。」(p. 80–81)

この瞬間的存在を外側から眺めると、時間的にも空間的にも孤立した二重に遮断された瞬間―点であるけれども、これにさらに意識の孤立が加味される。断わっておくけれども、この原子の存在はもはや単なる粒子ではなく、一種の実体に比すべき根本的存在ということになるのである。

バシュラールはライプニッツのモナドロジーとの対比をおこなう。存在間の連帯関係、影響関係の否定と、モナドの完璧な照応という予定調和による真の連続性の想定である。

モナドとは神の「創造によってしか生せず、絶滅によってしか滅びない」(河野与一訳、『単子論』、六、岩波文庫)ものであり、「自然の本当の原子」だといわれている。もちろんこの原子は、自然科学のいう原子でも、数学的な点でもない。前者はなお分割しうるものであるし、後者は不可分ではあるにしても非事象なので、自然には存在しないからである(同書、三)。瞬間という時間の存在を考えるにあたり、モナドを類推することは哲学史の上からは当然のことなのであろう。[3]

『シロエ』のなかには補足的な否定、現在と過去の存在の直接的連帯の否定がある。しかし、ここでもまた、時間の瞬間のこの連帯は直接的ではなく、あたえられてもいないとすれば、換言すれば、ある種の原理に従って群に集合された瞬間を直接的に結びつけるものが持続ではないとすれば、いったいこの非直接的で非時間的な連帯が、どのようにして存在の生成のなかに出現するかを示すことが何よりも必要である。要するに予定調和の仮説にとって代るための原理を見つけなければならないのだ。われわれの見方によれば、習慣についてのループネルの命題が志向するのはこの方向である。」(p. 81)

しかも『シロエ』には非連続という直接的連帯を否定するライプニッツと共通する考えが認められるし、おそらく予定調和の仮説に相当するものが習慣なのである。「非直接的で非時間的な連帯」を可能にする原理をループネルは習慣という考え方のなかで示すことが要請されている、とバシュラールは問題を思想史のなかにもどして整理したのである。

「したがってわれわれの課題は、根拠もなく間違って、直接的に有効なものとして仮定された過去への依存から、習慣を引き離したときでさえも、いぜんとして習慣が構想可能である、ということを証明することである。次に今度は、孤立した瞬間の直観において定義されたこの習慣が、存在の恒常性と進歩を同時に説明するということを証明しなければならないであろう。

しかしまず括弧をひとつはずしておこう。」(p. 81)

こういってバシュラールがまず示すのは、逆の立場、過去の時間の実在化の論理であり、過去の物質的な残存なのである。そしてさらに胚子の例を出す。これは現代の遺伝子生物学などにも共通するような一種の決定論をもちこむことになるであろう。すべてが遺伝子に登録されているとすれば、現在も未来もすべて過去において決定されていたことになるからである。

「われわれの立場が困難だとすれば、反対者の立場は逆におどろくほど容易である。たとえば、実在的思考、すべてを「実在化する」思考にとって、すべてはいかに単純であるか見ることにしよう。まず存在とは実体であり、実体は同時に定義のおかげで諸性質の支えであり生成の支えとなっている。過去は物質のなかに痕跡を残し、それゆえ現在のなかに反映をあたえ、したがって過去はつねに物質的に生きていることになる。胚子を例にとろう。未来は、大脳の細胞が思い出を保存するのと同じほど容易に、物質的に準備されているかのように出現する。習慣にかんしては、習慣がすべてを説明するのだから、習慣を説明することなど無用である。習慣は以前の努力によって存在の意のままになるメカニスムだということを理解するためには、大脳が動的図式 schèmes moteurs の貯蔵庫であるというだけで十分である。したがって習慣は過去と未来の連帯を組織するほどまでに、存在から物質を区別する。実のところ、この実在論的心理学を解明する強力な語とはいったい何であろうか。それは登録 *inscription* ということを表現する語である。過去とか習慣が物質に登録されているといってしまえば、すべては説明され、もはや疑問は消えてなくなるのである。」(p. 81-82)

胚子や遺伝子のなかに過去の体験がすべて登録されているとすれば、(少なくとも生物学的な構造決定の情報と現在ならいうのであろうか)、その登録の物質的なメカニスムを解明すればすむのである。もちろんバシュラールはこのような登録を認めることはできない。

「われわれの立場としてはもっときびしい要求をもたねばならない。登録はわれわれに何ものも説明しない。胚子が生命の諸形成の伝達においておこなうように、現在の瞬間が未来の諸瞬間の上に物質的な作用をおよぼすという主張に対し、われわれの反論をここでまず定式化しておこう。」(p. 82)

それでは現在の瞬間の自立を保持しつつ、過去の遺産を受け継ぎながら、未来にはたらきかけることはどうすれば可能なのであろうか。

「ループネル氏の指摘するように、おそらくそれは《個体がこれから実現する約束をすべて生殖質にあたえたり、また存在の形態と機能をいずれ実現する習慣というものをまとめて遺産として生殖質のなかに置いたりすることは、まことに便宜的なことばの用法》(『シロエ』p. 34) である。しかしこれらの習慣の全体が生殖質にふくまれていると人びとがいうとき、表現上の意味について、あるいはむしろ比喩の価値について理解し合うべきである。生殖質を特質の全体がふくまれている容れものとして想像するほど危険なことはないからである。抽象的なものと具体的なものをこのように組み合せることは不可能である。第一そんなことをしても何の説明にもならない。」（p. 82–83）

いったいこの抽象的なものとは生殖質なのであろうか、それとも特質全体なのであろうか。この具体的なものとは生殖質という胚子の本体をさすとすれば、個体が将来実現すべき特質全体あるいは習慣の全体までもが抽象的なものといわれるのであろう。

「この批判とコイレ氏の神秘思想分析（A. Koyré, *Boeme*, p. 131）において示された形而上学的反論を比較してみると興味深い。《けれどもわれわれは胚子《ジェルム》という概念がすべての有機体説のなかに、隠されて、あるいは直接に、表現されているということを力説したい。胚子という観念は実際にひとつの神秘である。それはいうなれば有機体的思考のすべての特質を集約している。それはもろもろの反対物の本当の結合、矛盾するものの結合ですらある。胚子とは、〔今〕それでないところのものだ、とさえいえるだろう。すでにそれは、まだそれではないもの、ただそれがこれからなるものである。それは〔今〕それである。なぜなら、そうでなければ、それはいずれそれになることはできないであろう。それは〔今〕それではない、というのも、さもなければどうしていずれそれになることができるだろうか。胚子は進化する物質 *matière* であり、同時に物質を進化させる能力 *puissance* でもある。胚子は自己自身にはたらきかける。それは自己原因である。その存在の原因でなければ、少なくともその発展の原因である。悟性ではこの概念を捉えることができないことは明らかであろう。生の有機的な循環は線的論理にとっては必然的に悪循環に変換する》からである。」（p. 83–84）

これはアレキサンドル・コイレ Alexandre Koyré（1892–1964）、〔フランスの哲学者。科学史家。『ヤコブ・ベーメの哲学』（1929）の他、『ニュートン研究』（1965）など多くの著書がある〕のベーメ論における、ちょっとした論理の遊びともいうべき箇所である。胚子はいつまでも胚子であっては生成はできない。胚子をAとし、生長したものをBとすれば、コイレのいうようにAはBとなるので、AはAではないとなる。一方、Aのなかに何かしらBの要素をもたずにBとなることはできないから、AはすでにBであり、そうだとすれば、あくまでAはAだともいえるのである。

バシュラールは悟性ではこの論理の把捉は不可能であり、線的論理は悪循環になってしまうと考えている。この線的論理は、AはAであり、非Aではない、という基本的な自同律を出発点とする形式論である。そこで胚子が進化する物質、あるいはもっと進んで、「物質を進化させる能力」をもつという別の考え方を導入せざるをえない。胚子は自己原因でありしかも発達原因でもある可能性をふくむ存在なのである。

「多くの矛盾をふくむこの混乱の原因はおそらく存在と生成、実在の瞬間と思考された持続、具体的なものと構成されたもの、あるいはループネル氏にならってより適切な表現をするなら、具象と抽象とを、同時に捉えるはずの実体の二つの異なった定義を、一緒にしてしまったという事実から生じるのである。」(p. 84)

ここで並べられている対比は次のようになる。

存　在	生成
実在の瞬間	思考された持続
具体的なもの	構成されたもの
具　象	抽象

「もし生物の発生において――しかし規範的な計画というものが考えうる場合だが――未来の諸瞬間への現在の瞬間の作用を明快に理解するにいたらないなら、消去した時間の現実化をまかされた物質のなか

に過去の混乱し混合した無数の出来事の登録を仮定することは、どんなに慎重さを要することか。」(p. 84) 要するに登録という概念は実証的に証明してから使用すべきだという一言につきるであろう。バシュラールは遺伝を否定するのではないが、もっと精密に考えてみようというのである。

「まず、いったい神経細胞はある出来事を登録し、他の出来事を登録しないのはなぜか。もっと精密にいうなら、規範的作用あるいは美的作用が存在しないのに、どのようにして習慣はひとつの規則やひとつの形式を保存できるのであろうか。」(p. 84)

これはごく基本的な問いであろう。無数の経験のなかから、何を基準として記憶すべきものの選択がおこなわれるのだろうか。また習慣の形成についても同じ問いが生じるであろう。

「実のところ、それはいつも同じ議論である。持続の信奉者は時間の作用をふやし引き伸ばさずにはいない。かれらは近接作用の連続性と、他方では潜在的な状態にあって再生するために適切な瞬間をその持続にそって待っている作用の不連続性との、双方から利益を得ようとしている。かれらの考えによれば、習慣が強化されるのは持続されると同時に反復されるからである。」(p. 84-85)

過去を実在とする議論の曖昧さは、経験の選択的登録のメカニスムを解明しなければ消去されえない。また持続説は、連続する作用のほかに、潜在的な状態で非連続的に作用するものを容認しているので、論理的な首尾一貫性を欠くことは明らかであろう。

「非連続な時間の支持者はむしろ多産な瞬間の新しさが習慣に柔軟性と有効性をあたえることによって感銘を受ける。」(p. 85)

おそらくバシュラールのいう通りであろう。だがこれは結果論ではないか。まだ習慣そのものがどのように形成され、どういう作用をもつのか、明瞭になったとはいいがたいのではあるまいか。習慣がすでに形成され、つまり記憶に登録された何かは、持続説では連続と非連続を容認しており、持続と反復によって強化されるということになる。一方、瞬間説では、新しい瞬間が習慣に柔軟性と有効性をあたえる。なぜなら、つねに新しさは習慣に慣例的対応とは別の対応をせまるからであり、新しさを内に取りこむことが必要だからである。

「時間の非連続説の支持者が習慣の作用とその存続《ペルシスタンス》を説明しようとするのは、とくに習慣の攻撃による。それはちょうど〔弦楽器において〕次にくる音を決定する弓のタッチのようなものである。」(p. 85)

この比喩では、新しさを前にした習慣は、弓のタッチのように示されている。演奏中のバイオリニストの弓が新しい音をうみだす瞬間は、すでに過去の音によって準備された音楽的時間のなかで、次にくる音をひきだす一種の決断を要する瞬間である。しかし習慣とはこのバイオリニストにおいてすでにその曲を何度も練習し、演奏の下地が整備されていることも意味しうるであろう。そのような反復をバシュラールは routine 慣習として区別し、ある種の飛躍や変化をともなう習慣をその上位に位置づけようとしていることがうかがえる。ここでマラルメのいう、あらゆるたましいはひとつのメロディーである、を思い出すべきであろうか。

そのあとでバシュラールは次のように述べる。

「習慣がエネルギーを利用できるのは、エネルギーがある独自のリズムにしたがって点々と並んだ場合だけである。おそらくループネルの定式《エネルギーとは大きな記憶にすぎない》(『シロエ』p. 10) を解釈できるのはこの意味であろう。実際にエネルギーは記憶によってのみ利用可能であり、それはひとつのリズムの記憶なのである。」(p. 85)

このエネルギーとは、ループネルによれば物質とともに宇宙の二大構成要素なのであるが、記憶によってつくられているとすれば、この記憶とは宇宙を動かす大きなシステムをさすとも考えられる。ループネルにとってこの記憶はそのような原理だとすれば、習慣とはその記憶の発現となるのであろうか。エネルギーが利用されるのは、つまりこのシステムの制御するリズムに従う場合だということになるであろう。それともいまだそのリズムが規則や法則として対象化される以前の運動状態をさすのであろうか。

「習慣とはつねにその新しさの中で復原された行為である」(p. 85) という定義も、あるいは「新しさを慣例により同化」することという定義も、やはり再現のレヴェルでの考察の結果である。つまり、ここではなぜ習慣が形成されるかという原因や目的の究明は問題とならず、いかにして習慣は瞬間という考え方と両立しうるか、という次元に移っていることに注意しなければならない。

「われわれにとって習慣はしたがってつねに新しく復原された行為である。この行為の結果と発展はより下の次元の諸習慣に引き渡される。この下位の習慣はおそらく豊かさの点では劣るが、それらを支配する最初の行為に従いつつもやはりそれらに独自のエネルギーを消費する。S・バトラー Samuel Butler〔1835–1902. イギリスの小説家、思想家〕もすでに指摘したように、記憶は対立する質の二つの力、《新しいものの力と慣習《ルーティヌ》の力、つまりわれわれにとってもっともなじみが少ない事象かあるいはもっとも身近な事象かによって影響されている》(『生活と習慣』ラルポー仏訳、1922, p. 149)。われわれの考えでは、この二つの力に直面すると、存在は弁証法的というよりも綜合的に反応するので、むしろ習慣とは新しさを慣習的に同化 assimilation routière するというふうにしたいくらいである。しかしこの慣習という概念で、下次的な機械化を導入することはしない。循環論と非難されることになるからである。」(p. 85–86)

ここでバシュラールのためらいを指摘することは容易である。しかし事物の属性や特性を記憶というふうに一括してしまえるなら、その発現である習慣を、まったく自動的な慣習と、ある自主的、主体的な判断をともなう「綜合的」な習慣とを区別しても、循環論をさける根本的な解決にはならないのではあるまいか。なぜなら瞬間派の主張からすれば、瞬間はつねに新しさをともなうのであり、過去の否定として出現するのだから、そもそもたんなる反復としての慣習はなりたたないからである。

「いや。ここで視点の相対性の問題が介入する。慣習という領域に検討の目を移すやいなや、その問題がもっと活発な知的習慣同様に、瞬間の根本的な新しさによって供給された躍動《エラン》の利益を受けていることに気づくであろう。上下に階層づけられた習慣のはたらきを検討してみたまえ。ひとつの素質 aptitude はそれ自体を超克しようと努力する場合しか、つまりそれが進歩するときしか、素質ではないことがわかるだろう。」(p. 86)

ここでバシュラールのモラル、「ひとりの人間が人間であるのは、超人になる割合に応じてである。人間は、人間の条件をのりこえよ、というふうに人間をつき動かす諸傾向の総体として規定されるべきである」(『水と夢』、p. 23)を思い出しても場ちがいではあるまい。すでにその考えはこのように世界観の根底において形成され、進歩発展の基軸として位置づけられていたのである。瞬間が新しい現在であるとすれば、過去はたえず否定され、そのつど能力もまた自己を超克し、新しさを同化する努力を要請されていることに、かれのモラルは直結していたのである。(バトラー前掲書、p. 150–151)

「もしピアニストが昨日よりも今日良く演奏しようと思わなければ、かれは曖昧な習慣におちこんでいる。もし仕事に身が入らないなら、やがてかれの指は鍵盤の上を走る習慣を失うであろう。まさしくたましいが手に命令しているのだ。習慣を本質で捉えるためには、その成長段階で捉えねばならない。このように習慣とは、成功を増加させることによって新しさと慣習を綜合することであり、そしてこの綜合は豊かな瞬間によって実現されるのである。」(p. 86–87)

このように毎日精進するピアニストの例こそ、習慣が創造につらなる好例である。反復のなかに創造の要素があり、反復が新しさをうみだすことをもっと精密に分析するならば、練習はたんなる繰り返しとしての反復とはなりえず、たえずそのつど新しい工夫が要請され、一見単調な反復のなかにも新しい創造があることが見えてくるであろう。

「したがって、偉大な創造、たとえばひとつの生物の創造は、出発点において、誓約 foi をもった新しさを受けいれるにふさわしい、いわば新鮮な物質を要求するのだ、ということがわかる。バトラーのペンからは次のようなことばが生じる。（バトラー前掲書、p. 128）《いったい〈生命〉の始まりとみなすべきような多くの誓約を物質のもっとも小さな部分がどのようにして取りこむことができたか、ということを説明し、あるいは、この誓約がどんなものからなりたっているかを決定しようとすることは不可能なことであり、せいぜいいいえることは、この誓約があらゆる事物の本質自体の一部をなすこと、しかもこの誓約は何物の上にものってはいないということである》。」(p. 87)

バトラーのいうこの誓約とはおそらくループネルの構想する記憶の鍵に類似した考えであろう。胚子や遺伝子が伝達する必然的構造が、必然的な反復のなかに、いわば偶然的な側面をすでに宿しているのであり、最近の用語でいえばゆらぎをもっているということである。バトラーはしかもそれが物質的な基盤をもたないと考えるため、「誓約」というような表現を用いざるをえなかったのであろう。つまり物質的な基盤をあたえるなら、それはここで仮定されるような予想外の事態に対応できる構造をもたねばならず、そうした柔軟な構造を物質として想定することが困難だったからではあるまいか。

「誓約がすべてであるとわれわれはいいたいくらいだ。なぜならそれは瞬間群の綜合の次元ではたらくからであり、しかし、瞬間の現実を超越しようとするゆえに、実体としては何もないからである。」(p. 87)

このようにバシュラールは誓約を説明している。物質や実体としては存在をもたないが、しかし瞬間の集合を綜合する機能が、誓約として物質の本質的機能の一部として組み入れられているというのである。そうだとすればこの誓約はまさに生命の神秘の精髄ということができよう。

「ここでもなお誓約は期待であり新しさである。生における誓約以上に伝統的要素の少ないものはない。新しさに酔いしれて生にささげられる存在は現在を未来への約束として受けとるような気にさえなっている。」(p. 87)

バシュラールは進化発展の鍵をこのように自己革新という誓約に求めるのであり、過去を革新する現在の瞬間は未来を当然約束するであろう。しかしここでは背後にライプニッツ流の予定調和を必要とするのではないであろうか。

「力のうちもっとも大きな力は素朴な力である。まさしくループネル氏は、生がそこから生じる胚芽のやどる recueillement 精神集中（瞑想）の状態が大切だと力説した。それは絶対的開始において肯定された自由についてすべてのものをふくんでいたのである。胚芽とはおそらく、ある側面では模倣する存在であり、再開する存在であるが、初登場の充実状態においてしか本当に再開できないものである。開始すること、それが胚芽の真の作用である。《胚芽は生殖細胞の出発以外の何ものももたらさない》（『シロエ』p. 33）。換言すれば、胚芽は生きる習慣の発端である。」(p. 87–88) バシュラールはどちらかといえば物理学や化学を得意とし、生物学についてはあまり発言していないが、この進化の問題についてけっして無関心ではなかったし、当時の進化をめぐる論議についても強い関心をもって見守っていたと思われる。

「もし人びとが、ひとつの種 espèce の増殖にひとつの連続を読むとすれば、それは人びとの読み方が粗雑だからである。当然のことだが、ループネル氏は生物体の形体の連続を保証するために提案された多か

れ少なかれ物質主義的な原理をすべてしりぞける。」(p. 88)

バシュラールは新しい独自の見解を提示することはなく、ほとんどループネルの見方を祖述する。

「かれはいう。《われわれは胚子があたかも非連続の要素を構成しないというふうに論じているように見えたかもしれない。われわれは生殖細胞にあたかもそれが数世代間存在していたかのように、数世代の遺産をあたえた。しかし表象的微粒子の理論は現在のこの理論となんら対応するものではないということをはっきり述べておこう。生殖細胞のなかに、過去の恒常的な受遺者と生成の永遠の活動家であったものの要素を導入する必要はない。われわれが生殖細胞に託している役割を果たすためには、ネーゲリ Naegeli, Karl Wilhelm von (1817–1891)〔スイスの生物学者〕のミセラ *micelles*〔原形質の構造単位として想定されたもの〕や、ダーウィンのゲミュールやド・フリースのパンゲンや、ヴァイスマン Weisman, August (1834–1914)〔ドイツの動物学者〕の胚原質も必要ではない。生殖細胞はただそれだけで十分であり、その現実の実質と現実のはたらきとその時間とで十分である。しかも生殖細胞は全体が同じ時間に生きそして死ぬ。それは独特の遺産やそれが集める遺産は現に生きている存在からしか受けとらない。その遺産がその細胞を情熱的配慮で作り上げたのであり、あたかもその細胞が生まれた愛の炎がその機能的従属性をすべて棄てさり、原初的な力を回復し、その始めの貧しさをとりもどしたのだとでもいうようである》(『シロエ』、p. 38)」(p. 88–89)。

ループネルの独自な考えは、胚子や生殖細胞にとくに遺伝のための特殊な物質を想定しないところにまず求められるであろう。しかし胚子を構成する原子のレヴェルですでに「記憶」が作用していることを想起するなら、胚子が「ただそれだけで十分」ということの意味が明瞭になるであろう。だから胚子の「現実の実質と現実のはたらきとその時間」さえあれば記憶は十分にその作用を発揮するのだ、というのである。したがって実際には胚子のなかに遺伝のための必要な作用はすでに十分ふくまれていることになる。過去と未来だけに配慮するあまり、ともすれば両者をつなぐ現在の瞬間を軽視する傾向に対し、胚子の現在における作用を重視することにより、胚子が「始めの貧しさ」のなかで十分に機能していることを力説したのである。

「結局、生の連続性よりも、誕生の非連続を説明した方がよい。それによってひとは存在の真の潜在力 puissance を計ることができる。この力は、このあとで見るように、可能なものの自由へ回帰すること、存在の孤立から生じたあの無数の共鳴にもどることである。

しかしこの点は、いずれ非連続的時間のテーマをもちいて、習慣の形而上学的理論を発展させたときの方がおそらくもっと明快になるであろう。」(p. 89)

ごく簡単に本節を要約しておこう。

まず習慣の定義とみなされるのは、「可動的生成のもとにあって、安定した形象を存在にあたえる力」という表現である。このような習慣が、過去や未来と断絶した現在の瞬間とどのように関係づけられるかが本節のテーマである。

ループネルによれば、空間も時間も原子の属性にすぎず、間接的、二次的な特性である。原子が生成するとき、諸瞬間を組織だて、また原子の見取図が空間の分離した諸点を組織だてるのである。ループネルによれば、宇宙を構成するのは物質とエネルギーであるが、またエネルギーとは大きな記憶だとループネルはみている。ただその記憶は原子にふくまれている。ただしそれが物質にどのように作用するのかはつまびらかではない。

ライプニッツのモナドと予定調和との類似が指摘され、予定調和の根本原理にあたるものが、ループネルにおいては記憶でありその発現が習慣だと思われる。それゆえ存在の非直接的で非時間的連帯を可能にする理論であることが要請される。

逆の立場つまり持続の実在論では、過去が物質へ登録されることが中心概念である。だがこれは便宜的図式にすぎず、生殖質は存在の全特質を全部ふくみうるような容器だと考えるべきではない。

コイレによれば、胚子に代表されるような生の有機的論理は線的論理においては悪循環になってしまう。これは抽象と具象の混同から生じる。

胚子は「物質を進化させる能力」とせざるをえない。胚子は自己原因でかつ進化原因である。

「登録」のメカニスムの問題点。持続説をとると、連続と非連続の両方を利用せざるをえない。むしろ非連続説を採用した方が一貫性がある。瞬間は習慣に柔軟性と有効性をあたえる。

バイオリンの弓が弦にあたる瞬間を例にとり、習慣の発現における攻撃性の分析。

ループネルによれば世界を物質とともに構成するエネルギーは「大きな記憶である」（ライプニッツの予定調和のような根本システム）。

習慣とは、つねにその新しい状態で復原された行為である。バトラーの説をふまえ、習慣を新しさの慣習的同化とみなす。ピアニストの反復練習を例に、反復に創造がふくまれることを示す。能力にしてもそれ自体を超克する、すなわち進歩するとき初めて能力が発揮される。

生物の創造は「誓約」をもつというバトラーの説をふまえ、物質的基盤をもたず瞬間群を綜合し、瞬間の現実を超克する機能を想定する。

ループネルは胚子の recueillement の状態を重視している。また胚子には遺伝のための特別の物質を必要としないことも検討される。ループネルによれば原子のレヴェルから記憶が作用しているので、胚子は胚子であることによって十分その機能を果たすのである。

II　習慣と進歩

習慣についてループネルとバシュラールの考え方を明快に示すために、レアリスムの立場と対比してみるのが第二節の意図である。

「習慣は存在に登録されている *inscrite en être* と通常いわれている。われわれは幾何学者の用語をもちいて習慣は存在に傍切している *exinscrite à l'être* という方がより良いと思う。」(p. 90)

傍切とは何か。たとえば傍切円といえば、三角形の一辺と他の二辺の延長線とに同時に接する円のことであり、一個の三角形について三つ存在する。だから、inscrite（内側に書かれた、登録した）という語に対し、外側に登録したともとれる exinscrite が選ばれたともいえるのではあるまいか。すると習慣は人間記憶にたんに固定されているだけではなく、人間の行動の際に一様ではなく、少なくとも三種の方式で発現されうるものだということを図式的に示しているように思われる。ひとりの人間の行動を習慣と瞬間の視点から見直せばつぎのようになる。

「まず個人は、複合的であるかぎり、瞬間的諸行動の同時性に対応する。というのは、この同時に起こる諸行動の再開があって、はじめて個人は自己自身をそれと認めることができるのだからである。個人をその諸性質と生成の総和としてとらえた場合に時間の諸リズムのハーモニーに対応するといえば、おそらくひとはかなりよく自己を表現したことになるであろう。」(p. 90)

習慣の発現は、まず行動の同時性に対応してみられる。その際、個人の諸性質が習慣の構成要素となっていることに注意しよう。諸性質を瞬間的に発動させ、そして行動が開始するのであるから、その場合自己自身がそこに明瞭に表出されることは明らかである。個人をその諸性質とその生成の総和としてとらえることは、人間の習慣の総括的な定義を示していることにもなる。ではなぜ、時間のもろもろのリズムのハーモニーとそれが対応するのであろうか。

「なぜなら、このリズムによって不連続のこの連続性をもっともよく理解できるからである。」(p. 90)

瞬間の不連続性をいかにして連続させるのか。この問題こそ証明すべき対象である。「存在の諸頂点を結びそして存在の統一性をえがくために、われわれは今や不連続のこの連続性を確立しなければならない」(p. 90) とバシュラールはいう。一本の横軸を中心に波動のグラフを描き、その片側の波形の頂点だけを結ぶことを想像すればよいのだろうか。

さてリズムはどんな作用をするのだろう。

「リズムは、瞬間と瞬間をへだてている時間の空虚を存在がとびこえるのと同じ方式で、沈黙をとびこえる。」(p. 90–91)

そのあとで次のような時間と存在のあり方が示される。

「時間が、持続をもたない諸瞬間の規則正しい密度によって持続するように、存在は習慣によって連続する。」(p. 91)

この前半の文章は、時間はいくつもの規則正しい密度をもって配列された不連続の瞬間よりなっているという持論の確認であるが、それを受けた文章後半は、存在を連続させる se continuer 習慣の作用も、不連続の連続として、運動と変化をふくむ不連続の連続として受けとられるべきだというのであろう。

あるいはこの時間の持続、存在の連続は、いずれも不連続の連続という内容をふくみながら、一見連続のように見えるという、従来の立場から一歩しりぞいた表現と受けとることもできよう。

かれはこのような考えの根拠を次のループネルの主張（『シロエ』、p. 36）に求める。

「個人は恒常的な原因の表現ではなく、物質によって固定される変転きわまりない諸思い出《スーヴニール》の並置の表現である。〔思い出を〕結びつけること自体も他のあらゆる習慣にまたがるひとつの習慣にほかならない。存在はもはや思い出のひとつの奇妙な場所にすぎないし、存在が自己にあたえられていると思っている永続性も、存在自体に対する習慣の表現にすぎないとおそらくいえるであろう。」（p. 91）

この思い出という問題にはバシュラールはあまり深入りしない。ループネルは記憶《メモワール》はエネルギーだといったりするが、記憶は存在に登録されていて、それはたえず蘇生してくるものであり、しかも単数ではなく複数で並行して同時に出現する。それが人間存在なのであり、しかもさまざまの物質がそれらを固定する。この現象は習慣化されており、記憶間の連係もまた習慣化されているとみることができる。したがってその発現—表現は一見恒常的であるし、そのことについては人間存在が疑いをいだかないほど永続的だと思われるのである。習慣の形成を括弧に入れて、存在に登録されていることを承認すれば、これは習慣の特性ともいえることであろう。

個人の性質、属性、日常的行動とはいってみればそのように固定化、恒常化されている習慣の表現である。そしてそれを可能にしているのは瞬間の濃密な規則正しい非連続の連続なのだとバシュラールはいうのである。

しかしこのはなはだ機械論的ともいえるような、公式化にともなう誤解をさけようとして、かれはただちに次のように述べる。

「実は、存在の整合性は諸性質や生成が物質に内属することでつくられるのではない。整合性はまったく調和的で空気のように軽やかである。それはシンフォニーのようにもろくしかも自由である。個々の習慣は一定したリズムであり、その場合あらゆる行為がそれらの新しさの価値をかなり正確に均等化しながら、しかも新しさというこの主要な性質をけっして失うことなく、反復されるのである。」(p. 91)

音楽から借用した用語によって明らかなように、ここで習慣的な行動がオーケストラの演奏を下図として描かれている。楽譜の新しいパートが楽曲全体の中に取りこまれるのは、それぞれの楽器が分担する部分の「新しさ」を保持しながら、全体を構成し、完成へと向かわせることに他ならない。人間存在の行動の整合性はハーモニーをもち、リズムがあり、しかもシンフォニーの演奏のようなデリケートな自由さをもつ。リズムとエランの問題や人間讃歌のオプティミスムにはふれないとしても、たんに音楽を聞く立場ではなく、それを演奏する側に立ってかれが記述していることに注目すべきであろう。

すると次の新しさの問題も理解しやすくなるに違いない。

「新しさが漸次的に消滅するのは習慣がときおり無意識的だとみなされうるからである。初回の試みでは大いに緊張していた意識が、すべての繰り返しに配分されていくことにより消滅してしまったように見えるのだ。しかし新しさは、新しさを節約しながら新しさを組織している。新しさは空間の中で創造するかわりに時間の中で創造するのだ。」(p. 91-92)

なぜだろうか。

「生はすでに時間を規則化して形式上の規則を見いだし、器官は機能によって形成されている。そして器官が複雑になるためには、機能が能動的で頻繁であれば十分である。すべては〈時間〉が提供する増加一方の瞬間をつねに利用するにいたるのである。」(p. 92)

偶然や機会というものが存在に作用するのはつねに瞬間によるのであり、それにどう対応するかによって器官が分化するのだということであろう。

有機体におけるこの瞬間との対応では、繰り返しが習慣となり、固定されることになるが、それはもともと万物を形成する基本粒子である原子についてあてはまることなのだ。

「原子はもっとも多くの瞬間を利用すると思われるが、そこにはきわめて堅固で、持続的で、規則的な習慣があるので、ついには原子の習慣をまさしく原子の特性とみなすにいたるのである。」(p. 92)

原子の習慣を原子の特性とみなしうるならば、物質の特性として知られていることはすべて物質の習慣とみなしうるではないか。習慣は存在に登録されているということの真相はこういうことだったのである。

「実体の属性」はしたがって「よく利用された時間と、よく秩序だてられた瞬間群によって作られた性質」(p. 92) だといわれるであろう。

「過ぎ去った〈時間〉のつくるものは、すでに諸要素の潜在力と不動性の状態ですべて警戒体制をとっている。その証拠はいたるところで確認されるが、沈黙を満たし、事物の注意を構成するものである。(『シロエ』、p. 101)。」(p. 92)

このループネルの主張からバシュラールのとりだす箇所は、最後の「事物の注意」という表現である。この外界からのはたらきかけ、偶然にまかされている事物の世界に、ある種の意志のようなものが感じられるという箇所である。

「なぜなら、ループネル氏と同様に、われわれにとっても、〈存在〉に対して最大の注意をはらうのは事物であり、また事物の恒常性をつくるのは時間の全瞬間を捉えようとする事物の注意である。物質とはこのようにもっとも画一的に現実化された存在の習慣である。なぜなら、物質は瞬間の推移の次元そのもの

において形成されるからである。」(p. 92)

物質とは、習慣の素材であり、「存在の習慣」の現実化される対象だということは、習慣を存在の中に固定したものが性質であれば当然だといえないこともないが、その性質発揮の契機として瞬間がつねに生かされていることに留意しなければならない。こうして存在の過去、記憶、性質というものがすべて習慣という一語にふくまれてしまうのである。

物理的世界の存在と現象は原則として習慣化されているということもできるであろう。

ここでバシュラールは視点を転ずる。

「しかし心理的習慣という出発点にもどろう。そこがわれわれの人間形成の源泉だからである。物質の生と同様精神の生を構成するリズム—習慣が多種多様な音域の上ではたらくので、一時的な習慣の下にもっと安定した習慣がいつもありうるという印象をひとはもつであろう。つまりひとりの個人を特徴づけるために階層化された習慣群が明らかに存在するのである。ひとつの基本的な習慣を公準化するということは、心をひどくそそる試みといえるのではあるまいか。そのような習慣は、もっとも統一され、もっとも単調な存在の、単純な習慣に相当するであろうし、また個人の統一性を認めるものになるかもしれない。意識によって捉えれば、それはたとえば持続の感情となるかもしれない。」(p. 93)

しかしこれは束の間の幻想なのであって、バシュラールが心底から構想したことではない。人間の習慣の体系化、構造化はそれほど容易に実現できる試みではないのである。

「しかしループネル氏がわれわれにもたらした直観に解釈のあらゆる可能性を残しておくべきだと思う。ところで、個人は学校の哲学が教えるように明確に限定されるものではないであろう。瞬間によって実在化された綜合以外に、自我の統一性も同一性も語るべきではない。現代物理学の諸問題は、個別の原子一個の統一性や同一性について語ることも危険であると、われわれに思わせようとしている。個人とは、物質、生活、思考のどんな次元において捉えようと、把握しきれないほど多い習慣の実に可変的な総和なのである。」(p. 93)

個人の性格や自我の統一性、同一性が瞬間においてしか成立しないことが、原子一個のそれとの類比において述べられている。そして個人を構成する習慣もはかりしれないほど多数であり、その総和は算定するたびに数が違ってくるというのである。

まず存在の統一性と同一性はこのように数量的には確定困難だが、その他に個人が獲得した習慣の発現の問題がある。

「もしも、存在を性格づけるすべての習慣が知られるようになったとしても、それらを現実化しうるあらゆる瞬間を同時に利用することはないのだから、存在の統一性はつねに偶然的な出来事に影響されるように思われる。実のところ、個人はすでに偶発事の合計にほかならない。しかもさらにその合計自体が偶発的である。同時に存在の同一性もけっして十分に現実化されない。豊かな習慣が十分な注意をもって支配決定されなかったという事実に存在の同一性は被害を受けている。」(p. 93-94)

この偶然性、偶発性の問題は、「個人はすでに偶発事の合計にほかならない」といわれるほど、個人の運命を左右するものである。個人はどんな完璧な習慣をもとうと、出生という生命発生時から、成長する場所、配偶者の決定、子孫の有無、病気、死ということまで、偶然の要因に左右されることばかりで、予見不能という特色をもつからである。いったいオーケストラの演奏にたとえた習慣的行動とこの偶然的要素とのかかわりこそが大問題なのであるが、ひとつの楽曲を演奏する場合でも、まったく同じ演奏はありえないから、たえず偶然的要素がつきまとうことは理解しうるであろう。むしろ習慣によって克服されえないものが偶然の事件というべきなのであろう。

しかも豊かな習慣を個人がもつ場合でも、その十分な発現をみられないケースがどんなに多いか、今さらいうまでもあるまい。

一方、習慣がたんなる反復に堕してしまうと、これはしかしひとつの同一性を形成することになるし、昨日のパターンに即して今日を反復することは、大ざっぱにいえば個人の同一性を実現するプロセスでもある。しかし、細部を見れば昨日と今日の相違の大きさに驚かざるをえない。バシュラールは、生活を支えるリズム群の展開が並行しておこなわれるわけではなく、たえず遅れるものがあり、また偶然がその足をひっぱるということが多発するという。

「そうすると全体的な同一性は、多かれ少なかれ正確な言い直し、多かれ少なかれ細部にわたる反映によってつくられる。おそらく個人は昨日の上に今日をコピーしようと努力する。このコピーはまずリズムの躍動に助けられるが、しかしこのリズムのすべてがその進展の同一地点にあるわけではない。性格のなかで必要な、確認されていた同一性のうち、もっとも堅固なものは類似のなかに堕落する。」(p. 94)

さて個人の「永続性のうちもっとも堅固なもの」とはいったい何をさすのであろう、あるいは、「性格のなかで必要な、確認されていた同一性」とは具体的には何をさすのであろうか。習慣の反復や発展がうまくいかず、「類似」に堕落するとはどういうことなのだろう。類似が習慣の堕落したかたちであるとみるならば、他者との類似ということではなく、過去の自分との同一性ということであろうか。

「すると生はわれわれのイマージュを鏡から鏡にはこぶ。このようにわれわれは反映の反映なのであり、そしてわれわれの勇気はわれわれの決断の記憶によってつくられる。しかしわれわれがいかに志操堅固であっても、自己をすべて完全に保存することはできない。われわれは自己の存在全体を意識したことはけ

っしてなかったからである。」(p. 94)

複数の鏡から複数の鏡に反映される「類似」した自己の像とは何を意味するのであろう。この鏡群は昨日、過去の象徴であろうか。すると後半の鏡群は今日、現在の象徴なのだろうか。

日常的生活の場で習慣がほとんど惰性的に形成する類似した自己の同一性は、日ごと繰り返され、ちょうど鏡の反映のように平凡だというのであろうか。しかしなぜそれが、「反映の反映」なのであろうか。鏡にうつる現実の姿はまず、習慣の惰性的な発現としての反映(自己意識)であり、その鏡像は二次的な反映だというのであろうか。

鏡は意識の象徴だと仮定すると、鏡像は意識に反映した自己像ということになるのだが、反映の反映というと、いかにも間接的な感じがする。

さらに勇気というまったく別の要因が出現し、これと記憶とが関連づけられる。勇気も個人の性格のひとつの「必要な、確認された同一性」だとして、それが「決断の記憶」によってつくられるとするならば、勇気もまた習慣のひとつの在り方を示すにすぎないのであろうか。

さらに自己意識の不備というか、限界も指摘される。これは瞬間であろうと連続であろうと、意識の集中する部分と盲点という余白の部分であろうと、いくつかのレヴェルで考えられることである。

しかし鏡をこの意識の象徴とみることが許されるなら、反映される像の側だけではなく鏡そのものの側にもゆがみや欠落があることも考えられるのではあるまいか。

「さて、階層関係を読みとるべき方向についてためらいがおこる。本当の力は命令のなかにあるのか、それとも服従のなかにあるのか。もっとも無意識なもののなかに支配的な習慣を探究しようとする試みに、われわれが最終的に抵抗を感じるのもそのためである。逆に、諸リズムの統合的総和として個人を捉えることは、おそらく、できるだけ実体論的解釈から離れ、物質からだんだん遠ざかり、思考に一層接近した解釈を受け入れることになるのである。」(p. 94–95)

この習慣や同一性のイマージュのなかに、何がもっとも強力であり、価値をもつのかを人びとが探るのは当然のことであろう。命令と服従という力関係もそのなかに位置づけられるであろう。しかし無意識のなかに「支配的な習慣」を求めることにバシュラールは賛成しない。ただし無意識は動物や物質に近いものとみなされているだけで、のちの下部意識への強い関心はまだ目覚めていないようである。習慣を支える「諸リズムの統合的総和」として個人を捉えるという原則に従うなら、それは逆の方向をとることになるのだ。

「問題を音楽的なことばで考えてみよう。ハーモニーを引きだすのは何か。それに動きを本当にあたえるものは何か。メロディーかそれとも伴奏か。ひとはもっともよく歌っている譜面に展開の力をあたえることができるだろうか。ここで比喩から離れて、一語ですべてを述べてみよう。すなわち、存在を導くのは pensée 考えること〔思考、思想〕である。」(p. 95)

おどろくべき結論である。反復する行動、習慣をささえるリズムを受け入れたが、それは、はたして音楽的な世界に比喩を求める十分な根拠をあたえるものなのだろうか。

個人の行動や性格が、ハーモニーやメロディーにたとえられることは、かけがえのない持続の統一性を保持することだけに意味があったのではあるまいか。

統合的な習慣の総和としての個人は思考あるいは思想に接近する。「存在を導くのは考えることである」ということを、音楽に即して言い換えるなら、譜面を導いているのは作曲家の楽想である、となるのではあるまいか。個人の習慣を統合して展開させるのは、そのひとの考えなのであり、だからこそ考えることが存在を導くことができるのだと解すべきなのであろう。デカルトにもどるのであろうか。

「諸存在が自己の遺産を伝達するのは、明瞭であれ不明瞭であれ思考によるのであり、統一的で無垢な行為の状態で、理解されたものによるのであり、そしてとくに意欲されたものによってである。こうして、まったく個人的で複雑な存在も、それが意識を形成している度合いに応じ、かれの意志が副次的な諸力と調和し、習慣という節約家の消費活動のこの図式を見いだす度合いに応じて持続するのだ。われわれの動脈にはわれわれの習慣の年齢がある。」(p. 95)

考えが存在を導くというのは具体的にはこのようなことである。まず自己の遺産を伝達するのは考えである。

個人の存在はたとえ不完全な自己実現の意識をもとうと、意識的な存在なのであり、意志が副次的な力を統合し、習慣にのっとりスムーズに発現する場合にはじめて「持続する」のである。もちろんこの持続は瞬間の不連続の連続の上に立っている。

人間の動脈には習慣の年齢があるというのは、この間の事情を要約した表現なのである。

ここまでくると目的論が習慣の方向づけをすることが予想されるであろう。しかしループネルはその点について最大限の用心をはらっているとバシュラールは指摘する。ループネルは生物の進化を念頭においていることもあって、目的論も、種の伝播という点に、特権をあたえているのである。

「しかし、ループネル氏の第一直観の正面に立ち、そしてかれとともに、時間的諸条件を空間的諸条件と同じ平面上に置いてみるなら、大多数の哲学が空間に対し説明のための不当な特権をあたえているにもかかわらず、多くの問題がより適正な光の下に提示されることが分かるだろう。目的論の場合がそれである。実際、物質の世界においては、特権をあたえられた方向とはすべて結局のところ伝播の特権であるということは明白である。

したがって、われわれの仮説では、もしひとつの出来事が結晶の一定の軸上でより速く伝播するとすれば、他の方向よりもこの軸上でより多くの瞬間が利用されているからであるといえるであろう。」(p. 96)

この時間軸上に種の伝播という目的を設定するということによって、習慣の方向性が決定される。この生物学的な目的論を一度受け入れるなら、次のような解釈がただちに出てくる。

「同様に、もし生命が、ひとつの独自の拍子にしたがっていくつかの瞬間の主張を受け入れるなら、ある独自の方向に一層迅速に生成するであろう。生命は細胞の線的継起として示される。なぜなら、生命はきわめて同質的な生殖力の増殖を縮約したものだからである。〔神経〕繊維組織とは物質化された習慣である。それはリズムによって強力に連帯づけられた精選された瞬間よりなる。したがって、習慣によって連結された非連続的瞬間が提供する膨大な数の選択を前にするならば、生体を構成する多様なリズムに応じた *chronotropisme* 時間的トロピスムが語られることが分かるであろう。」(p. 96-97)

時間的トロピスムという性質も、習慣に種の保存や繁殖という方向性をあたえることによって生じた一種の時間的経済性を示すものと見てよいであろう。

「〔神経〕繊維組織とは物質化された習慣」ということばは、習慣を性質と同一視してきた視点を生物体の構造の中に一歩進めたことを示すのであろうか。

ここでバシュラールはループネルの仮説がベルクソンの持続に接近したことを認めて、次の文を引用する (p. 97)。

「持続の唯一のリズムがあるのではない。ひとは異なった多くのリズムを想像することができるし、それらはより緩慢であるか速やかであるかによって、意識の緊張あるいは弛緩の程度を示し、またそのこと

によって存在の系列におけるそれらの各々の位置を定めるだろう。」(『物質と記憶』田島節夫訳、白水社)

ところがこれをバシュラールは「かれ(＝ベルクソン)の見地からひとつの比喩を語っている」というふうにきめつけて、ループネル、バシュラールの方が現実を述べているのだと主張する。ここでいうベルクソンの持続はあくまでも精神の次元での意識の在り方であるのに対し、バシュラールの場合は現実において瞬間を組織する習慣と反復による持続が対象だからである。しかしそれは次元の相違ということで片づけてよいのだろうか。

「われわれも正確に同じことを述べているのだが、われわれの方は実在を直接的に表現すると思われる直接的なことばで述べるのである。われわれは実際に瞬間に実在性をあたえたが、われわれにとって時間的なリズムを自然に形成するのは瞬間の集合なのである。ベルクソン氏にとっては、瞬間はひとつの抽象にすぎないので、比喩的なリズムを《不均等な弾力性》をそなえる間隙をもって形成しなければならなかったのである。持続の多数性はきわめて適切に喚起されたが、しかしながら、それは時間的弾性というこの主張によっては説明されない。もう一度いうが、われわれの意識が、瞬間のキャンバスの上に十分規則的な横糸を張る仕事を引き受けるから、存在の連続性の印象と生成の迅速さという印象を同時にあたえるのである。あとで示すように、多かれ少なかれ合理論的な企ての方に向かってわれわれの意識を緊張させることによって、われわれにとって存在の単純な習慣に対応している基本的な時間の整合性を、われわれは本当に発見することになるであろう。」(p. 97–98)

「不均等な弾力性」をそなえた間隙をいくつもならべることによってリズムを発生させることが、持続の多種多様さのイマージュを喚起はしても、あくまで比喩の段階にとどまるということは、瞬間の効力を根本的に認めないベルクソンの基本的姿勢に問題があるからだとバシュラールは批判するわけである。

ベルクソンは『物質と記憶』において、意識する「最少の空虚な時間は、エックスネル Exner, Sigmund,（1846—1926）（ウィーン大学教授、神経生理学者）によると五〇〇分の一秒である」という説を紹介し、「これほど短い時間をいくつかつづいて知覚することができるかどうかはもちろん疑わしい。けれども私たちはそれを限りなくやれるものとみとめよう。一口でいえば、ほんの一瞬の内に（赤色光線の）四〇〇兆の振動の行列を見とどけるよう意識を想像してみようというわけであって、ただこれらの振動は、その区別に必要な五〇〇分の一秒ずつ互いにへだたっているとするのである。ごく簡単な計算でわかることだが、この操作の完了には、二万五千年以上もかかるだろう」（田島節夫訳、p. 229-230）という例をとりあげ、「私たちの意識の知覚する持続では、あるあたえられた期間は限られた数の意識された現象を含みうるにすぎない。」（同書、p. 230）という。そして、このようなあくまでも空間化された時間の物理的可分割性に対して、ベルクソンの持続の方は「私たちの持続の諸部分は、それを分割する行為の相つぐ諸瞬間と一致するのだ。私たちがそこに瞬間を見定めるちょうどその数だけ、それは部分をもっている。」（同書、p. 230-231）

ベルクソンの瞬間は、時間的実在性をあたえられておらず、持続を区切る機能しかもたないとバシュラールはいうかもしれない。他方バシュラールの瞬間が、何秒とかいう物理的な単位で計測されるような長さをもたないことに、あるいはかれがその単位を設定するための手段をなんら考えなかったことに、われわれはあらためて気づかされる。それは現実的な瞬間でありながら、物理的に無限の分割を許す瞬間ではないことも分かってくるのである。

「創造的瞬間の選択のこの突然の可能性、明瞭なリズムとしての瞬間の連関のこの自由さは、さまざまの生物種の生成の複雑に入り組んだ関係を理解するのにきわめて適切な二つの理由を示している。動物のさまざまの種が機能的にもまた歴史的にも整序されているという事実は、かなり以前から明らかになっていた。種の継起の秩序は個々の個体のなかに共存する器官の秩序をあたえるからである。」(p. 98)人間だけではなく存在を構成する生物界の種の多様性も、同じように、創造的瞬間の選択と自由によって説明されるのである。そうすると自然科学は次のようなものとなる。

「自然科学は、われわれの意見では、ひとつの歴史であるか記述である。なぜなら時間は目的論的な整合的秩序の動因となる図式であり、それをもっとも明快に記述する図式だからである。換言すれば、個別的な単一の存在において、諸機能の整序と目的論は同一の事実の二つの換位命題である。生成の秩序は直ちに秩序の生成である。種のなかで整序されているものは時間にも従属している。そして逆も真である。」(p. 98)

科学はたしかに目的論的な整合的秩序を見いだすなら、その経過発展を記述するか、現在の状態を記述するものになるに違いない。整序すなわち整合的秩序は目的論と裏腹の関係にあるのである。

さて習慣はいろいろな角度から考察されたが、「ひとつの習慣は時間の瞬間の集合という基盤の上で選ばれた諸瞬間のある種の秩序である」(p. 98)というふうに習慣の生成を瞬間のレヴェルでとらえたごく形式的な考察におちつくのである。だがむしろこれを出発点としてこの第二章全体は読まれるべきではないだろうか。

またこのような習慣の合計として個人を見る見方もなりたつ。個人とは「調査しきれない多くの習慣の実に可変的な総和である。」(p. 93) さらにいえば「結局は個人とはすでに偶発事の総和である」(p. 94)し、「この合計そのものが偶発的である」(p. 94)とさえいえるのであるが、しかし一方、規則正しい習慣は個人の属性のようなものになるだろうし、一定のリズムを作るであろう。このリズムはおそらくベルクソンのエランに匹敵する力動性の契機なのであるが、それは非連続の連続のもっとも具体的な表現であり、この側面からいえば「個人はその性質とその生成の和として捉えられると、いくつかの時間のリズムの作りだすハーモニーに対応している。」(p. 90) といえるのである。

したがって個人は偶発的なものと習慣との総和だといった方がより現実に近いものかもしれない。「習慣の束が、われわれの多様な属性のなかでわれわれが存在したという印象をあたえつつ存在し続けるようにするのである。実際にはわれわれの実体的な根としては現在の瞬間がわれわれに渡す現実しかわれわれのなかに見つけられないのであるが。また同じように、習慣は諸行為の見通しでもあるので、われわれの将来に目標を置いたり目的を置いたりするのである。」(p. 99)

こうして日常の時間意識が現在の存在感から将来の計画にいたるまで回復されるのである。もちろん瞬間をもって構成するという「実体的な根」は否定されたわけではない。ただ日常的な生活のレヴェルでは一回ごとに瞬間にこだわる必要がないということにすぎないのである。

しかもこの習慣、より良い習慣、「よく秩序づけられた諸行為のリズムを追う習慣をつけようという誘いは実はほとんど合理的で審美的な自然の義務である。」(p. 99)

それどころか、「われわれに何としても存在を続けさせるのは力であるよりも理性である。存在の穹窿《きゅうりゅう》の鍵を形づくるのは、思想の至上のリズムをもつこの合理的で美的な整合性である。」(p. 99) というのも、この合理性は習慣の目的性あるいは瞬間の整序から導出されるのであろうし、そこに美的なものを感じることができるのは、このリズムとハーモニーの必然性を捉えるからでなければならない。そうすればこの思想はまさにメロディーのように美的効果をあたえるものとなるのである。

「この理想的な統一性はループネル氏のしばしば苦い哲学にいささかこの合理的なオプティミスム——

節度があり大胆であるが――をあたえ、この書をモラルの問題の方にさしむける。」(p. 99)

このようにバシュラールはループネルによる合理性や美的効果の導入がいささか唐突であり、しかもオプティミスムにもとづいていることを指摘する。しかしこれについてかれはとくに反対しているのではない。むしろこれはバシュラールの克己的オプティミスムにひきよせたループネル解釈ともいえるのである。なぜなら第二章のエピグラフに選ばれたどんなたましいも「一つの旋律であって、問題は、この旋律を再びつなぎ合わせること」だというマラルメの一文がそれを暗示しているからである。(4)

注

(1) 『シロエ』のこの引用の前ページには次のように述べられている。

「空間と時間は生命がそれらを活性化するところにしか存在しない。空間と時間は原子の属性であり、進展するものの属性、生の属性である。原子の外部においては空間も持続も存在しない。空間と時間は実際に存在しないときにのみ無限なようにわれわれには見えるのである。」(p. 126)

(2) 「各原子が、宇宙がその全存在とともに、こうしてたえず自己を革新する、しかもそれぞれがみずからの永遠の行動についてもつ独自の習慣によってそうするのである。このような力動的な記憶によって、生命だけではなく、われわれが物質とよぶもの、エネルギーとよぶものもつくられる。エネルギーとは大きな記憶にすぎない。秩序ある運動体系と力動的調和を発展させる指導的なたましいがつくられるのも、ただ記憶によるのである。各原子はこの運動と調和によって宇宙の均衡を形成する。」(『シロエ』(p. 10–11)

(3) なお、次に引用されるライプニッツのモナドロジーにおいては、時間と空間も現象の秩序として考えられている。

「ライプニッツによれば合成的実体は真の実体ではなく現象である。空間は時間と共にその現象の秩序たるに止まる」(河野与一『単子論』訳注。岩波文庫、二一三頁)

(4) 以下要約は紙幅の都合で省略する。

第三章　進歩の観念と不連続な時間の直観

Ⅰ　反復と自由

第三章にはメーテルランクからとったエピグラフがそえてある。
「もしわたしがこの世でもっとも愛するかたから、もっとも深い隠れ家を、もっとも攻撃から遠い隠れ家を、だがもっとも心地よい避難所はどこか、そのかたの選ぶべきところはどれか、と問われたとするなら、みずからを向上させるこころの避難所にあなたの運命を託しなさい、とわたしはいうことだろう。」(p. 101)「みずからを向上させる」と訳した s'améliorer は改善する、改良するという意味の動詞であり、進歩を求めるこころのあり方を端的に示している。

さて習慣は反復であることは論をまたない。しかし、バシュラールが開始という一見矛盾する概念を習慣に結びつけるとき、大きな疑問が生じるに違いない。まず、「習慣とは自分自身で反復し始める意志である」(p. 103) とバシュラールはいう。開始という概念はすでに胚子の作用として前章で解明されていたことを思い出さねばならない。

「胚子とは生きる習慣の開始である」(p. 88) というように、胚子という生命の起原の凝縮体の作用が習慣の開始という命令から始まったのである。生物にとって生きるということがこの命令に従うことだったということを想起しておこう。

しかし、習慣はたんなる受動的能力だけではなく、「その特色はみずからを教えながら構築する反復である。」(p. 104) ものの性質の発現は反復によって確かめられる。

さらに能動的な反復がおこなわれるためには「適切な分量の新しさ」が必要である。バトラーのことば(前掲書、p. 159) が引用されている。

「われわれの行動の仕方に、ほんのわずかでも新しい要素を導入することは、好都合である。新しいものはそこで古いものと混じり合い、それがわれわれの行動の単調さを耐えやすくするのだ。しかし、もし新しい要素があまりに異質であれば、古いものと新しいものの融合はおこらない。なぜなら〈自然〉はわれわれの通常の行動があまりに軌道から遠くはずれることも、あるいはまた、まったく逸脱のないことも、ひとしく嫌っているように思われるからである。」(p. 104)

この新しさの適切な分量の導入がふだんにおこなわれることが、「習慣はこうして進歩となるのである」(p. 104) といわれる原因なのである。新しい要素は変化の原因ではあろうが、なぜそれが進歩なのであろうか。ここでもやはり新しい要素をとり入れ、古いものと混合して新しいものになることが進歩なのだというふうに理解すべきなのであり、そうすれば進歩とは新しい環境へのよりよい適応のことだと見なすことができよう。もし適応できないような過度の新しさに遭遇した場合、われわれはそれを回避するか、逃避するか、あるいは敗北するかしかないのだから、新しさと古いものを融合させることは、変化への対応だけではなく、変化をのり越える意味をもつのである。

「そこから習慣の効果を維持するために進歩を欲する必要が生じる。あらゆる反復において、習慣を開始させる冒頭の瞬間のその本当の価値をあたえるのは、この進歩への欲求なのである。」（p. 104）

ではこの進歩への欲求はどこから生じるのか。生きることにはそのような欲求がふくまれているのであろうか。ループネルには永劫回帰の思想にも匹敵するような壮大な世界観があり、それには生命の継承と進歩についての確固たる信念の裏うちがあるのである。

「たしかに永劫回帰の思想はループネル氏の前に示された。だがこの多産で正しい思想も絶対的なものではありえないことをかれは直ちに理解した。ふたたび生まれることによってわれわれは生を強化する。《なぜなら、われわれは無駄に生きかえりはしないからだ！……再開がいつまでも自己同一的な永遠の恒常さによっておこなわれることはない！……われわれの頭脳のはたらき、われわれの思考は、つねにより多くのものを獲得する習慣の作法に従って繰り返されるのであり、そしてまた、たえまなく増加する肉体的忠実さも付与されている。たとえわれわれの過失が痛ましい周囲を悪化させ、その形態や結果を明瞭に現実化して一層悪化させるとしても……有益で役に立つわれわれの行為もまた一層堅固な刻印によって永遠の歩みの道筋をみたすことであろう。再開するたびに、何らかの新しい堅固さが行為のなかにもちこまれ、その結果、それまで知られていなかった豊かさが少しずつもたらされるのだ。行為は永遠に続くとはいうまい。行為はその起原とその結果の正確さが増加するとはいわないでおこう。われわれは仕事が進んでいくように自分の新しい生をいきる。しかし生は生に対しその新しい足跡をすべて遺産として贈っている。行為は、つねに厳密さに一層留意しつつその意図と結果をふたたびたどり、そしてまだ完成されていなかったものを完成させる。また寛大さはわれわれの仕事のなかで大きくなり、われわれのなかで増大する！……昔の世界において感覚をもつ粘土、悲しい泥土としてわれわれが原始的なたましいを地上にひきずっていたのを目撃したひとは、偉大な息吹きの下にある〔今の〕われわれを同じものと認めるであろうか。……われわれは遠くから温い血を宿しつつやってきた……そしてわれわれは今や翼をもった〈たましい〉、〈嵐〉のなかの〈思想〉なのである！……》（『シロエ』、p. 104）。」（p. 105）

バシュラールはループネルの主張を永劫回帰ではなく「永劫のやり直し」（p. 106）の理論だとみなすのである。

「それは企ての不連続の中での勇気の連続を、事実の断絶にもかかわらず理想の連続を示すからである。ベルクソン氏が延長される連続を語るつど（『持続と同時性』p. 70参照）、（つまりわれわれの心の奥での連続、意志の動きの連続性）を論じるたびに、われわれはつねに、そこで問題になっているのは自己を回復するひとつの不連続の形態なのであるというふうに翻訳することができる。〔なぜなら〕効果的な延長とはすべて添加であり、同一性とはすべて類似なのだからである。われわれが自分の性格のなかに自分自身を再認するのは、われわれが自分自身をまねるからであり、このようにわれわれの個性とはわれわれの名前をつけられた習慣だからである。われわれがひとつの心の統一を未来に向かって運ぶことができるのは、自分の名前と自分の威厳――貧しいもののこの気高さ――を核として自分を統一するからである。われわれがたえず作りなおす写しはさらに改善されねばならず、そうしなければ、役に立たないモデルは色あせ、美的恒常性にすぎないたましいは分解してしまうのである。」（p. 106）

延長が有効であると判定される場合、それは新しいものの添加と考えるべきであり、同一性は厳密には成立せず、類似にとどまるのだという断定も、瞬間の不連続の立場からの発言であり、個人の性格、個性、自己同一性もまた同じである。

「モナドにとって、誕生することと復活すること、開始することとあるいは再開することは、つねに試みられている同一の行為である。しかしもろもろの機会はかならずしも同一ではなく、すべてのやり直しも同時的ではなく、すべての瞬間も同じリズムに従って利用されたり結びつけられたりするわけではない。機会は条件の影にすぎないので、存在を復活させ、そして始められた仕事をふたたびとりあげる諸瞬間のただなかに、すべての力はとどまっている。自由の姿をとる本質的な新しさは、このやり直しのなかで出現し、したがって不連続の時間の更新によって、習慣は進歩ということばのすべての意味で、ひとつの進歩となることができるのである。」(p. 106–107)

モナドとの相違、反復と自由の問題があらためて整理される。さらに今度は過去が次のように定義される。

「〈過去〉はおそらく存続しうるが、それはただ真実として、ただ合理的価値として、進歩への調和のとれた願望の集合としてのみ存続しうるのだと思う。」(p. 107)

まず過去が習慣の大きな骨格を形成していることは間違いない。それはしかし真実 vérité だ、とはどういう意味なのだろうか。存在があるための合理的価値としての過去というのは、習慣の存在を肯定するならば、過去はそのまま真実として首肯されなければならないということなのであろうか。逆に時間の流れにそのことをすえてみれば、まさに「進歩への調和のとれた懇願」として、この合理的価値—過去の習慣を見ることができるに違いない。

「過去はいってみれば現実化するのが容易な領域であるが、過去が成功であった割合に応じてのみ現実化されるのである。したがって進歩は論理的かつ美的条件が恒常化することによって確保されるのである。」(p. 107)

過去が残存することはこのようにさまざまの障害を克服した結果なのだから、過去の存在とはひとつの成功のあかしであり、ひとつの価値あるものであり、それなりの合理性を示すのだといえよう。だからこそでいわれている進歩とは、過去が現実に生き残るプロセスを「論理的かつ美的」な観点から肯定的に見たことばなのであろう。肯定的といったが、もし否定的な見方があるとすれば、過去を別の理想的・批判的観点から見たものに違いあるまい。それはともかく、論理的かつ美的という二つの条件が恒常化することにより進歩が保証されるということは、やはり結果から見て、それを肯定した表現に違いないであろう。

ループネルの胚種観をバシュラールは引用する（『シロエ』、p. 55）。「今保持されている類型は、それらの歴史的役割ではなく、現実の役割の比率に応じてその状態にある。胚種の形態は、もはやきわめて遠くからしか歴史的生の古い条件に適用された特殊な形態を呼びおこすことはできない。それらの形態を実現させたこのような適用は、もはや現在の名で呼ばれはしない。もしお望みなら、転用された適用とでもいっておこう。それらは他人の用に供せられた類型であるから、掠奪者に奪われてしまった戦利品である。それらの間にある活発な相互依存性は、すでに消滅した独立性にとってかわる。」（p. 108）

バシュラールは「ひとはここに、ライプニッツ的直観に従って過去に運命の重荷を負わせる予定調和説に対し、現在調和説の優越性をまた見いだす」（p. 108）と評している。なぜなら進歩というのは、現在の存在を豊かにする「もっとも整合的で、もっとも堅固な理由」（p. 108）だからだというのである。もう一度生物学的用語で述べるなら、「同化は生殖〔再生産〕が進歩する程度に応じて進歩してきたのだ」という『シロエ』（p. 108）の表現となるであろう。

厳密にいえば再生産はそのつど新しい要素をとり入れ、新しい諸条件を克服してきたのであり、同化はそのプロセスをすべてふくむから、そこに進歩の要因が内包されているのだ、ということになるのである。

II　進歩と瞬間

この進歩の観点からもう一度習慣を見直してみよう。なぜなら進歩の観念は「論理的には再開と反復の観念に結びつく」（p. 109）からである。ループネルの説明を聞こう（『シロエ』、p. 157）。

「習慣はそれ自体すでにひとつの進歩を意味している。再開される行為は、後から獲得された習慣の効果によって、より一層の迅速さと正確さをもって再開する。行為を実行する動作からは過度な大きさや無用の複雑さがなくなる。つまりそれらは単純化され、短縮される。付随的な余計な動きは消失する。行為は消費を厳密に必要なものと、十分なエネルギーと、最小限の時間に限定する。活力が改良され、正確になると同時に、仕事と結果が完全なものとなるのである。」（p. 109）

何度もいうように、習慣の再開・反復がまったく自己同一的であるならば、そこには何の変化もない。断絶としての瞬間と偶然という要素を導入したことにより、単純な反復はむしろ不可能であって、たえず新しさに直面し、それを同化することがせまられる事情がすでに明らかにされたのだが、行為の習慣的反復ということ自体にも、最初の行為とは違った合理化、経済化、省力化があり、スピードアップと正確さの向上とが認められるのである。これはさしずめ学習効果ということになるであろう。こういった習慣の反復自体におけるいわば内在的進歩の要素も否定できないのである。

しかしそのことをそのまま消滅した過去の効用だとしてはならない。過去の効用はあくまで見かけのものにすぎないとループネルはいう（『シロエ』、p. 157–158）。

「われわれに客観的時間の現実性を信じさせ、そこから見せかけの効果を受けとらせる恒常的幻影にわれわれはいつもだまされている。存在の生において、相互に継起する二つの瞬間は、相互に独立性を保つが、その独立性はその二つの瞬間が演奏する二つの分子的リズムの独立性に対応する。二つの状況が逐次的に生じるときには見落とされるこの独立性も、直接連続していない現象を考えるときには、明確になってくる。しかしそのようなとき、われわれはそれを、二つの状況を遠ざける持続や、それらを区別する無関心のせいにしようとする。実際には、われわれが持続に対して、このような溶解するエネルギーと分離する力を認め始めるときには、持続の否定的性格やその無の容量からいって当然だということをただ認め始めているにすぎない。持続はその分量が多かろうと少なかろうと、つねにひとつの幻影にすぎない。だからそれは無力で、もっとも現在的要素のとぼしい外面的現象と、もっとも逐次的でない外面的現象とを区別などしないのである。」(p. 110–111)

引用の途中ではあるが、持続についての批判の第一点として、その無的性格を指摘しておかねばならない。持続の時間の無性格さ、その間に何の変化も存在しない、構造の不在を無というのであろう。

「したがって逐次的な現象の間に受動性と無関心が存在する。われわれがすでに示したように、真の依存関係は同質の状況間の対称性と準拠とによってつくられる。エネルギーがその行為を刻みつけ、そのしぐさを型に入れるのは、この対称性に対してであり、この準拠にである。したがって瞬間の真の姻戚関係は存在の状況の姻戚関係に適合するであろう。もしひとがなんとしても連続的持続を欲するならば、それはつねに主観的持続であろうし、生と諸瞬間の関係は同質的系列に準拠することになるであろう。」(p. 111)

このあとに『シロエ』においてはきわめて生物学的な観点から、持続と瞬間の問題が論じられているので、右の引用を理解するためにも参照しておくことにしたい。

「しかし、両性混合〈両性配偶子の合体による通常の有性生殖〉は準拠点の二つの複合体の和解を要求するのであるから、もっとも明白な時間的姻戚関係は系統発生の秩序に属する状況に準拠するような姻戚関係ではないであろう。それは同質性が準拠のあらゆる点のほとんど完全な対称性であるような、コスミックな秩序に属するあの状況の表現となる姻戚関係であろう。消滅したひとつの〈ユニヴェール（宇宙）〉の奥底からわれわれに呼びかける個人は、われわれとは兄弟のように類似している。そして個人のうちなるすべてが、かれはすでにわれわれの存在とわれわれの意識の個々の瞬間であると叫ぶのである。どんな小さな特殊な些細事であっても、この古い存在の様相のどれかを再びとるように、われわれに要請するこの峻厳なきびしさから免れるすべはない。この古い存在はわれわれの年齢とはかけはなれたところにあり、しかもすでにわれわれ自身であり、そしてすでにわれわれが生きる瞬間をほとんど手にしているのである。」（『シロエ』、p. 158–159）

このユニヴェールとは、記憶の根底にかかわる世界である。〈存在〉とか〈ユニヴェール〉の各状況において復元される無限に複雑な記憶は年齢の奥底に置かれている。それはたんにひとつの世代の歴史であるだけではなく、われわれの現在の存在が規定されている直接的準拠からわれわれを分離させるひとつの〈ユニヴェール〉全体の歴史である。」（同書、p. 157）

個人を種の系譜の中にすえて、それを巨視的に見ればこのような姻戚関係が見えてくるのであり、さらに個人の行動も、大きな本能的なものから些細な行為にいたるまで、種の系譜の中に書きこまれているということなのである。

「コスミックな状況の準拠の上に構築されるかもしれないこの論理的持続がいったいどんなものか、想像してみようではないか。……この準拠される二つの状況は完全なシンメトリーをなしており、対応する二つの生と諸瞬間はほとんど同一性といえる姻戚関係をもつ。それはつまり、きわめて完全な二つの類似物のあいだに、ひとつの間隙をしのびこませることがほとんど不可能であるということにひとしい。そして結局のところ、もっとも論理的だとわれわれに思われたこの持続は存在しないのである」(同書、p. 159)。

ここから分かるのは、二つの状況が完全にシンメトリーをなすなら、そこに差異をたてるきっかけとなる間隙さえないのだから、同一性しかありえず、したがってそこには持続は存在しない。つまり同一性は持続ではないという判断なのである。

ところがループネルはこのような論理的持続ではなく、現実の持続の可能性を次のように認めるのである。

「実際には持続は存在している。コスミックな秩序に属する二つの準拠状況の間には、だから絶対的な同一性は存在しないのである。後の状況は先行状況に対し有利さを有する。後の状況は習慣のもたらす結果の恩恵に浴する(からだ)。」(同書、p. 159)

ここまでがバシュラールの引用しなかった箇所である。そして次のコメントが続く。

「瞬間群のこの同質性あるいはこのシンメトリーから出発して、もう一歩進めば――つねに間接的にとらえられた――持続がその進歩によってしか力をもたないという考え方に近づくであろう。」(p. 111)

それは「おそらくひどく微弱ではあるが、論理的には否定できない完成であり、瞬間の区別を導入することに、したがって、持続の要素を導入することには十分なのである。しかし、われわれはこの持続がダイナミックな進歩の表現以外の何ものでもないことを知っている。そしてすべてをダイナミスムに導いてきたわれわれは、持続がもし存在するなら連続的持続とは進歩の表現であるとごく簡単にいうであろう。」

(『シロエ』、p. 159)(p. 111)

この進歩への時間、瞬間の方向性を先にクロノトロピスム(時間的トロピスム)と名づけたが、微視的にも巨視的にもその存在が確認されるのである。バシュラールはさらにこの観点を逆転させる。

「そこで完成の尺度は活発なクロノトロピスムによって集合された瞬間の群に直接適用されうることが分かる。奇妙な換位命題により、美的か倫理的か宗教的な意味でひとつの進歩があるのだから、ひとは〈時間〉の歩みに確信をもちうるのだといえよう。諸瞬間が区別されるのは、それらが多産だからである。瞬間はそれが現実化する記憶のために多産なのではなく、進歩のリズムにうまく合致した時間的新しさが加味されるという事実によって多産なのである。」(p. 112)

このように見かけの持続すら瞬間の多産さによってのみ存在が認められるのであり、また進歩の表現ともなるのである。しかも美的、倫理的、宗教的な進歩というきわめて具体的な価値の進歩が時間の進歩と裏腹の関係にあることも明らかにされる。

ここからバシュラールはもう一度ベルクソンの持続のイマージュであるメロディーとの比較に入る。「進歩と純粋持続のこの等式」を理解し、「更新という時間の本質的価値を時間の勘定に記入することの必然性」(p. 112)をもっとよく理解するためである。

「ベルクソン氏は時間的所与を単純化するため、かれもまたメロディーを出発点とする。しかしかれはメロディーが音の多様性によってしか意味をもたないことを強調するかわりに、また音自体がひとつの多彩な生をもつことを認めるかわりに、さまざまな音たちのあいだのこの多様性と一個の音の内部にあるこの多様性を排除することによって、究極の画一性に達するのだということを証明しようとするのである。換言すれば、音から感覚的素材を取り除くことによって、基本的時間の画一性を見つけられるのではないかというのである。われわれにいわせれば、この方向をたどることは無の画一性に行きつくだけである。」(p. 112–113)

このような批判のあとで、バシュラールは独自の音楽観をうちだす。

「もしわれわれができるだけ客観的に単一化された一個の音を検討するなら、この単音が主観的な意味で単一形式ではないことに気づくだろう。刺激のリズムと感動のリズムとのあいだに同時性を保持することは不可能である。どんな小さな経験においても、音の知覚は単なる加重〔複数の刺激が重なり合って単独刺激より大きい効果を与えること〕ではなく、振動が同じ位置を占めないのだから、同一の役割を果たしえないことを認めるであろう。その証拠に、何の変化もつけずに引きのばされる音は、オクターヴ・ミルボー(1848–1917. フランスの作家)が詳細に述べたように、まったくの拷問にひとしいのである。単一形式についての同じような批判はあらゆる領域にみられるだろう。ただ単なる反復は有機体の世界でも無機物の世界でも同じような効果をあたえるからである。あまりにも単一形式的なこの反復はもっとも硬い物質に対してはひとつの断絶の原理となる。その物質は単調なリズムのもとに力を加えられると破壊されてしまう。だとすると、音響感覚の心理学に従って、ベルクソン氏のように、もっとも純粋な音を延長するだけで音が性質を変えるという場合、《あとに続くものの中における先立つものの連続について》、また〈多様性なしに増加され、中断のない推移》や、《分離のない継続》についてどう語ればよいのだろう。」(p. 113–114)

ベルクソンの持続にとって音楽やメロディーはあくまで比喩的存在であり、持続は純粋な内面の抽象的観念としての音楽だといっても、そこに延長や変化というものが想定される以上、このような批判にどう反論できるのだろうか。バシュラールはあくまでレアリスムの立場から具体的な音楽的経験をもとに批判しているのである。

「しかし延長によって苦痛になる音をとりあげることをやめ、音にその音楽的価値を残すなら、適切に延長された音が更新されて歌うことをわれわれは認めなければならない。一見単一形式と思われるひとつの感覚にひとが注意を集中するなら、それはどんどん多様化するであろう。感覚の所与を単純化するような思索を想像することは、まさしく抽象化の犠牲になることである。感覚は変化させられるのであり、単一形式化するのはただ記憶のみである。」(p. 114)

「ベルクソン氏とわれわれのあいだにはしたがって相変らず同じような方法の相違がある。かれは、出来事にみちた時間を、出来事を意識する次元でとらえ、ついでそれらの出来事を、あるいは出来事の意識を、少しずつ消去していく。そこでかれは、出来事のない時間、あるいは純粋持続の意識に達すると思っているのだ。」(p. 114)

これはさきに見た音の純化と同じ方法によってベルクソンの特徴を示した個所である。それに対しループネル、バシュラールの立場にはいささかの曖昧さもない。

「逆にわれわれは意識的瞬間をふやすことによってしか時間を感じることはできない。もしわれわれの怠慢が思索の緊張をゆるめるなら、おそらく自分たちが持続しているという多少漠然とした感情をもつのに十分な、感覚器官と肉体の生によって豊かにされた瞬間が、なおも残されるということはあるかもしれない。しかし、いまもしこの感情をさらに明確にしようと欲しても、その解明は思考の積み重ねのなかにしか見いだせないだろう。時間の意識とはわれわれにとってつねに瞬間の利用の意識なのである。それはつねに能動的であり、けっして受動的ではない。要するにわれわれの持続の意識は、われわれの内部存在の進歩の意識であり、この進歩が実効あるものであれ、見かけだけのものであれ、あるいはただ単に夢想されたものであれ、それは問わないのである。進歩するものとしてこのように組織された複合体はさらに明快で単純であり、はっきり更新されたリズムは単なる反復より整合的なのである。」(p. 114-115)

この利用、実用という現実の効用を重視した表現も、明らかにベルクソンの持続の抽象性、無効用性を念頭においていわれているのである。

「さらに、このあとわれわれが――頭をしぼった構成によって――われわれの思索の中で単一形式に到達するとすれば、それはもうひとつ別な征服であると思われる。なぜならいくつかの創造的瞬間を秩序だてることによってこの単一形式を見いだすからであり、たとえば、整序された無数の思考をそれぞれ独自に保つところの、一般的で多産なこれらの思考のひとつのなかに、この単一形式を見いだすからである。したがって持続とは豊かさなのであり、ひとは抽象化によって持続を発見することはない。意識されてしかもよく整えられた新しさに満ちた具体的瞬間を――相互にふれあうことなく――次々に背後に並べていくことによって、持続の横糸をなすのである。持続の整合性とは豊富化の方法の調整である。単なる単一形式など、抽象的世界におけるものか、無の記述でなければ、論じることはできない。究極まで突き詰めるべきものは、単純性の側ではなく、豊かさの側にあるのである。

現実にある単一形式の唯一の持続は、われわれの見解では、一様に変化した持続、つまり進歩する持続である。」(p. 115)

単純/複雑、純粋/複合、単一形式〔画一性〕/多数性、抽象/具象、受動/能動、流動/進歩、といった多くの対立語を手がかりに、時間の構造が解明されるのであるが、持続に構造をあたえるのは瞬間によるほかないことも、このように解明されたわけである。

Ⅲ　時間の基底に存在するもの

ループネルの時間論はバシュラールにいわせると「この世でもっとも明瞭な現象主義（ヒューム、ルヌーヴィエら）のひとつに対応している」(p. 116) し、『シロエ』のなかで時間は「実体として、それと同時に属性としても、捉えられている」が、ここでは「持続、習慣、進歩を効果の恒常的交換作用としてなりたたせるのが、実体をもたない奇妙な三位一体であることが理解される。」しかもこの「生成の基本的三現象が完全な等式」(p. 116) をなすのである。これはもちろんループネルの「直観的単位《ユニテ》」であって何ら論証的なものではない。繰り返しいうが、「持続も習慣も進歩も瞬間の集合体にすぎず、時間の現象のもっとも単純なものである。この時間現象のいずれも存在論的特権をもつことはできない」(p. 117)。いうまでもなく存在論的特権をもつのは瞬間だけだからである。

そのため「われわれはこれら三つの関係を二つの方向で読むことも、二つの方向でそれらを結びつける円環をたどることも自由にできるのである。」(p. 117)。

これは実はループネルの新しい観点を導入するためのステップにすぎない。

その目標とは次のような驚くべきことである。

「進歩と持続の形而上学的綜合は、ループネル氏をその著作の終りで、われわれに〈時間〉を分配する〈神性 Divinité〉の中心に、完全性を登録させることによって、〈完全性〉を保証することに向かわせる」(p. 117)。

すでに存在が漠然と予告されていた神性 Divinité がやっと出現する。時間を配分する存在であるこの神性は造物主なのであろうか。その属性に完全性を登録するとは、どういうことなのであろうか。創造の神の行為に間違いなどありえないということの事後的確認なのであろうか。いずれにせよわれわれは当時の科学の大前提たる壮大な神話に達したわけである。

人間はその神性の認識に一挙に到達することはできない。しかし「神の超越性はわれわれの欲求の内在性 immanence に即してかたちづくられる」(p. 117) のだから、ということは、神性の内容を知ろうとする人間の欲求が、神性を決定するということなのだろう。しかもそういう人間の行為自体が、神性によってわれわれのなかにすでにあたえられている。だからそれはわれわれに不可知ではないのだ。『シロエ』(p. 162) では次のように述べられている。

「不可知なものは、それを説明する原因ではないとしても、少なくとも、それが姿をかくす形をわれわれが知覚するとき、それはもはやわれわれの手のとどかないところにあるのではない。」(p. 118)

バシュラールは「それゆえ、われわれの欲求や希望や愛は至高の〈存在〉を外側から描くことになるのであろう」(p. 118) というふうに説明する。

そして宇宙的な愛がいよいよ登場する。もう理性的な証明ではなく信念のレヴェルの問題なのである。「〈愛〉! われわれの精神性のうちで、事物の本性を構成する内的調和と、全〈宇宙〉を現実化する荘厳で雄大なリズムとに合致し、言語的に取り込むものが、愛ということば以外にあるだろうか。(『シロエ』、p. 162)。」(p. 118)

ループネルは宇宙の構成要素を物質とエネルギーとに限定し、エネルギーを大きな記憶だとみており、この記憶は宇宙をうごかすシステムあるいはリズムの記憶なのだとすでに述べたが、宇宙を構成するもうひとつの要素、時間にも方向性を設定する必要がある。それが愛なのであろうか。

「諸瞬間がいくばくかの持続をつくり、持続がいくばくかの進歩をつくるためには、〈時間〉の基底そのものに〈愛〉を登録しておくべきであろう」(p. 118) とバシュラールは盲人を見えるようにするというこの『シロエ』の神話的な愛を全面的に認めるのである。瞬間を集合する方向を無方向な偶然から救うものは、この愛という超理性的な存在しかないし、それは詩人のポエジーに近い。

「このような優しい文章を読むと、だれでも詩人がみずからのシロエの内密で神秘的な泉に向かってふたたび歩いているのを感じる……。」(p. 118)

バシュラールとしては、この詩的な宇宙的な愛を一笑に付すのではなく、むしろ「われわれが自分の夢を追うのはこの〈愛〉の合理的性格を見つける努力をするという方向である」(p. 118) といって、あくまでも合理論的な立場の模索を続けるのである。

始原への思考を停止させるバシュラールにとって「内的な進歩のさまざまの道は論理と普遍的法則の道である。」なぜなら「人間のたましいにその意味と深さをあたえるような大きな思い出は、それが合理的になりつつあるときひとはふとそれに気づくものだからである。」(p. 118–119)

「そのひとのために涙を流すことが合理的であるようなひとのことしか、誰も長い間悼むことはできない。そのとき忘却を求めることなく心を慰めるのはストイックな理性なのである。愛することにおいて単独なものはつねに小さく孤立している。それは感情の習慣となる規則的リズムの中に位置を占めることはできない。ところが愛の思い出のまわりにはなんなりと個別的なものを置くことができる。さんざしの生垣、花を飾った玄関、秋の夕暮、五月の夜明けなどなど。誠実な心はつねに変らない。舞台は変りうるが役者はいつも同じである。愛する喜びは本質的な新しさをともなって驚かせたり感嘆させたりできる。しかしその喜びを深く生きるひとなら単純素朴にそれを生きているのである。悲哀の道も同じように規則的である。ある愛がその未来を失ったために神秘を失ってしまい、運命がその書物を唐突に閉じて読むことを止めたとき、記憶の中に、悔恨の変奏の下に、人間の苦悩のあの明快で単純で普遍的なテーマが認められる。墓の入口でまだギュイヨーは哲学者の一行を口ずさんでいた。《もっとも甘美な幸せとはひとの望む幸せである》。われわれの方は次のように答えよう。もっとも純粋な幸せは失われた幸せである。」(p. 119)

宇宙の愛が日常的な愛と通底していることを、さんざしの生垣や五月の夜明けが示しているのであり、個別の愛に通じる道を求めるなら、そこに理性の道があるということなのであろうか。もちろんそのためには習慣と進歩の最高の到着点としての現在の栄光を認めることも必要なのである。

宇宙を動かす大原理としての愛と、真摯なたましいの個別の愛とが一本の道で結ばれているという意識。(それはむしろ逆に人間の願望のうみだした超越的存在の愛のかたちなのではあるまいか)。しかしそれが人間の理性の方向を示しているのだというのであれば、ユマニスムに基づくコスモス像だといえるのであろう。物理的、生物的時間の瞬間の進化を支えている真理としての愛への信仰が語られるのである。

「深い愛は存在のあらゆる可能性の整序である。というのはそれは本質的に存在への準拠であり、時間的な調和の理想であり、そこでは現在がたえず将来の準備に専念するからである。それは持続であると同時に、習慣であり、進歩である。」(p. 120)

「ひとが愛し、悩むから、時間はわれわれの中で延長されそして時間は持続するのだ」(p. 120–121)、という驚くべき発言にいたる。なぜだろう。愛が瞬間を誠実に深く生きさせるのだし、悩みとは新しい瞬間の訪れがなくては起こりえないではないか。バシュラールは〈時間〉が本質的には情動的だといったギュイヨーの『時間観念の形成』から「過去と未来の観念はすべての道徳的苦悩の必要条件であるだけではなく、ある見方からすればその原理なのである」（同書、p. 182）を引用してその裏付けとしている。「われわれは未来への単なる配慮からわれわれの空間や時間をつくるのである。だからこそわれわれの存在は、われわれの心や理性の中で〈ユニヴェール〉に対応しそして〈永遠性〉を要求するのである。」（p. 121）

「われわれは自分が生きているという事実、われわれが愛しまた悩んでいるという事実によって普遍的で恒久的な道をすでに歩んでいるのだ。」（p. 121）

「もしわれわれが可能性の調和を自分の中に聞きとる英知をもつならば、瞬間の無限のリズムが現実性をもたらし、しかもそれが相互に正確に補足しあい、〈存在〉の源泉において苦悩と歓喜が最終的には合理的性格をもつことを理解するだろう」（p. 122）とバシュラールはいう。だが、「苦悩はつねに贖罪に結びつき、歓喜は知的努力に結びついている」（p. 122）というとき、理神論的なこの愛はきわめて倫理的であり、あえていえばキリスト教的世界観の色彩をおびてくるのではあるまいか。

さらに存在は進歩に役立つものしか存在させないという、大自然の摂理の肯定へと論は進められる。持続は「瞬間の結合のための充足理由律をもつ原理の最初の現象」であり、進歩を認めるとすれば、「内的持続とはつねに英知である」（p. 123）ということもできるであろう。

しかしそれは事物の中に予定調和を置くことではなく、あくまでも「理性の中における予定調和によってのみはたらくものである。」この全面的な理性への信頼こそ、宇宙的な意志への確信というものが、単なる受動的な運命甘受とは別種の、あくまでも積極的な人間中心主義の世界観の根源なのだといえるのではあるまいか。

「時間のすべての力は革新的な瞬間の中に凝縮されている。シロエの泉のかたわらで、歓喜と理性を同一の身ぶりでわれわれにあたえ、また真と善によって永遠の存在となる手段をあたえたもう聖なる贖主に

ふれて、心眼がひらくのである。」(p. 123)

のちにバシュラールを批判するセールの根本的な立場は、理性の産物たる科学が原爆を生みだし広島の悲劇をまねいたという反省に立っている。バシュラールとループネルの人間の理性への無条件な讃歌は、第一次大戦という少なくともフランスにとっての悲惨な教訓も二人をゆるがすことがなかったのだろうかといいたいほど、世界に対し肯定的であり、明るく響いているように思われる。しかしそれはむしろバシュラールが三八ヵ月におよぶ塹壕体験からひきだした英雄的な決意なのかもしれない。

Ⅲ むすび

『瞬間の直観』の「結論」部分はもはや全編の要約とかそれから導き出された論理的な帰結というよりも、ループネルの芸術観の解説と『シロエ』への讃辞であるといっても過言ではあるまい。

なぜ芸術かといえば、ループネルが〈芸術〉の中に「創造の諸原理そのものに一層直接的に適合した手段」(p. 124) を見いだしたからである。そして芸術のコスミックな壮大さ、その孤独と宇宙的なリズムの合一が語られ、さらにループネルの根本的メランコリーが解明される。

芸術はまず瞬間の新しさをとりこむ存在の創造的活動を、まったく自由にみずからの存在理由とするから、人間の表現、感覚、感情、たましいに対し、本来の在り方を教え、自然、宇宙の在り方に目を開かせるものなのである。

「〈芸術〉がわれわれを文学的芸術的慣習から解放する……それは、われわれのたましいの社会的疲労をいやし、摩滅した知覚を若返らせる。それは堕落した表現のなかに活発な意味と現実主義的な表象を復興する。芸術は感覚作用のなかに真実味を、感情のなかに誠実さを導入する。感覚やたましいの強さがいささかも失われておらず、透視力もそこなわれていなかったかのように、芸術はわれわれに感覚やたましいの利用を教える。それはあたかも、ただこのとき健全な突然の啓示に接したかのように、〈宇宙〉の見方と聴き方を教える。芸術はわれわれのまなざしの下に、目ざめつつある〈自然〉の恩寵を導いてくる。新しい創造から流れだす原初の朝の魅惑的な時間を、芸術はわれわれに取りもどしてくれる。芸術はわれわれを〈自然〉のなかで生まれる声を聞き、大空の出現に立ちあい、その前で〈天空〉がひとつの〈未知〉として立ち上るいわば驚異の状態にある人間にするのである。(『シロエ』、p. 198)」(p. 125)

芸術が人間に〈未知〉なるものへの驚異を啓示する。そして芸術はどんな小さな未知なるものからも、壮大なコスモスへと人間を導いていくものなのだ。芸術の創造と享受において個別的限定的経験をつきぬけて、広大な普遍性へいたる道の発見が語られている。

他方、芸術の普遍的ないとなみは、理性のように孤独ないとなみである。「〈孤独〉とは〈芸術〉そのものだ」といえるほど。なぜなら、苦しんだあとではじめてわれわれは「自己の心の孤独な高みに達する。……そのとき屈辱的なきずなをたち切ったたましいは、秘められた神殿にもどるからである(『シロエ』、p. 198)。」(p. 125)

孤独ないとなみとしての芸術。個人の内面で苦悩の中に到達される孤高の境地がまず示される。この芸術は既成の作品ではなく、今作られつつあるものである。

そしてループネルの芸術観は次のように続けられる。

「〈芸術〉とはこの内なる声を聞くことである。それは隠されたささやきをわれわれにもたらす。それはわれわれのなかで切り離せない永遠の土台の上にある超自然的な意識の声である。それはわれわれの〈存在〉の根源的な光景のなかに、またわれわれが〈宇宙〉全体のなかにあるような無限の〈場〉に、われわれを導いていく。われわれのあわれな断片は芸術のなかでは宇宙的な位階をとり、それが保持する権威をわれわれにあたえる。〈存在〉を分割し〈個人〉を組み立てる非連続的な主張をすべて征服することによって、〈芸術〉は〈ハーモニー〉の意味となる。〈世界〉の甘美なリズムによってそのハーモニーは復元され、われわれを呼ぶ〈無限〉へと導いていく。」(p. 125–126)

別のことばを使うならば、これはコスミックな夢想の世界であり、詩的な宇宙論の世界だといえるであろう。バシュラールが科学とともに愛した詩的想像力の世界ではないだろうか。次のループネルからの引用を聞こう。

「このようにしてわれわれのなかですべてが絶対のリズムにまきこまれる。そこでは〈世界〉の完璧な現象が繰り広げられる。そのとき、われわれのなかで、すべてが至高の方向に整序され、すべてが内密な透視力によって解明される。光はその使徒的意味作用をはじめる。線は無限の調和に神秘的に連合するという優美さを繰り広げる。また音は全〈宇宙〉が歌っている内的な道の方向にそのメロディーを展開する。熱烈な愛、宇宙的な共感がわれわれの心を求め、すべてのもののなかでそよぐたましいにわれわれを結びつけようとする。

みずからの美をもつ〈宇宙〉は、みずからの音をもつ〈宇宙〉であり、われわれがいままでそれにあたえていた古いイマージュは、神秘のなかから出現する絶対の表面から脱落する。」(p. 126)

このような宇宙的音楽への愛こそ一九三〇年代の科学者たちの研究を支えていた信念なのであろうか。

さてバシュラールは一見オプティミストと思われるこのループネルの啓示的体験を〈瞑想的な贖い〉と

名づけている。その根底には濃いメランコリーが流れているのだ。

「この瞑想的な贖いの根底には、たったひとつの行為において、生をそのすべての内的矛盾とともに受け入れることを許すひとつの力が存在する、とわれわれは思う。ループネル氏は瞬間の両端に絶対的な無を置くことによって、ひとつの運命のイマージュの全貌が、突然のひらめきを受けて意識の行為そのもののなかに読みとれたといえるほど、強烈な意識─良心に導かれたにちがいない。」(p. 126–127)

もっと具体的にいうならば、それはこうだ。

「ループネル的なメランコリーの深い原因は、おそらく次の形而上学的必然に由来する。それはつまり、悔恨と希望を同一の思考のなかに保持しなければならないということである。相反するものの感情的綜合、これが生きられる瞬間である。」(p. 127)

ループネルの思索の個人的な基盤を、バシュラールは「悔恨と希望を同一の思考の中に保持する」矛盾として捉えたのである。それはつまり悔恨をのりこえて希望するという生きるための根本的な立場を瞬間化したのだといえよう。

「その上、一般的にいえばわれわれはすぐ時間の感情的軸を逆にして追憶の中に希望を置き、夢想の中であざやかにその追憶をよみがえらせることができる。逆に未来を眺望して絶望することもある。たとえば人生の絶頂の年齢のある瞬間に、もはや従来の希望を明白に延ばすことができないことが分かるからである。」(p. 127)

人生の苦さは、「生成の交響曲の中で自分のパートを演奏するようにうながすリズムをもはや聞けないことだ」(p. 127) とまでバシュラールは断言する。この表現に隠された苦しさとはいったいどんなものだったのだろうか。「そのとき〈微笑む悔恨〉が〈死〉を招き、〈物質〉の単調なリズムを子守歌のように受

け入れるように勧めるのだ。」（p. 127）

バシュラールの『シロエ』に対する讃辞はこの書がふくむ克服の力とでもいうべきものに向けられる。

「この苦くてしかも実際は優しい作品の中では、陽気さはつねにかちとられた結果なのである。善意が悪の意識を断固として克服するのは、悪の意識がすでに贖いへの欲求だからである。ペシミスムが明快な認識であるのに対し、オプティミスムは意志である。」（p. 128）

これはバシュラールの根本的な人生観とでもといえる考え方であるが、悪の意識が善への行動を目ざめさせ、そして善への強い意志が結局は存在を動かしている、というこの信念こそはかれがループネルと共有するものなのである。バシュラールの全著作に流れている独得のオプティミスムもかれ自身の強力な意志によって選ばれた態度であることが分かる。

「人間の心は反対の観念に対してもっとも強力に整合し一貫化する力である」（p. 128）ということを実感させるのがこの『シロエ』なのである。

しかも「『シロエ』を読みながら、自分なりの解釈をつけ、重苦しい山のような矛盾をわれわれも背負うことを理解したが、しかしまたすぐこの作品との共感共鳴が、自分のおかした錯誤過失から引きだす教訓について自信をもつようにしてくれたのである。」（p. 128）

この錯誤から学ぶ重要性は『科学的精神の形成』（一九三六）において体系的に考察されるが、その心情的な確信がここで明快に表明されていると見ることができよう。

しかしこの本は、大きな錯誤による失敗のどん底で、つまり孤独な、むしろ孤立無援のときに、力をあたえてくれるものなのである。これこそバシュラールが塹壕の中で学んだ教えではないだろうか。

「それゆえに『シロエ』は美しい人間的書物である。それは教えはしないが、喚起する。孤独の作品であり、孤独な人間の読むものである。ひとは自己自身にたちかえることによって自分をふたたび見いだすように、この本をなつかしく思うであろう。もしあなたが反論するなら、この本はあなたに答えるだろう。もしあなたがそれに従うなら、それはあなたに衝撃をあたえるだろう。それを閉じるや否やもう一度開きたいという欲求がすでに生まれている。それが沈黙するやいなや、それを理解したたましいのなかにはすでにこだまがめざめているのである。」(p. 128)

この讃辞は良書というもの、あるいは読書行為というものの究極のあり方を示すような表現であり、読書をみずからの使命とし、生涯の喜びとした読書人バシュラールにして初めていいうることばであろう。

瞬間の直観の豊かさ、それを可能にする習慣の不連続の連続、そして反復から進歩へという、偶然を必然に変え、新しさをとりこむプロセスを説き、その根底に流れる〈愛〉、存在のすべてを肯定する宇宙的な愛にいたる瞬間の啓示は、このような孤独な書物に説かれているのである。(1)

注

(1)『持続の弁証法』(一九三六)についてふれる機会がなかったので、前著『バシュラールの詩学』につけた要約を参考のため引用しておく。

これ(『持続の弁証法』)もまたポレミックな性格があり、ポルトガルのポルト大学教授ピネイロ・ドス・サントスの『リトムアナリーズ』(1931)を中心に、ループネルその他を援用しつつ、ベルクソンの持続の無構造な充満という観念を正面から批判し、無と弛緩、休息なども積極的に評価しなおし、人間の時間意識を、休止と運動という波動の弁証法によって全面的にとらえなおそうと企てたのである。

まず、ピエール・ジャネの心理学をもとに、「時間現象の心理学」を考察し、個人の経歴を物語りながら、「それに連続性をあたえようとするのは、持続それ自体ではなく、むしろ理性である」ことを確認し、時間にかんしての心理的長さと充実性のあいだに、まったく正反対の関係が存在する」つまり「時間は豊かになればなるほど短く感じられる」ことを観察する。だとすれば、瞬間がもっとも豊かな時間であることも当然のことになるであろう。

次に「物理的持続と物理的因果性」においては「可変的時間が可変的空間として扱」われている実状を、「因果性のすべては、諸状態の非連続のなかにあらわれる」という命題と関連させて考察する。「事物は波動することによって時間的構造と物資的構造とを同時にあらわす」といえるのは、微視的世界において「持続のなかにおけるひとつの原子のさまざまな状態の統計は、個別的なひとつの瞬間における複数の原子の集合の統計に正確に同一である」ことが確認されているゆえんであり、したがって「時間の弁証法は、存在論的弁証法の単純な発展」とみることができるのである。

バシュラールは「時間の現象学」をさらにおしすすめ、「知的持続と知的因果性」と題する章において「考えられる時間が生きられる時間の上に立ち、躊躇のさまざまな理由の弁証法が時間の弁証法に姿を変える」メカニスムを、イタリアの哲学者リニャーノの玉つきの分析から導きだす。知性、理性に指導されながら盲目的な生理的次元の持続を制御し、「持続はまずみずからを〈形づくる〉」のであり、構造化されるのであって、それはベルクソン的持続の充満とは異なった構造をもつのである。

次に「時間の固着化」の章で、ベルギーの哲学者デュプレールの『固着化の理論』を導入して、始めと終りの間隙をつなぐ継起の充足が考察される。この問題はさらに「時間の重ね合わせ」ができるかという角度から量子論的に考察される。量子論では「質的生成がまったく無条件に量的生成となる」のだ。ルコント・デュ・ヌイの生物学的時間の考えをとり入れ、「連続とは時間の重ね合わせの結果だ」という命題をえる。そして「個々の独立した形では必然的に不規則である時間も、統計学的には規則正しいという事実によって、ひとつの織物としての時間は連続である」とみる視点が確立されるのである。

バシュラールはさらに思考や反省的思考を時間の視点からとらえ、コギトのコギト、さらにそのコギトの二乗、三乗という複合的重層化をおこない、垂直的時間の非連続性を解明してみせる。

それと並行して、物理学的持続、芸術における持続の問題も考察される。前者は細胞や諸感覚のレヴェルでの時間の処理に根拠をあたえるからであり、後者は高次のコギトの時間平面での持続が隠喩的であるために、空虚をふくむ諸心像を重ね合わせることによって〈充満〉を表現するものだからである。

最後に前述のドス・サントスの『リトムアナリーズ』の理論を借りて、「空間―時間」の概念に代えて「均整―律動」を立て、生命を波動としてとらえる試みを展開し、生命現象を休息と飛躍（休息は新しいエネルギーを充足させる時間）の多彩なリズムとその調和としてとらえてみせる。

バシュラールの狙いは、物理学、心理学、生物学、精神分析、哲学の新しい成果をもとに、時間、持続、瞬間の概念を、力動性や創造性をそこなわずに統一的に構築しようとするところにあったと考えられる。しかもそれは『形成』に述べられた障害をのりこえた自由の瞬間、新しい認識に開かれた解放の瞬間であるゆえに、豊かに構造化されているのである。

しかもこういうリズムにのった思索は「詩のよろこびの哲学的反映」をもたらす。かれは「純粋思考と純粋詩情とのあいだに交流と合致のきわめてボードレール的な照応を発見した」と述べている。そしてバシュラールはポエジーとは「創造的進化の原理」となりうるものではないか、というひそかな確信をもつにいたったと思われる。こういう考えが想像力の新しい価値の発見へ、質料的イマージュ研究へと、やがてバシュラールをおもむかせる勇気と指針をあたえたことがうかがえるであろう。瞬間の力動的構造化の理論にもとづけば、イマージュもまた構造をもつことが想定されるからである。

なお本書では、エディプス・コンプレックスのアンチテーゼをなすオルフェウス・コンプレックスがリズム分析から導きだされ、それは人間が真情をかくさずに生き、あらゆる人びとを愛することのできる「再発見された少年時代」、「永遠の少年時代」として規定される。やがてこのテーマは晩年の『夢想の詩学』において詳細に展開されることになるであろう。

（追記）　ドス・サントスの足跡については、『カイエ　ガストン・バシュラール』第四号に以下の記事がある。

Joaquim DOMINGUS, Lucio Pinheiro dos Santos et la rythmanalyse, in *Cahiers Gaston Bachelard*, No. 4, 2001

第三部　二つの詩学

第一章　シニフィアンの詩学覚書

はじめに

かつて「水のパロール」と題した旧稿（『バシュラールの詩学』所載）で、語の音韻についてバシュラールの深い関心の一端を論じたが、バシュラールの詩学にはシニフィアン（記号表現）の詩学とでも呼びたいような重要な一面がある。(1)

そのメカニスムの大要をいってしまえば、シーニュのシニフィアンに相当する部分もイマージュの物質的な四大元素同様に実体化される可能性があり、深さという方向があたえられるや、マチエールのように機能し始めるということになろう。

ただしバシュラールの「水のパロール」では、たとえば流音（l, r）の音素をふくむあらゆる語を集めることができれば、まったく自然に水の風景が得られるであろう（『水』、p. 255）というような、音韻に全面的にイニシアティヴをあたえたと受けとられかねない発言があるが、これは次のような正反対のケースを念頭においていわれたことなのである。「逆に、水の心的状態や水のことばによって表現された詩的風景はごく自然に流音の子音を見いだすであろう。」（同書）したがってバシュラールは音韻の効果のみにたよるような詩句はまったく評価しないのである。

バシュラールの理想とする詩的表現は、音韻と意味の両面から読者に積極的にはたらきかけ、両方の調和を保つものである。いわばシニフィアンとシニフィエ（記号内容）は双方から他方に向かってはたらきかけ、ゆるぎない交響的な調和をもつことを指向しているのである。しかもなお文章が最終的に落ちつくのは口調によるのだとかれが考えているのも事実である。

しかし繰り返すようだが、バシュラールはシニフィアンの単純なサンボリスムの信奉者ではない。ただかれの物質的想像力は詩の音韻のマテリアリテについても人一倍敏感であって、そのサンボリスムをいつも鋭く捉えているのである。

蛇足ながら、ここでいう音韻のサンボリスムとは作詩法やスカンションのことではなく、それらの規則とは別の次元のより基本的問題であることをお断わりしておかねばならない。

また本章はバシュラールの詩学関連の著作中に散見する断片を集め、筆者の考えを記したにすぎないものなので、「覚書」と題することにした。

なおシニフィアンの詩学の問題では、フランス語の名詞の性別についてもバシュラールは大きな関心をもっており、『夢想の詩学』に一章をもうけて論じている。

以下、第一節では、フランス語のシニフィアンの最大の領域である音韻を、まず母音、子音の順にとりあげるが、子音の後で、金属的な音韻、単語の綴りの問題もとりあげた。第二節では、発音のエネルギーをあたえる呼吸とリズムの関係についてバシュラールの独特の見解を分析し、その発展的な例として vaste という語の現象学的な説明を傾聴し、最後の節で「声なき朗唱」という純粋詩学の試みを検討することにした。

第一節　音韻の問題

Ⅰ　母　音

1.　a［ア］

バシュラールは a は水の母音であるとバハオーフェンがどこかで書いてるのを読んだといっている。そしてaは「aqua, apa, wasser を支配している」（『水』、p. 255）と述べている。水を表わすルーマニア語の apa まで動員してそれを主張しているのだが、肝心のフランス語の eau［O］を無視している。発音されなくともaが綴りに入っていればよいのであろうか。どうもそうではなく、『水と夢』においては、「嵐 tempete［タンペット］のいくつものa、北風 aquilon［アキロン］の轟音 fracas［フラカ］のあとで水のさまざまのオ les o de l'eau［レゾドロ］を聞くこと、音の大雨 trombes［トロンブ］と美しい丸さ la belle rondeur［ラベル　ロンドゥール］を聞くことはしあわせだ」（『水』、p. 256–257）ともいっているので、バシュラールにとってフランス語の水の母音は明らかに0音なのである。

一方、『空間の詩学』においては歌手パンゼラのことばをひいて「母音aを考えると必ず声帯の神経が刺激される」（『空間の詩学』、p. 180）という実験心理学者の説が間接的に紹介されている。バハオーフェンといい、パンゼラといい、明確な引用箇所が示されないのは傍証として大いに迫力を欠くが、バシュラールは「文字aを目が見るともう声は歌おうとする」（同書）のだといってパンゼラのことばを肯定しているのである。
さらにaは夢想の中で無限性の母音として、「果てしなく広がり行く音の空間」(同書)を開く音韻として vaste という語の考察において重要な価値をもたされるのだが、これは吐息のaと同様、後で再度ふれることにしたい。

2. 二重母音

ふだんは何気なく読みすごす語でも、ひとつずつ書いていると、別なふうに見えてくることがある。二重母音がばらばらになることすらある。

「書きながらひとは語の中に内的な音響を発見する。二重母音はペンの下で別な響きを発する。ひとは分離した別々の音を聞く。それは苦しいであろうか。それは新しい官能であろうか。詩人がひとつの語の中心部に、衝突する母音をしのびこませつつ味わう苦しみのまじった無上の悦びを、だれかわたしに伝えてくれる者はいないものだろうか。」(『夢想の詩学』、邦訳 p. 69)

そしてマラルメの次の一行を引き合いに出して「半句ごとに母音がいざこざをおこしている」という。

Pour ouïr dans la chair pleurer le diamant.

肉体のなかで泣くダイアモンドを聞くために。

ここでバシュラールはダイアモンドが脆い「三つの破片」になりかねないと見ており、しかもそれは世俗的には不遇だった「大詩人(マラルメ)のサディスム」のあらわれだというのである。

つまり diamant をディ・ア・マンというふうに三音節として読めば、とりわけiとaの母音衝突によってこの硬い宝石が三つに砕けるような気がするということなのであろう。

「早く読めばこの詩句は十音綴りである。〔前半の ouïr も一音綴として読まねばならない〕しかし、わたしのペンが綴りを書くと、詩句は十二音綴を回復するし、また耳も珍しいこの十二音綴りの高貴な労作に従順になる。」（同書、p. 70）

このあとバシュラールは次のように付記する。

「しかし詩句の音楽性についていてこういう彫琢は夢想家の知識をこえる。わたしたちの語をめぐる夢想は語の音韻の深みには下降しない。」（同書）

こう自戒の意味を込めたともとれるような反省のことばのあとに、「わたしたちはみずからの内部のパロールでしか詩句を読むことはできない。わたしたちが孤独な読書の仲間でしかないことは動かしがたいのである」（同書）という。

バシュラールが「内部のパロール」で詩句を読むというのは、かれのつけた注によれば「声なき朗誦」で扱っている読み方なのである。

他の母音についてはかれはほとんど言及していない。

Ⅱ　子　音

1. k

バシュラールは『アントン・ライザー』〔カール・フィリップ・モーリッツ（1757–93）の自伝小説〕の文章をわざわざドイツ語で引用し、「喉音の叫び」（『意志』邦訳、p. 145）を読者が直接感じるように配慮した。

Die Wasserwogen krümmten dich und klagten unter dem heuleden Windstoss.
轟々たる激しい風の下で大波は身をよじり、声をからして吼えていた。

「詩人たちは硬い子音の上で動詞を砕いたり、kの音をいくつも使って単語を割ったり、大槌のような頭韻をふやして綴りを鍛えたりする。」これは「瞬間的な宇宙発生説はすべて幼稚症の痕跡をもつ」(同書、p. 144) ことの一例なのであり、「詩人たちは、子供の怒りの表現手段をもちいて、神の憤怒を語る」(同書) 例なのだ。

創世記において「光あれ」と神がいわれて光が生まれたようなことが、まさにここでいう「瞬間的な宇宙発生説」の例なのであろうが、ことばとものの瞬間的な結合こそ幼児のことばの特徴だとバシュラールはみなしているのである。そのとき、音韻は手近かな道具のように使用され、子音が単語の綴りを割ったり、ハンマーのように打ったりする。もちろんそれは子供が強い感情をこめて、怒りの表現としておこなう行為なのである。またk音は意志の音素でもあるが、それは「声なき朗誦」でふれることにしたい。

2. m

「物質の想像力は練粉に原初の物質、第一質料を見るようになりがちである。しかも、原始性を想起するやいなや、その夢には無数の道がひらけてくる」(『意志』、p. 21) という文のあとで、バシュラールはファーブル・ドリヴェ Fabre d'Oliver (1768–1825) の一文を引用している。
「Mの字は単語の始めにおかれると、場所的な《ローカル》、造型的なものすべてをえがきだす。」
バシュラールは「Main 手、Matière 物質・素材、Mère 母、Mer 海は、そうしてみると可塑的な頭文字を有することになるのであろう」と付け加えている。

ファーブル・ドリヴェはフランスの神秘主義者であり、アルファベットの文字がそれぞれひとつの観念を象徴すると考えた。この引用は『復元ヘブライ語』という著書からのものである。なおバシュラールは注記して「別のアルファベット学者はMの字が海の波を表わすという。この説と、ファーブル・ドリヴェの意見との間に、物質の想像力と形態の想像力の二元性が見てとれる」という。

なおノディエ『オノマトペ辞典』の âme の項には次のようにある。

「語根 ma は、ちょうど語根 am が霊的存在を指示するように、物質的存在 existence matérielle の不可欠な指示辞であろう。Ma がまったく物体的観念に属しているのに対し、am は精神的観念に、animants, amour, amitié の原理的観念に、あらゆる感情の観念に属している。

語根 ma は歯音に支持されると、mat［マット］（①くすんだ、②チェスの王手詰み）をつくるが、それは第一言語群 langues premières の大多数において mort［死］を表わす名詞の典型的な音である。

Ma を鼻母音化すると man がつくられるが、それは人間を示す名詞のほとんど普遍的な記号である。」

ところがこの説はノディエの考えではなく、クール・ド・ジェブラン Court de Géblin（1728–1784）の提唱する仮説なのである。ちなみにこのプロテスタントの思想家・古代学者・言語学者は「人間の生体組織自体から生じる不動の原理にもとづく唯一の言語の存在を認めたといわれる。種々の方言〔各国語〕はその偶然的な修正物にすぎない。かれはイディオムを次々にさかのぼってこの母なる言語の構成要素を発見しようと試みた。かれによればこの原始言語においては母音は感覚の所与を、子音は観念を表わし、そして文字はそれらの象形文字なのである。この象形文字を一度習得すれば古代世界の謎を容易に解くことができ、古代世界の神話、暦、祭礼、歴史に通じることができる」（『十九世紀ラルース大辞典』）という。

だが「〔ジェブランは〕あまりにも想像にふけり過ぎて、必ずしも信頼のおけるガイドではない」とノディエは評している。

3. r

かれの唯一の詩人論『ロートレアモン』においてバシュラールは、『マルドロールの歌』に登場する動物とルコント・ド・リールの『夷狄詩集』（一八六二）の動物を比較した。そのとき後者にｒの音が多用されていることに気づく。「詩全体がラ・ル・リ・ロ・リュでできている」といって、次の詩を引用している。バシュラール自身の表現もｒを多用しているのでそれも含めて引いておく。

De là, dans *les Poèmes barbares*, tant de rumeurs, de ruées, de poils raides, de cris rauques, toute une poésie en ra-re-ri-ro-ru, rugueuse comme un syllabaire, plus rageuse qu'enragée, s'écroulant soudain dans l'éboulement des adverbes et des substantifs en-ment.「『夷狄詩集』の中の、あれほどの、騒々しさ、突撃、剛毛、荒々しい叫び、ラ、ル、リ、ロ、リュのポエジー全体が、綴字教本のようにごつごつざらざらした、いきりたったというより癇癪をおこした語尾が -ment で終わる名詞や副詞の地すべりで突如崩れるのだ。」（*Lautréamont*, p. 128）

Sa chevelure blême, en lanières épaisses,
Crépitait au travers de l'ombre horriblement;
Et, derrière, en un rauque et long bourdonnement
Se déroulaient, selon la taille et les espèces
Les bêtes de la terre et du haut firmament.（Caïn）

青白い髪は分厚い革紐みたいに
身の毛もよだつようなはじけるような音を闇の中で立てていた
そして後ろには荒々しい長いうなり声が続く
種族と身の丈にしたがって行列をなしていた
地上と天空のけだものたちが。（「カイン」）

「ルコント・ド・リールは、補足的なrのもつ響きは高いが、空虚なエネルギーの安易な誘惑に抵抗しかねている」（同書、p. 129）とバシュラールはあまり評価しないのだが、ともかくr音は単独でも象徴的な喚起をおこなう強い効力をもつことがうかがわれるであろう。
　r音はもちろん「水のパロール」で論じられた流音のひとつでもあり、バシュラールがrivièreという他の国語に訳せないフランス語の重要な構成要素としていることを付記しよう。

4．h、t、w
　ドイツの思想家マクス・ピカートの『人間とことば』の原文を引用し、バシュラールはみずからの考えを補強している。

Das W in Welle bewegt die Welle im Wort mit, das H in Hauch lässt den Hauch aufsteigen, das t in fest und hart macht fest und hart.

「Welle（波）の中のWはことばの中の波を動かし、Hauch（吐息）の中のHは吐息をたちのぼらせ、fest

(がっしりした)と hart(堅固な)の中の t はがっしりと堅固にする。」(『空間』、p. 180)

ところがバシュラールは子音の問題にはこれ以上立ち入って分析することはしない。むしろもっと一般的な音韻と意味の調和という方向に論を展開している。

「『沈黙の世界』の哲学者はわれわれを、言語が完全に高貴になったとき、音韻上の現象とロゴスの現象が互いに調和する感性の極限点へみちびく」というふうに一般化する。そして、そのためには「ゆるやかに瞑想する」ことが不可欠だとつけ加えている。バシュラールのポエジーの現象学は「語の内部のポエジーやひとつの単語の内部の無限性を体験すること」(同書)を目ざすのであり、そのためにバシュラールは、英独の文学作品はできるだけ原文で読んだと思われる。少なくとも詩作品についてはそれを実行していたし、フランス語との対訳を利用したこともある。

音韻上の現象とロゴスの現象の調和という言語表現の理想とすべき地点は、もっぱらロゴスのみを追う読書行為からは到達しにくい。必ず「ゆるやかに瞑想する」プロセスが必要であり、それにはシニフィアンに対する十分な注意が不可欠なのである。たえず音韻の息づかいを捉える敏感な耳を機能させせなければならない。音韻がパロールの実体であることを感じるところから、詩を朗読するよろこびが生まれるであろう。そして発声器官の調音の快楽は、後に述べる黙読、声なき朗誦の基底の体験を形づくるのである。

Ⅲ　金属的な音韻

母音とも子音とも区別できない金属的な響きをここにとりあげておく。次に述べるユイスマンス自身の名前の硬質さは子音の k 音が強い力を持って構成していると思われるし、enclume(鉄床《かなとこ》)というバシュラールの大好きな語の音にも k 音がふくまれているので、k 音の項でも扱うことができるかも知れないが、組み合わせられる母音も無視できないと思われるので一応両者をふくむものとして考えておきたい。

「ジョリ・カルル・ユイスマンス、この硬質の名前《プレノン》をもつフランス作家の作品では、実に多くのページが、ことばの金属的な響きの怒りの効果をあらわしているが、ことばの音韻の名指す物質が辱められるまさにその瞬間に、それがとらえられていることに驚いてはいけない。単語とそのあらわす物質は互いに衝突し、無数の特有な語法をめざめさせ、反響させ、大騒音を立てさせる。たとえば、あるひとつの色彩〔ブルー〕は「コバルトとインジゴのように濃い」foncé comme le cobalt et l'indigo〔なおこの色はブルー、しかも緑にも見えなくはない炎のブルーで、それが濃くなれば黒くなり、しかも明るくなれば、灰色に変わり、トルコ石のように真正で滑らかであれば色があせ凍ってしまうと、小説の中でいわれている〕。シミは「黒ずんだ褐色と鋼の汚点」である。「辰砂と漆、ヴァーミリオンクロムはその色彩の強烈さによると同様、その語の硬質さによって組み合わせられている。硬い色彩、硬い音、硬い物質は、ここにおいて硬さのボードレール的コレスポンダンスの状態で結合している。」(『意志』、p. 217–218)

ユイスマンスの場合は散文作品であるが、『さかしま』が主人公デゼサントの耽美的な生活を描いており、文体もきわめて意識的に音韻の象徴性を追求していることをバシュラールは見逃さなかったのである。

また英国の詩人ウィリアム・ブレークの詩句についてもバシュラールは金属的なひびきを感じとっている。

「ウィリアム・ブレークの詩句は金属的な音響をもつ。青銅と鉄とが喚起されないときでさえも、音韻はぎくしゃくとぶつかりあっている。」

Shudd'ring, the Eternel Prophet smote

With a stroke from his north to south region.

身震いして、不滅の予言者は
北から南までその領土に一撃を加えた。（『意志』、p. 184）

一方バシュラールが「フランス語のもっとも美しいことばのひとつ」（『意志』、p. 146）といいきってはばからない語に enclume（鉄床《かなとこ》）がある。「大槌《マルトー》はにぶい音を出すとしても、このことば［アンクリュム］はそれを高らかに反響させて止むことがない。」これもまた金属的な音ではないだろうか。またこの語にk音とl音がふくまれているのは単なる偶然だろうか。

このマルトーとアンクリュムは数多くの歌や歌謡を生みだしたが、しかしどうもそれらはバシュラールのもつ内密なイマージュを満足させないようである。「人間の歌はどれをとってもあまりに意味がありすぎる」と思われるのだ。

バシュラールにとって望ましいのは「基本的な詩的音響を自然への一種の呼びかけによって示す」ことなのである。なぜならこの語には次のような情景をかれに連想させる音がふくまれるからである。

「わたしは遠く離れた谷間から蹄鉄屋のハンマーの音を聞くのが大好きだった。初夏に響きわたるその音は、わたしにとって晴朗な音、ひとつだけきわだち最高に澄みきった音に聞こえたのだ。分かるひとは分かるはずだが、鉄床がわたしに連想させるのは、郭公《かっこう》の歌なのである。いずれも田舎の母音であり、いつも同じ音色で、いつでも聞きわけのできる母音である。そのために、響きわたる鉄床の音を耳にしていると、一番思い出すことのまれな過去、孤独な過去が夢みる人のたましいに立ち戻ってくるのである。」

（同書、p. 146）

田園にひびくマルトーの実際の音にも、またカッコーの歌にもアンクリュムのk音が高らかに響いているのではないだろうか。しかしバシュラールの連想は純粋に語音のレヴェルにあるというよりも、この語のシニフィエがたちまちこのような連想を喚起するといった方が、より適切ではないだろうか。そこがcoucou（かっこう）のようなオノマトペと違うところなのである。

Ⅳ 綴り

単語の綴りの長さについて、前述のディアマンの例のほかに、バシュラールはarmoireという語の発音にふれたあとで、注目すべき発言をしている。

「armoire（戸棚）という単語に共鳴をおぼえないようなことばの夢想家がいるだろうか。armoire［アルモワール］これはフランス語のもっとも偉大な単語のひとつであり、堂々としていてまた親しみ深いものである。何と美しく大きな気息だろう。一番目の綴aで気息を開き、やさしくゆっくりと綴を閉じて息を吐きつくす。ひとは語に詩的存在をあたえるときはけっして急がない。armoireの〔語尾の〕eは無音であり、どんな詩人もこれを響かせようとはしない。この単語が詩においてつねに単数で使われるのは、おそらくそのことが理由なのであろう。複数ではどんな連音をしても三音綴となる。ところでフランス語では偉大な単語、詩において支配的な単語は二音綴しかもたないのである。」（『空間』、p. 83）

ここで最後に付け加えられたフランス語の特色についての断定は、はたして言語学者の同意するところとなるのかどうか疑問ではあるが、たとえば一般的に名詞の前におかれる形容詞の長さは二音節までで、三音節以上の形容詞は名詞の後ろにおかれるという初等文法の規則はあるが、名詞についてこのような指摘はあまりみたことがない。ただ調音上、二音節のことばがパパ、ママンから始まって子供の使うことばに多いといえるかもしれない。

しかしバシュラールはその他の二音綴の例をだしてはいない。

母音と子音のサンボリスムについていえば、バシュラールはシニフィアンの重要性は力説するものの、あくまでもシニフィエとあいまって調和のとれた表出を理想としているのである。たとえば gargouille［ガルグゥユ］（吐水口）のように「イマージュになる前にひとつの音であった」とはいっても、ただちにそれは「石にわが身のイマージュ」（『水』、p. 257）を見いだした音という、一瞬の幻に過ぎないのである。バシュラールのあげる例に英語、ドイツ語など外国の詩人や作家のものが多いのは、外国語を読む場合シニフィアンの方にバシュラールが一層多くの注意を払って読んだせいではあるまいか、というような気がしてならない。

第二節　呼吸と声

I　響鳴管としての人間

さて発声や調音を可能にしているのは人間の呼吸という生命維持の作用である。いうなれば声を出すという声帯を振動させる現象は呼吸運動に便乗して実現されるのである。したがってバシュラールの次のことばは何の異議もなく受けとられるであろう。

「いかなる美的な野心からも形而上学からも離れた、単純な、原初的な形における詩とは、息をする喜び、呼吸することの自明な喜びである。」(『大気と夢』、p. 271、以下本節ではページ数のみ記する。)

呼吸する喜び、呼吸の幸福とは、まさに生きていることの一番根本的な喜びであろう。しかしそれは一分間に十七、八回繰り返される喜びであり、もはやふだんは意識にのぼることのない幸福感なのである。誕生の瞬間に外気を呼吸し始めてから、日常生活において人間が呼吸を意識することは、運動とか病気とか特別な場合をおいてはほとんどないであろう。

したがってそれは人間の生きていることの自明な幸福感なのである。

しかしバシュラールは、大気の物質的想像力の教えに従うなら、「詩的気息 souffre poétique はメタフォールである前に、まず詩の生命の中に見いだしうるひとつの現実である」という。詩的気息、詩的な息づかいこそ、詩の生命の根本的構成要素だといっているのである。

詩的気息とはもっと説明を要する内容をもっている。「もしわれわれが叫びながら、つぶやきながら、朗唱しながら……おだやかに話すこと、あるいは早口に話すことの、しあわせのあらゆる形に、つまり詩的豊潤さに、もっと注意を払うなら、詩的気息が信じ難いほど多数あることを発見するであろう。」(p. 271)

要するに、発声のあらゆる瞬間にこの詩的気息が発見されうるということなのである。それは必ずしも楽しい喜悦の表現にかぎらず、詩的憤怒においても捕捉可能だとバシュラールは考える。憤怒に詩的という限定があることは、言語に表現された怒り、しかも詩的な言語表現に置きなおされた怒りであることに注意すれば納得されるであろう。

「優しさの中にも力の中にも、詩的優しさの中にも、詩的憤怒の中にも、息によって指導される生体組織が、ものをいう大気 air parlant の適切な統治がおこなわれていることが分かるであろう。」(p. 271)

そのような詩は「よく呼吸している詩」であり、「呼吸の美しい力動的な図式」なのだということができよう。だからいかなる詩も「息の原初的な生体組織 économie primitive des souffres に支配される」(p. 272) のである。

口から発せられるや、ひとの心のざわめきを鎮めるようなことばは、そのような力をどこからもってくるのだろうか。

「詩がことばをそれらのことばのもつ大気的真実に結合できたとき、すばらしい鎮静剤になることがある。逆に荒々しい英雄的な詩句はまた息を溜める技を知っている。それは支配的な短い音声に鳴り響く持続をあたえ、力の過大な発揮に連続性をあたえる。すると勇ましい大気が、勇壮な物質が、詩のなかにどっと流れこむのである。」(p. 271-272)

ひとつひとつの単語のレヴェルから、詩句としてのまとまりをもったレヴェルまで、息はダイナミックなシェアをもつことも指摘されている。「息の原初的な生体組織」が夢想から詩に移行するにあたって「大気の想像力を分有する」のである。バシュラールは「人間は一本の響鳴管 tuyau sonore である。人間はものを言う葦 roseau parlant である」(p. 271) とパスカルの roseau pensant をもじった定義まであたえている。

II　âme-vie から vie-âme へ

バシュラールは呼吸のミモロジスム mimologisme をシャルル・ノディエにもとづいて発展させ、呼吸法の基本的単位のようなものを考える。このミモロジスムとは「ことばを発するときの顔の骨相的模倣 imitation physiognomonique によって再発見されるはずの口腔および呼吸器管のすべての条件の探求」(p. 272) ということなのである。

1．この探求をまず âme（たましい）という語をとって「この擬音的語源学が声の身振り geste vocal の深遠な価値付加作用 valorisation を、大気の価値付加作用を、われわれに明らかにするか見てみる」（p. 272）のである。

なぜ âme という語が選ばれたのであろうか。バシュラールはそれには答えず、ラテン語 anima（たましい）が縮約してできたこの語について、ノディエに従ってひたすら「この語を体験しよう Vivons le mot」という。いったい語を体験する「生きる」、とはどういうことなのだろう。「ちょうど《全霊をもって》愛するとか、《息の続く限り》愛すると誓ったときにそれを体験するように、この単語を《呼吸しながら》体験」することなのである。そうすればこの語は「完全な呼気の擬音 *mimologisme de l'expiration complète* としてわれわれの前に出現するであろう。」（p. 273）

もっと具体的にいえばそれは次のような操作である。

「大気の充溢した状態において、想像的生命を確信しつつ、まさに語と息とがぴったり一致するテンポで発音する」（p. 273）こと。想像的生命がふくまれているという信念、アニミスムの基盤に立って象徴的心性をもって発音するということであろうか。生命そのものである大気を胸一杯に吸い、そして語とともに大気の生命を吸収したという確信をもって吐きだす。「そうするとこの語が息の終わりのところで初めて正確な価値をもつにいたる、ということが了解される。」（p. 273）

ここで注意することは âme を二音節として発音するのではないということである。それはもっぱら呼気とともに一音節の語として調音するのである。

「アームという語を想像力の根底から表現するためには、息は最後の貯えまで出し切らねばならない。この語は呼気を最後まで出し切る稀な語のひとつである。」（p. 273）明らかに一音節の語の呼気として発声し、胸の奥から息を出し切り、自然に口を閉じることをバシュラールは要求しているように思われる。しかもこの呼気のエコノミーは、語のレヴェルに止まらず、文のレヴェルにまでその終末性を拡大する。

「純粋に大気的な想像力は、つねにこの語が文の終わりにくるように欲するであろう。」(p. 273)

しめくくりのバシュラールのことばは要注意である。

「この息の想像的生において、われわれのたましいとはつねにわれわれの最後の吐息 *dernier soupir* である。それは普遍的なアームに再び加わるアームの一部なのである。」(p. 273)

呼気による発音の単なる例にすぎないようなアームという音は、そのシニフィエである「たましい」という次元にまでしっかりくい入っており、想像的生の世界という制限があるから当然科学的根拠は問わないということなのだが、語の意味をここで復活させ、さらに普遍的宇宙的なたましい âme universelle というふうに、大気を媒介にしてアニミスムの世界に移行するのである。大気の価値付加作用ということはこのようなメカニスムをさすのに違いない。

バシュラールはこの語のよりよい体験のためにさらに次のような操作を提案する (p. 273)

a. 自分の息しか聞かない。自分の全存在を沈黙させる。息のように大気的になること。

b. 息以外に、軽い息以外に、音をたてないこと。

c. われわれの息によって形成される語以外に他の語を想像しないこと。

こういう操作を続けていると、「この息のたましいはわれわれの中から出ていくとき、自分の名前を名のるのが聞こえる。それがアームというのが聞こえる。âは嘆息するときの母音だ。——語アームは嘆息するときの母音に、わずかの響きある実体、いささかの流動的質料を付加し、それが最後の嘆息に実在性を付与する」(p. 273)。

ここで呼気から吸気のヴィという発音にバシュラールは移るのだか、その前にノディエ『オノマトペ辞典』の âme の項を参考までに引用しておきたい。

「人間と動物の生命の原理。この語をオノマトペに加えるのは奇妙でしかも興味ある学説にもとづく意見である。Mという唇音の文字は周知のように両唇を合わせて出てくる音であり、大きく開いた口を閉じることによって複合音 am をうみだす。すなわちこの母音は器官が開かれた瞬間に吐かれる息によってつくられ、子音は器官が狭まって接触すべき二つの部分が接触してつくられる。これはまさに rendre l'âme〔たましいを返す。息を引き取る。死ぬ〕ということなのだが、そのわけは、これが人間の呼気 expiration の形象 figure だからであり、この語根の精神だからである。」

おそらくこの箇所はクール・ド・ジェブランの所説にもとづく考えなのであろう。すでにふれたように am と ma とを比較し、前者は後者の正反対であり、後者が物体的な観念を示すのに対し前者は霊的な存在 existence spirituelle を指示しているという。animants, amour, amitié がその例証に出され、ma は matière から遂には mort を示す音になる。これはノディエはあまり信用しておらず「想像にふけりすぎている」と批判的なのだが、バシュラールはこの rendre l'âme という点に着目したのではないだろうか。

ここで意味からいえば、âme の代わりに生の直接的な反対語 mort を呼気の例としてもよさそうに思うが、調音のメカニスムがそれを許さないのであろう。語頭にMがくるのでは、呼気がすっかり吐き出されたあと語末にMがきて唇が閉じるという「自然な」終わりが形成されないのだ。

バシュラールがノディエを引用するのは、âme を発音するとき、「〔つまり〕この語を形成するとき、息を通すためにわずかに開けられた唇が、再び閉じて力なく互いに合わせられる」(p. 274) というふうに終りを示すからである。

2. vie。âme のもつ「呼気の極限」というミモロジスム上の性格は、vie と対比されるならば一層よく理解されるとバシュラールはいう。両者とも声帯を振動させないで、息として発音できるからである。「われわれの耳、われわれの夢見る耳を、表明されない内密な声、ひたすら大気的な声、もし声帯を振わすならそれだけで大音響になる声、話すためには息しか必要でない声と調和させてみよう」(p. 273)。

3. vie-âme。そうすると次のようなことが生じる。

「大気の想像力に完全にしたがうと、ひとは二つの語 vie(生命)と âme(たましい)が、それを考えるより早く、息そのものに乗って発音されるのを聞くであろう。すなわち息を吸いこむときにヴィを、息を吐くときにアームを。生命とは息を吸う語であり、たましいとは息を吐く語である。」(p. 273-274)

声帯を振動させずに、吸気とともにヴィを、呼気とともにアームを発音してみよということなのである。ひとは vie や âme を呼気にのせても吸気とでも自由に発音できる。とくに声帯を振わさないのであればヴィは吸気、呼気いずれでもよいし、アームの発音でも吸気として胸一杯に大気を吸いこむことも可能である。

しかしバシュラールは vie には吸気を、âme には呼気を割り当てる。そして大気的想像力を駆使して、この擬音法の中から呼吸訓練の二つのテーマをとり出すのである。vie と âme は別に擬音によって作られた語ではないのだが、この想像力の世界で呼吸訓練をおこなうことによってそれが擬音にひとしいものとなるのである。つまり「vie は生命を吸う語である」、というようなことは擬音的な操作によって可能なのである。それはより正確にいえば擬似的な擬音である。

「われわれ〔フランス人〕が胸一杯に吸い込むのは無名の空気ではなく、vie という語であり、静かに宇宙に返すのは、âmeという語なのだ。この呼吸訓練は衛生学者に監督された機械の始動ではなく、じつは宇宙的生命の機能なのである。」(p. 274)

この大気的想像力の世界における呼吸訓練は、大気から生命要素を摂取する人間の基本的運動を宇宙的な生命運動の一端として位置づけ、個から世界へ、世界から個体へという循環運動を意識させるのである。

「ヴィ・アーム、ヴィ・アーム、ヴィ・アームという呼吸によってリズムをつけられた一日は、宇宙の一日となるだろう。真に大気的な存在は、健康な宇宙に生きている。宇宙と呼吸者との間には、健康をつくるものと健康をつくられるものの関係がある。」(p. 274)

生〔吸気〕─たましい〔呼気〕という調音の運動が、この生というシニフィエの裏づけをしている。これがミモロジスムによる有縁化なのである。

ヴィとアームを呼吸のリズムにあわせるということ、「胸一杯に吸い込むのは、無名の空気ではなくvie(生命)という語、静かに宇宙に返すのはâme(たましい)という語なのだ」。

この操作は、いわば偶然的なシニフィアンに強引にシニフィエを結合しているのではあるまいか。吸気でヴィを発声し、吐気でアームと発音する。唇を平らにしながら息を吸うことはあまり自然な呼吸運動とはいえないかもしれないが、ここで無理にもヴィという調音の形をとることが、ヴィの音の中に眠っているヴィのシニフィエを強烈に意識させることになり、まさに生命の原理としてのコスミックな意識をよびさますのであり、アームも、ヴィによって獲得されたこの生の意識を惜しみつつ宇宙に返すのである。個としての生を宇宙に返すこと、そして宇宙から普遍的生を取り入れること、ここに呼吸運動による宇宙的意識の自覚化のプロセスがある。

ただし呼吸という無自覚で基本的な生命運動にシニフィアンをひきよせ、さらに根本的なシニフィエを覚醒させるバシュラールの方法は、あくまでもフランス語においてしか成立しないことに注目しよう。英語でも日本語でもそれは実現できないのではないだろうか。日本語では生《せい》―死《し》という一対の語でなら、生を吸気とともに、死を吐気とともに発音できるから、バシュラールの意図にごく近い実験が可能である。しかしそれは果たしてコスミックな感覚まで覚醒可能であろうか。

バシュラールのいう vie-âme の呼吸法はフランス語のシニフィアンのレヴェルにおいてしか成立せず、あくまでもフランス語において可能なミモロジスムではあるまいか。だがそれはフランス語の調音の基本的なリズムを形成するのだとすれば、これこそフランス語の文学作品の音声構造の美をうみだす母胎だといえるのであろう。少なくともそこに文体の美学のひとつの重要な示唆がひそんでいるように感じられる。

Ⅲ antirespiration

vie-âme の一対は調音への価値付加作用がおこなわれた典型であるが、まったく反対の価値低減作用 dévalorisation が発動されることばの例もバシュラールは観察している。

「反呼吸的な語 mots antirespiratoires、われわれを息苦しくさせ、嫌悪を催させる語がある。そのような語はわれわれの顔に、拒否したいというわれわれの意志を書きつける。」(『休息』、p. 67–68)

そういう嫌なことばは考えただけでもひとを緊張させる。

「発音されたそういう一語は――あるいは単にその発音を想像しただけでも――人間の存在のすべてを現実化する。われわれの存在全体はひとつのパロールによって緊張し、とりわけ拒否の語は礼儀によって抑圧されないほど率直な態度をひきおこす。」(同書、p. 68)

バシュラールはそのような拒絶反応に近いショックをあたえる語の例として miasme [ミヤスム] (腐敗物

から発生するガス、悪疫の原因とみなされた瘴気）をあげている。

「たとえば miasme〔ミヤスム〕という語を発音する際にひとはどんなに率直な反応をもつか考えてみたまえ。それは嫌悪の一種無音のオノマトペではないだろうか。一気に不純な空気が吐き出され、口はすぐに力一杯閉じられる。意志は沈黙すると同時に呼吸も止めてしまおうとしているのだ。」（同書、p. 68）

ミヤスムが嫌悪を示す音のないオノマトペだというのは、結局ミモロジスムという語でいうべきことを指しているのであろう。

語尾の子音 m は âme の場合と同様に口を閉じ、唇が合わされる動作を示すが、今度は二度と開きたくないという意志、沈黙の意思表示になるというのである。悪臭のある大気を二度と吸いたくないという意思表明だとすれば、ミヤスムという語は嫌悪感のミモロジスムということになるであろう。

バシュラールは十八世紀の科学の例を追加し、moffettes〔モフェット〕（炭酸ガスの噴気活動）が「嘔吐を催させる反作用をもつガス、鉱山の噴出物」を表わしており、この語は「より抑えられた想像力を表わすが、しかし腐敗の実体を示すことにより、ミヤスムと同じ意味の作用をもつ。モフェットは学者の渋面 moues savantes なのだ」（同書、p. 68）。

「十八世紀全体は、熱をもつ物質、汚臭を放つ物質、世界と人間をかき乱すと同時に大宇宙と微小宇宙をかき乱すほど、深部まで濁った物質を恐れた。……有毒な蒸気は、実体の中心に忍びこみ、そこに死の胚を、腐敗の要素そのものをもたらすからである。」（同書、p. 68–69）

したがってこのような有毒な気体を示す語を発音すれば、ただちに口を閉ざさねばならず、しばらくは息を止めておかねばならないという反呼吸の現象を生じさせたのであろう。これはシニフィエに対するというか、あるいはシニフィエに発するというべきか、ともかくシニフィアンの生理的に強力な反作用を示すものなのである。

Ⅳ　ふいご

火に向かって人工的に空気を供給する古い道具ふいご soufflet de feu もバシュラールにいわせれば、「父親の呼吸、超父親的呼吸」の装置になる。鍛冶屋の送風器は「深呼吸をまねているが、それを凌駕する」（『意志』、p. 150）。

バシュラールは、精神分析医のアランディ博士が自分の中断される呼吸、喘息という病を父親の記憶と関係づけていることを紹介しながら、さらに問題を家族の次元から創造一般の次元にまで拡大して次のようにいう。

「いかなる場合でも創造はひとつの不安をのりこえねばならない。創造するとは、煩悶をときほぐすことである。われわれは新しい努力をせざるをえなくなったとき、もう溜息はつかない。同じように一種の仕事の喘息がどんな入門期にもあるものだ。職工長、道具、正体のわからない材料、そうしたものがみな不安をひき起こす。しかし労働はそれ自体にふさわしい精神分析療法をおこなう。無意識の奥底にあまねく恩恵をほどこすようなひとつの精神分析をおこなう」（同書、p. 150）のだ。

「鍛冶屋の緩慢で深い呼吸は、運動の駆動的様式を示しているのではないだろうか。内向的で同時に外向的な呼吸のモデルをそこに求めることはできないだろうか。なぜならこれははたらく呼吸、火をおこす呼吸、燃える物質に何かをもたらす呼吸だからである。」

「錬金術師がその火を吹く際には、乾燥の成分をもたらす、つまり液体の油断のならない弱点に対し闘争する手段をもたらすのだ。」（同書、p. 150–151）

結局バシュラールにとって夢想の対象としての呼吸運動は「感応力 influence」を運ぶ運動なのである。「夢見るひとにとって、いかなる息吹きも感応力を運ぶ息なのである。」（同書、p. 151）

V　vaste

バシュラールが『空間の詩学』第八章「内密の無限性」でもっとも力を入れて述べている「たましいの微視的現象学」の好例が vaste［ヴァスト］（広大な）という語であるが、まずこれが二音節の綴りをもっているのはたんなる偶然であろうか。

それはともかくとして、バシュラールはボードレールの著作からたんねんにこの単語の用例をひろいあげることから始めている。なぜこの語かといえば、それは「もっともボードレールらしい用語のひとつであり、詩人にとってもっとも自然に内密の空間の無限性をしるしづける単語」（『空間』、p. 147. 以下本節ではページ数のみ記す）だからである。

1. vaste が「客観的な幾何学の貧しい意味しかもたない」文章がまずあげられる。Autour d'une vaste table ovale（卵形の広いテーブルのまわりに）（p. 174）。

2. 一般的にいってボードレールは、形容詞の用法に細心の注意を払っていたのに、「vaste という単語の使用には注意を払っていない。大きさが事物や思想や夢想と接触すると、このことばがかれにせまってくる」（p. 174）。したがってかなり多様なものがある。

阿片吸飲者が夢想を有益に利用するためには vastes loisirs（大きな閑暇）をもたねばならない。夢想は

vastes silences de la campagne（田園の巨大な沈黙）に鼓舞される。さらに le monde moral ouvre des vastes perspectives, pleines de clartés nouvelles.（精神世界が新しい光にみちた広大な展望を開く）。ある種の夢は sur la vaste toile de la mémoire（記憶の広大な画布の上に）繰り広げられる。大きな企てに夢中になったある男は opressé par de vastes pensées（巨大な思想によって圧迫され）ている（p. 174-175）。

3. 隠喩的な方向をとる。Les nations...vastes animaux（国民……巨大な〔大量の〕動物）、Les nations, vastes êtres collectifs（国民、巨大な集団的存在）（p. 175）。

「ボードレールの場合、この vaste という単語は、宏大な世界と巨大な思想を結びつける真の形而上学的論拠であるといっても誇張ではない」（p. 175）とバシュラールはいう。

4. しかしこの語がもっとも活発に真価を発揮するのは、外部の空間よりも内面の内密な空間であるとバシュラールは考える。だからこの語は最高の綜合のことばでもある。L'âme lyrique fait des enjambées vastes comme des synthèses（抒情的なたましいは綜合に似た巨大な飛躍をおこなう）」（p. 175）という例をあげている。vaste はこのように対立物を統合することも可能なのである。

5. Vaste comme la nuit et comme la clarté.「ハシッシュの詩の中にはこの有名な詩句『万物照応《コレスポンダンス》』の諸要素がある。」バシュラールによれば、「原初の力にみちた偉大さをになうものは《精神的》自然、《精神的》神殿である」（p. 175）。ボードレールの瞑想は「感覚のさまざまな印象が交感する綜合の力そのものの中に深い暗い統一を見いだしている」（p. 176）とバシュラールはいう。万物照応は単なる感覚や感性の現象ではなく、あくまでも精神の現象なのである。

バシュラールにいわせると、「さまざまの夢想家の感覚の鍵盤」(p. 176) が一致することはほとんどない。たとえば安息香 benjoin はだれにでも近づけるものではないから、匂いを知らないひともいるであろう。しかしボードレールのこのソネットには「最初の和音から、抒情的たましいの綜合作用がはたらいている。詩的感性が《万物照応》のテーマの無数のヴァリエーションを楽しんでいるとしても、このテーマそのものが最高の楽しみであることを認めなければならない」(p. 176) とバシュラールはいう。このような場合、「生の感情が無限にたかまる」というボードレール自身のことばから、「内密の場における無限性は強度 intensité である」という結論をバシュラールは導きだす。したがって「《万物照応》という現象は世界の無限性を集めて、それをわれわれの内密の存在の強度に変化させるものである」。つまり照応関係は「大きさの二つの形〔外界と内面〕を和解させる」ものだという結論になる (p. 176)。

こういうふうに見れば、「運動そのものが幸福な容積 volume heureux をもつことになる。」バシュラールは「ボードレールが運動をその調和の点から、広大なものの美的範疇に入れる」と考えて、その例として海の上の船の運動をあげ、さらに「ボードレールの場合、vaste という単語の中にはいくつものイマージュの複合体が存在する。これらのイマージュは広大な存在の上で成長するから相互に深化しあう」(p. 176) のだとみなしている。

6. 音楽における vaste。ボードレールはワグナーの「ローエングリン序曲」から、無限性の印象の三段階をあげる。

まず聖杯が無限の空間の中に沈んでいくのを期待する。

しだいに幻、天使の群れがあらわれ、心は高まる。心は拡大し、膨脹する。つのりゆく至福に身をまかせ、光輝く幻が近づく。全世界が突然消滅し、無我の礼拝に沈む。バシュラールによればここには extension（拡大）、expansion（膨脹）、extase（忘我）の現象学、要するに、前綴 ex（外へ、前、もと）の現象学の要素がみられる。ワグナー論でいわれている無限性とは、結局「内密性の征服」である。バシュラールは「ボードレールにとって、人間の詩的運命とは無限性の鏡となることであり、あるいはより正確にいえば、無限性が人間において、みずからを意識することである。ボードレールにとって人間は être vaste（広大な存在）なのである」と結論する（p. 177–179）。

7. ここまでは vaste の意味の領域における分析だったのである。バシュラールは「音声的価値」としての考察を忘れてはいない。

Vaste は「作家が書きながらいつも低くつぶやいていることばのひとつである。」それは単なる見られたり読まれたりする用語ではなく、詩句の中で、散文の中で、他の語の上に、イマージュの上に、思想の上にさえ浮きだす語であり、パロールの力 puissance de la parole なのである（p. 179）。

「ボードレールの詩句の韻律の中や、散文詩の豊かな綜合文の中でこの語を読むと、詩人はわれわれにこの語を口に出していわせるように思われる。」（p. 179）

ということはバシュラールによればそれは「vaste という語が呼吸作用の名称なのだ。それはわれわれの息の上に乗っている。この語は気息がゆるく静かになることを要求する」（p. 179）。

8. ここでやっとわれわれの文脈の中にヴァーストという語が入ってくるのである。ボードレールの詩学では vaste という語は、つねに静けさ、平和、晴朗《セレニテ》さを呼び起こすと、バシュラールはいう。そして「それは生の確信、内密の確信を表現する」というふうに規定する。しかもこの語は「重厚であり、空騒ぎの敵である」という。ここまではよいのだか、それは「朗読の誇張した声を敵視する。韻律に隷従した朗読法ではこの語は砕かれてしまう。」なぜなら「vaste という語は存在の平和な沈黙を支配しなければならない」からである（p. 179）。

あくまでも前半で考察した内密な広大さの領域を保存するために、バシュラールは音声にも現実的な限界をこえるように要求しているのだといえよう。

Vaste を声高らかに朗誦するのではなく、声ではなく息として発音することにより、この沈黙の広大さ、平和な無限性が獲得される、というのである。

9. その効果をバシュラールは次のようにいう。「もしわたしが精神病医であったら、不安《アンゴワス》に悩む患者に発作がおこったらボードレールのこの詩を読むことを勧めるだろう。そしてこのボードレールの支配的な語をごくやさしく口に出すように勧めるだろう。この vaste という語は鎮静と統一をあたえ、ひとつの空間を開き、無限の空間を開く。この語は、ひとを不安におとす妄想の牢獄の壁から遠く離れ、地平線に憩う大気を呼吸することをわれわれに教えてくれる。それは声の潜在力のまさに境界そのものにはたらく肉声の力をもっている。」（p. 179）

この最後の文は、vaste の調音操作は必然的に声をひきだす、つまり、ヴァーストと声を出さずにそれをいうことはできない、ということなのである。［ヴァー］という口を大きくあける口の運動が必然的に母音の a をひきだしてしまうのである。たとえ声としてではなくとも気息に乗って a の音は出てくる。

ここにバシュラールは、すでにふれたように、歌手パンゼラの証言をもってくるのである。「文字aをみるともう声は歌おうとする。vaste という単語の幹である母音aは、微妙なニュアンスにとりまかれ、ことばを語る感性の破格構文をなしている。」(p. 179–180)。

10. さらにバシュラールはこのaについて「第六の感覚」を力説し、従来のボードレール研究の盲点を指摘する。

「自然によってわれわれの気息の門口におかれた、この何よりも繊細なアイオロス〔ギリシア神話。風の支配神〕の小さな竪琴こそ、他の感覚のあとからきて他の感覚の上に出る第六の感覚だからである。この竪琴は隠喩のわずかな運動にもうちふるえる。人間の思想はこれによって歌う。わたしは、このようにとめどない頑固な哲学者流の夢想にふけっているうちに、ついには母音のaは無限性の母音だと考えはじめる。これは吐息の中に始まり、果てしなく広がる音の空間なのである。」(p. 180)

母音aを無限 immensité の母音とみなすのも、vaste にのっとって考えているからであり、この第六の感覚とは意味と調音の複合した感覚であることは想像に難くない。

「vaste という語において、母音aは拡大する調音 vocalité agrandissante の一切の力を保持している。調音的に考察すると vaste という語はもはやひとつの次元に属することばではない。まるで甘美な物質のように、無限の静けさのもつ鎮静的な力を獲得する。この語とともに広大無限 illimité がわれわれの胸の中へ流れこむ。この語によってわれわれは人間の不安 angoisses humaines を免れて宇宙の中で呼吸するのだ。」(p. 180)

ヴァーストという語の鎮静作用をもう一度繰り返し、「ボードレールの万物照応についての詳細な研究は、それぞれの感覚とことば《パロール》の照応を解明しなければならない」(p. 180) とバシュラールはいっている。

11. ヴァーストの多様な文脈における意味の複雑な用法を探り、そのあとで調音の支持、とくに母音aの強大な効力の構造を明らかにして、シニフィエとシニフィアンの両面からこの語の深い独自の効果を、バシュラールはかんでふくめるように教えてくれるのである。

ボードレールが vaste につけた「夜のように、光明のように」という限定は、バシュラールの分析では一切無視されているのだが、「万物照応」というソネット全体がこの一語の中にふくまれてしまったような印象すらあたえかねない。万物が照応する綜合と統一はこの深い無限感を指向せずしてはありえないからであろう。そして下唇をおさえていたvという子音は母音aが勢いよく呼気とともに発せられることによって、声帯を振動させるか否かは問わなくとも、拡大し無限の宇宙との一体感を目ざすのである。そのとき「まるで甘美な物質のように、無限の静けさの鎮静的な力」がヴァーストという語とともに「われわれの胸の中へ流れこむ」(p. 180) のである。

シニフィアンが意味を見事に支え、あるいはシニフィアンがシニフィエを拡大し、それをリードして行く感さえある。しかしそれは、あくまで語の意味の方向や意志に従っていることなのだ、という前提をゆるがすものではないのである。

第三節　声なき朗誦と無声の詩学

バシュラールは今まで述べたように詩句や語の音韻について鋭敏な感受性をもち、調音における諸器官の運動と意味作用との関係について独自の見解をもっていたことは明らかであるが、作詩法や詩脚分解についてはほとんど言及することがなかった。

これまでの気息の問題は一種の空気的拘束 obligation pneumatique の問題であるが、詩脚分解もやはり空気的拘束だとバシュラールは考えており、後者は音数 nombre として表明されるのに対し、バシュラールが扱ってきた気息の問題は音量 volume として表明されるというふうに区別する。つまり詩句の音韻というシニフィアンのレヴェルには補完的な二つの次元があるということである。

I　話す意志と肉声

1．「詩句は数量 quantité と厚さ grosseur を同時にもつことになろう。詩句はふくれ上がったりゆるんだりする大気的実在を糧として生きると同時に、加速したり減速したりする音の響きの運動によって活気づけられる。」（『大気』、p. 275. 以下ページ数のみ記す）

バシュラールは、古典的な定型詩の詩脚がもつ数量性に対し、別の実体、「大気の実在」を加えたのである。「大気的な物質が言語の形式の中に住むことになろう」（p. 275）とごくさりげなく述べているが、これは記号のシニフィアンにも実体があるという原則を適用したことを示すのである。

「大気の軽やかな粘着性《コンシスタンス》は、詩句の音数を結合し、〔音数で〕時間を測られた詩篇がもつ貧寒な語の行

列を矯正するに十分であろう。」(p. 275)
さらに確立された音声学との相違も意識されなければならない。

2.「この大気的な質料、この気息を無視すると詩篇は不具となる。しかも語の中で息が加工され、鍛えられ、圧延され、ぶっつけられ、押しつけられ、修繕され、閉じこめられるという純然たる音声学的な検討をしただけでは、このような大気的物質の役割は自覚されない。」(p. 275)

バシュラールは音韻を検討する場合、調音器官の運動を重視したが、しかし声帯を振動させる多彩な効果についてはほとんど考察外においていた。音韻の象徴的機能についても深入りを自戒していたように思われる。

バシュラールは気息の問題を音声学よりさらに根本的な原初の領域にあると考えているのである。

「大気的想像力はより原初的な直観を要求する。それは息吹きの心理を、ものをいう大気の生そのものを要求する。欲すると否とにかかわらず、大気的物質はすべての詩句に流れている。それは物質化された時間ではなく、ましてや生きた持続ではない。それは、われわれが呼吸している空気と同じ具体的な価値をもっている。詩句は空気的実在である。詩句は大気的想像力に従わなければならない。それは呼吸する幸福が創りだしたものである。」(p. 275)

詩句は語からなりたち、詩句は音声の表記物なのだが、その音声を支える気息が根本であるから、結局詩句も空気的、大気的実在に違いない。そうだとすればそれは大気的想像力のひとつに従うべきものだというのである。しかも詩句の美しさとは「呼吸する幸福」感がうみだしたものに違いない。バシュラールはこのように自己の詩学の基盤を要約する。

バシュラールはこの考えをポール・ヴァレリーのことばで裏打ちする。(「詩の愛好家」)
「ひとつの詩篇はひとつの持続《デュレー》である。その間、読者たるわたしは、前もって準備された法則を呼吸している。わたしは自分の息と発声器官を、あるいは沈黙と両立するその器官の能力 pouvoir だけを提供する。」(p. 275-276)

バシュラールはさらに、この能力を発見するためには、「意志の中に詩の法則をもっていかなければならない」(p. 275) というのである。

3. そしてバシュラールは、話す意志、表現する意志とことばの関係を問題にする。それは声なき朗誦、ことばはあっても声にならない、いわゆる空白の呼吸作用 respiration blanche を考えるためである。

「すべての音響的印象以前の、ヴィジョンの夢幻劇に先んじて——すなわち表象と感受性に由来するあらゆる衝動に先んじて——話そうとする意志 volonté de parler を捉えねばならない。」(p. 276)

こういう困難な提案をバシュラールはおこなうのである。

「意志が支配するすべての領域においては、どこも意志からその現象にいたる行程ほど短いところはない。意志は、言語表現行為において捉えるとき、意志の無条件の存在として出現する。そこにこそ詩的個体発生 ontogenèse poétique の意味を、意志と想像力という二つの根源的力 deux puissances radicales を結ぶ連結線を探し求めなければならない。話そうとする意志においてこそ、意志がイマージュを欲するとか、想像力が意欲を想像するといいうるのだ。」(p. 276)。

人間の意志のはたらきを反省的に捉えれば、言語に意志を託すということが、もっとも自由な無条件な表出であることは自明なことかもしれない。意志が現象として出現することも心理的には瞬間のことであり、これほど短い行程はあるまい。ただ意志するということは、ことばに媒介されることによって、詩的個体発生の根源的な場となる。人間の特殊個別的な意欲を、言語という一般的な手段を通して定着させるのだから、詩的表現発生の一番原初的な場がここであることは間違いあるまい。

4. 話そうとする意志というだけではまだ漠然としているが、もしこれが言語を駆使して何かを伝達するという意志だとすれば、ことばは意志伝達の手段に止まるのだが、純然たる話す意志というものを発生的に考えるとすれば、それはまずことばをおぼえ始めた子供のように、ことばを発する無償行為に近い段階と考えられよう。しかし意志をバシュラールのいうように「言語表現行為」のレヴェルで止め、そこで意志の活動をおこなうとすれば、いわゆる言語＝現実という仮定を前提とした世界が成立することになろう。だからこそそれは詩的世界になりうるのだ。その場合どうしても想像力が意志とともにはたらくことが前提となるのではないだろうか。

「そこには指令を発する語と想像する語の総合がある。パロールによって、想像力が指令し、意志が想像する。」(p. 276)

5. このような意志の万能な状態で話すことを考察することは、バシュラールの意志の哲学に導くことになるのだが、ここではとくに「「音響 sonore に対する肉声 vocal の優位」を引き出すのである。

「それは結局、話しつつある人間存在 l'être parlant、豊かに神経の分布している喉の感じを経験している存在を自覚することである。」(p. 276)

豊かな神経がはりめぐらされている喉の印象を受けとめることは、話す意志にとって欠くべかざる前提なのである。

バシュラールは象徴派の詩人ポール・クローデルの次のことばによって自説を補強する。

「われわれは読者をしてわれわれの創造活動、詩的活動に参加せしめる。読者の精神の秘密の口の中に、かれの思考にも表現の肉体的器官にも同時に快いしかじかの対象または感情の明瞭な発話 énonciation をおいてやるのだ。」(p. 276–277)

クローデルの詩は、読者の精神と共に発音器官にも快感をあたえるような、音声的な構造をもつことを意図しているのだとすれば、読者の方では次のようになる。

「詩によってこのように覚醒された咽喉の中では、無数の発展力が、無数の朗誦の力が、はたらいているのが感じられる。またこれらの力は非常に激しく、多様で、再生的で、思いがけないものであるから、ひとはたえずそれらの力を監視することに忙殺されるほどである。だから話そうとする意志は、自分を隠したり、仮面をつけたり、待ったりすることが大変つらいのである。」(p. 277)
6. よびさまされた話す意志は一度刺激されるとなかなか制御できない。覚醒された咽喉が話す意志をよびおこすといった方がよいのかもしれない。
ところが定型詩のような型にはまった音韻構成では、このような自由な話す意志は抑圧されてしまう。
「こうした監視のもとに、古典主義の詩、すなわち一般に教えられているような修辞法は、伝統的な規則によって無数の話さんとする力を打ち砕いてしまう。すでに構成されている言語とは、また声帯に許された反響を硬化した規範の中でたえず維持していく神経質な検閲器官である。」(p. 277)
だからこういう硬直した規範に反抗して自由な表現へと向かう傾向は生理的なレヴェルからも生じるの

である。

「理性に抗し、言語に抗して、語らんとする想像力は、それが自由に呼吸するようにされると、なおまた新たなることばのイマージュを提出する。」(p. 277)

II　肉声の根源

1. ところがバシュラールはさらに一歩ふみこんで、だれも予想だにしない肉声の根源にせまる。

「しかし、音響に対する肉声のこの優位の、さらに一層根源的な、一層純粋な意志に近い形跡を見いだすことができるのだ。話すことなしに声の喜び joies vocales を感ずることを心得ている人びと、声を出さぬ読書に活気づく人びと、一篇の美しい詩のことばの暁 aurore verbale を朝の門出におく人びと、そういうすべての人びとの経験にわれわれは呼びかける。」(p. 277)

最後の一行は早朝に起きて読書する人たち、それも詩を読むひとへのメッセージであろうか。声を出さず読む人びとの場合であっても、一層純粋な形で肉声のよろこびを感じているというのである。それどころか、むしろ黙読においてこそ詩の肉声の効果を最大限に享受しうるとバシュラールは考えるのである。詩の朗読は読者が自分で読む場合と、他の誰か、俳優とか歌手とかによって、あるいは作者自身によってなされる場合があろう。その朗読は読み手の声の質や、読み手の解釈によって百人百様になることは容易に想像される。読者が自分で朗読するときでさえ、一度目と二度目では違うだろうし、自分の思う通りに声を出して読むためには、楽器の演奏のように別の領域の技術が必要だという自覚にいたるであろう。それにくらべて黙読は読者の意図を完全に実現しているはずである。

「黙読の価値による、声なき朗誦の力強さによってなされる詩の根本的な分類は、声の疲れを何らもたらさない詩、表現されない声の夢を誘う詩を比類ないものにするであろう。そういう詩は声が完璧に成就されたものであって、そこでは、語と語のもつ形式はそれらの語に帰属する大気の物質の正確な量 exact volume をふくんでいる。」(p. 277)

2. まずその場合、こういう語は超リズム化 surrythmés される。ということは、「直接大気の実体のリズム、息の物質のリズムをおびるという意味」である。つまり、超リズム化というのは、バシュラールにいわせれば「リズムのシュルレアリスム」なのである(p. 277)。

このリズムを判断するのは「耳によってではなく、十分に連合された諸音素を投射する詩的意志 *volonté poëtique* による」(p. 277) のである。詩的意志とは、もちろん詩をつくり、詩を感受する意志であり、言語をコミュニケーションの用具として使用するよりも、ポエジーとして楽しむ意志であり、それが音韻を音素として自在な連想をおこない、語の発音の気息とリズムを調整するということなのであろう。

「この投射 projection は明らかに、聞かれるよりも以前に話されるものであり、また投射の原理に応じるものであるから、それは話されたパロールである以前に意欲されたパロール parole voulue である。」(p. 277)

音素を投射するということを想像してみるなら、ことばの構成要素となるさまざまの単音を投射するか、あるいはいくつかの音素がそれぞれの連合をつくって、おぼろげなことばをつくる状況なのであろうか。この投射は「神経学的事象ないしは心理学的事象が場を変え、外部に局在化される作用」をさしているようには思えない。まだこの投射はこころの内部でおこなわれているのだから。「話されるパロールである以前の意欲されたパロール」とは音韻レヴェルでのパロールの個体発生の次元なのであろう。

Ⅲ　純粋詩と声なき朗誦

1. ここでバシュラールは純粋詩の問題に移る。気息によって発声から離脱し、さらに現実の調音の根源にさかのぼって、話す意志のレヴェルで詩の発生をさぐるのである。

「したがって、純粋詩は感受性の秩序の中にあらわれる前に意志の領域で形成されるのである。いわんやそれは再現の芸術からはほど遠いものである。聴覚と視覚から離れ、存在の沈黙と孤独のうちに生まれる詩は、したがってわれわれには人間の美的意志 volonté esthétique humaine の最初の現象と思われる。」(p. 277–278)

ことばの音素とリズムを調子よく連合させるということは、まさに美的意志のはたらきであり、純粋詩ということをつきつめて考えれば、これ以上に純粋な領域はないであろう。パロールはまだ対象を指さず、シニフィアンとシニフィエの未分化のレヴェルなのか、あるいはシニフィアンたる音素連合が即座にシニフィエを産出する状況なのか、ともかくものとしての音素が自由に連合され、それを方向づける意志が美的なのだというのである。

「根源的にはポエジーの肉声の価値 valeurs vocales がその本質的な意志の中で再三再四意欲され、いつくしまれるのである。それは、互いに連合しながら神経の交響をよびおこすが、この交響はすでに沈黙の存在を活気づけている。肉声の価値はもっとも敏捷な、もっとも遊戯的な力動的な価値である。」(p. 278)

ここまではすでに述べたことをポエジーとの関係で整理したことである。

「意志が、急いで筋肉の群れを活気づけようとしなくてもよいとき、非合理な素朴なパロールに身をまかせるとき、沈黙の中で、存在の空白において、肉声の価値を見いだすのだ。ロゴスへの意志とよびうる

比類なく人間的な意志の美しい現象がまず現われるのは、声帯上においてである。」(p. 278)

行動にうったえることのない、存在の静かな空白のとき、パロールの気まぐれに誘われた意志はロゴスへの意志としてバシュラールに命名されたが、パロールの気まぐれはただちに声帯の上に反応をおこすのも、パロールのシニフィアンたる母音や子音の習慣的気息の作用であろう。

2. 「ロゴスへの意志のこの原初的現象は、やがて、理性とパロールの弁証法、思考するものと表現されるものの弁証法をそなえることになる。」(p. 278)

この思考と表現という弁証法、理性とそれを表現するパロールの弁証法は、ロゴスへの意志の第二段階として位置づけられるであろう。

「さらにイデーとパロールが、同一の言語優先主義 verbalisme の中に、思考と言語活動の無気力な習慣の中に、溶解してしまい、頽廃したりすることがある、というようなことを確認するのは奇妙なことだ。理性とパロールは、ときによって、石のように頑固に硬化したり、大声でわめきたてるような硬化を示すこともある。」(p. 278)

この硬化現象と頽廃は、習慣化した言語活動の軌道をまわっているにすぎないような、理性の運動の欠点を指摘したものである。言語表現は同じことを二度いうときから、こうなる傾向がある。

「この硬化現象と頽廃は、また沈黙の原理にたちかえり、熟慮された沈黙と注意深い沈黙を結合し、話そうとする意志を、それが生まれようとする状態で、その最初の、まったく潜在的な、純白な、肉声の状態で体験することによって、避けられるであろう。」(p. 278)

ロゴスへの意志、原初的なパロール発生の沈黙の状態にもどることで硬化現象は回避されるし、バシュラールはそれをみずから実行していたに違いない。

3.「無言の理性と声なき朗誦は、人間の生成の最初の要因のようにみえる。いかなる行動にも先だって、人間は、自分が何になろうと意志するのか、その存在の沈黙の中にあって自分自身にいう必要がある。人間は自分自身に、自己の生成を証明し、歌う必要がある。それが詩の意志的な機能である。」(p. 278)

このパロールへの意志、ロゴスへの意志には存在論的な深い英知ともいうべき教訓が隠されている、といっては大げさであろうか。意志、理性、表現の慣習化、硬直化を避ける訓練には、もっと深い自己形成の意志や決断の必要性、さらに自己自身の説得と、意志決定を受け入れた自己への賞賛までおこなわなければならない。しかもそこにはそのことを知っている深い英知の裏うちがある。ポエジーは単なるお遊びではなく、自己肯定の根源的な讃歌なのである。

「意志的な詩は、したがって、無言の存在のもつ強靭さと勇気とに関連させられなければならない。」(p. 278)

4. バシュラールが黙読 lecture silencieuse から、さらに語る意志の美学にまでさかのぼったのは、純粋詩 poésie pure の問題にひとつの解決の方向を示唆するためではなかったろうか。いまではあまり論じられる対象ではなくなった純粋詩は、当時はまだアクチュアリテをもっていたに違いない。詩の主題から散文物語的なものや哲学思想的なものを排し、また雄弁的な要素をのぞき、純粋に詩的な要素で詩を作ることは、結局真空のように、現実には存在することがない詩の理念ではなかろうか、ということで論争はしめくくられたが、バシュラールは次のように問題を再提案する。「純粋詩の論争は、意志された詩、すなわち意志に直接、形をあたえ、意志の必然的な表現としてあらわれる詩の問題を、起源において、再度とりあげるべきだと思われる。言い換えると、われわれは純粋詩を、その結果ではなく、その躍動の状態で、それが詩的意志となる瞬間において判断すべきであると考える。」(p. 278–279)

5. まずバシュラールが純粋詩にひとつの定義をあたえていることに注目すべきであろう。純粋詩とは「意志された詩 poésie voulue、すなわち意志に直接に形をあたえる informer directement la volonté 詩」であり、それは、「意志の必然的表現のようにあらわれる詩」である。意志に形をあたえる informer ということは、意志を形成するということにもなるのだから、意志の必然的な表現ということも当然なりたつであろう。しかしこれはあくまでもパロールの領域での意志の在り方であって、想像力が意志し、意志が想像するということが可能な次元での定義であることを忘れないようにしよう。したがって「われわれは純粋詩をその結果ではなく飛躍《エラン》の状態において」捉えようという提案、あるいは「詩的意志となる瞬間に判断すべき」だという提案は、意志からパロールへのかかわりだと理解すれば、この意志の在り方がそれほど特別のものではないことが納得されよう。

6. しかしまたこの瞬間は、詩的瞬間という特殊な深い瞬間であることも想起しておくべきであろう。

バシュラールは現実にある詩には、やさしさとかくつろぎの詩が多いだろうと予測する。それは意志のはたらきと縁遠いような気もするが、休息は活動の停止ではあっても死ではないので、次なる活動の準備期間であったことを思い出すべきである。

「おそらく優しさ douceur とくつろぎ détente の詩がもっとも多いであろうが、それを意志の空白、意志の放棄と考えることはその特質を見誤ることだ。さらによく観察するならば、ひとはそこに優しさを欲する意志の声なき活動を見ることができよう。観照と意志が反対になるのは、ただ一般的な外観で受けとられるときのみである。観照への意志は偉大な詩的たましいの中に歴然とあらわれている。」(p. 279)

バシュラールがこの詩的意志の典型として示すのはヴァレリーの詩である。「ポール・ヴァレリーの詩作品は考えぬかれた思考の特性をもつといわれてきた。むしろ再三再四意志された思考といった方が適切だろうと思われる」(p. 279) からである。

しかも「われわれが提案するように、読者が聴覚的なものに対する肉声的なものの優位をとり戻すならば、その多くの証拠が得られるであろう。」(p. 279)

Ⅳ 「海辺の墓地」

1. バシュラールは「海辺の墓地」の最初の二節をこの肉声優位で読むように提案する。

Ce toit tranquille, où marchent des colombes,
Entre les pins palpite, entre les tombes;
Midi le juste y compose de feux
La mer, la mer, toujours recommencée !
O récompense après une pensée
Qu' un long regard sur le calme des dieux !

Quel pur travail de fins éclairs consume
Maint diamant d'imperceptible écume
Et quelle paix semble se concevoir !
Quand sur l'abîme un soleil se repose,
Ouvrages purs d'une éternelle cause,
Le Temps scintille et le Songe est savoir.

この静かな屋根は、鳩の群れの歩みをのせて
松の木々の間に脈うっている、墓石の間に
真昼　この正しいものが　いま焔で構成する　海
海、ひいてはまたくりかえし、
ああ　一すじの思念の後にかえってくるもの、
異教の神々の静謐さの上への　久しい注視よ！

繊細な光の燦きの　何という純粋なはたらきだろう
極微の水泡の数々の金剛石をその坩堝に灼きつくし、
そして何というやすらぎが　はぐくまれて見えることか。
この深遠の上に　太陽の佇むとき、
永遠律につらなる純粋な作品　時間は

そのとき燦然と輝き　夢みることは知ることにひとしい。（村松剛訳）

バシュラールの説明を傾聴しよう。

「ここに重なり合ってでてくる硬い音 C ［k］ は、意志の音素 phonèmes de la volonté か、より正確にいえば静寂への意志の音素である。さらにこれらの音素は口にするよりも意志する方がはるかに美しい。これらの音素は再三再四意志されたものである。これらの音素の中で意志がその詩を欲しており、その意志は静寂へのまったく人間的な意志である。」（p. 279）

なぜC音が静寂への意志の音素であるのかは、この詩を再三再四読みかえしているうちに感じとられたのだとしかいいようはない。なぜC音が静寂と結びつくのか、聴覚的世界と肉声的世界を区別することによってバシュラールはひとつの説明の根拠にする。

「聴覚的価値のみに甘んずる詩的世界では、それらの音韻は、あまりにも角ばった運動をひきおこすであろう。本当に始まったばかりの詩的世界では、肉声の世界では、それは息の美しい原動力 belles causes de souffle、そこで力と静けさが同時に確立される原動力としてあらわれる。」（p. 279–280）

Cの音素が、息の原動力として、角ばった耳ざわりな響きをやわらげて、機能するためには、力と静けさの存在が必要になるのだというのである。

「これらの音素が、適当な間隔をあけて各詩句に配置されたとき、これらの音素は声なき朗誦 déclamation muette を力動化する。それらは驚くべき拍子 mesure によって、詩的物質の真の音の長さ quantité を展開する拍子によって、その音量 volume を定着する。」（p. 280）

このときC音を中心とするダイナミックな運動が起こり、この十音綴の中にC音によるリズムができたとみるべきなのであろうか。

2. ところでヴァレリーは「海辺の墓地」の発生について次のように述べている。

「私の詩篇『海辺の墓地』は、ある律動によって私の裡に始まった。それは四音綴と六音綴に切られ、十音綴のフランス韻文の律動です。私はまだこの形式を満たすべき何らの着想を持っていなかったが、おいおいと、浮動する語が次に主題を限定しつつ、そこに定着し、そして労作(非常に長い労作)が課されたのでした。」(「詩と抽象的思想」佐藤正彰訳、世界文学大系51、筑摩書房)

この始動のリズムは、少なくとも第一節においてはC音が主導的であることは明らかであろう。C音がこの二つの詩節のリズムを基本的には支配しており、拍子も音量までも定めるというように聞こえる。詩的物質というのは詩句を構成する音綴全体をさすのであり、この真の長さをC音が制御するのである。バシュラールはいう。

「そのとき詩脚分解の法則が超克される。そのときパロールの法則が見いだされるのである。」(p. 280)

Cの音素によってバシュラールが示したのはパロールの特殊個別的な法則だったのである。これは詩篇ごと、いや詩句ごとに詩人が模索し、読者が感じとっていかなければならない詩の秘密なのである。

「われわれはこの二つの詩節を、詩句の肉声 vocalité の中に隠された静けさの質量 masse de calme のもっとも輝かしい例のひとつとしてあげうると信ずる。」(p. 280)

3. ヴァレリーは前掲の論考において、「一詩篇というものは、語を用いて詩的状態を産出する一種の機械であります」と述べ、しかもこの機械のもちいる語は日常的な用法によって汚れ変質させられているから、それを純化して芸術作品に練り上げていくのだという。

「われわれにとってはここ〔一般の言語の現状〕から、弱点なく、目に見える努力の跡なく、耳ざわりの点なく、詩的宇宙の瞬間の球圏を破毀することなく、〈自己〉よりも奇しくもすぐれたある自己の観念を伝達することのできるような、一の純粋な、理想的な〈声〉を取り出すことが、問題なのであります。」(同書)

そうするとバシュラールが「声なき朗誦」で見いだそうとしたのはヴァレリーのいうこの「理想的な」「声」なのであろうか。

4. 声なき朗誦は、もし比喩を使っていえば、音楽家が楽譜を読むことにたとえられるのではないだろうか。ピアニストが、ピアノに向かう前に楽譜を読むとき、頭の中で音が鳴り始めるのではないだろうか。あるいは指揮者が交響曲の楽譜を眺めているとき、どんな音が頭の中で発せられているのだろうか。各パートの演奏家にすべて理想的な才能を期待できるとして、演奏以前に思い描く音の世界はどんなものであろうか。

はたしてその音の世界は作曲家の意図したものと同一なのであろうか。少なくともそのように指揮者や演奏家は想定するのだろう。想像力の演奏会は理想的な完璧な音のなり響く無音の世界なのではあるまいか。

バシュラールはヴァレリーのこころの中でなり響いた声をこのようにして捉えようと、調音器官をフルに活躍させせながら耳を澄ませて、湧き上がってくる音のない音をこころの中によびさましたのであろう。

そのときバシュラールの読む行為はほとんど作る行為に一体となっている。つまりそれはバシュラールの中に作られたヴァレリーの声と一体化したのであり、その確信がこの詩を完全に理解したという自信をバシュラールにあたえるのである。もちろんそれは客観的にはヴァレリーの意図と一致していないかも知れないが、読む側の努力の最高の状態としての作者との一体感、場合によっては読者がこの作品を作ったかも知れないと思いこむような積極的な一体感が獲得されれば、客観的に作者の意図など問う必要すらなくなる深い一瞬があたえられるのではないだろうか。

V　むすび

バシュラールのシニフィアンの詩学の最終段階は、声なき朗誦に見られるいわば想像の交響詩の読解のようなものであろう。そのためには記号のシニフィアンとシニフィエの関係にきわめて高度の象徴的調和をはかりながら、詩人の意志した境地を目ざして展開していかねばならないのである。そしてイマージュの詩学には調音器官、呼吸のリズムのような筋肉のよろこびが、支えとして存在することもけっして見逃してはならないことなのである。

紙幅の都合でふれることのできなかったシニフィアンの問題のうちには、名詞のジャンルの問題があるが、その他にバシュラールが沈黙、静寂についておこなった考察がある。水のもたらす鎮静的作用やものと休息の関係の本質的な深い意味も詩的な効果としては無視できないことなのであるが、これもまた別の機会に論じることにしたい。

注

(1) 拙論「水のパロール――『水と夢』における音の詩学」茨城大学人文学部紀要（人文学科論集）第十九号（一

九八六年三月)。拙著『バシュラールの詩学』(法政大学出版局、一九八九年)第二部第四章「水のパロール——音韻の詩学」。

なお、使用したバシュラールの書名は次のように略記した。

『ロートレアモン』。*Lautréamont*, Nouvelle édition augmentée, José Corti, 1956.
『水と夢』——『水』。*L'Eau et les Rêves*, José Corti, 1942.
『大気と夢想』——『大気』。*L'Air et les Songes*. José Corti, 1943.
『大地と意志の夢想』——『意志』(拙訳)、思潮社。*La Terre et les Rêveries de la Volonté*, José Corti. 1947.
『大地と休息の夢想』——『休息』。*La Terre et les Rêveries du Repos*, José Corti, 1948.
『空間の詩学』——『空間』。*La Poétique de l'Espace*, P. U. F. 1957.
『夢想の詩学』——『夢想』(拙訳)、思潮社、のち、ちくま学芸文庫。*La Poétique de la Rêverie*, P. U. F. 1960.
邦訳はすべて参照させていただいたが、拙訳以外は原文のページを記してある。

音韻の象徴性についてはランボーの「母音」のように明快に色彩や形体を指示するものから、統計的にある種の感情の有縁性を指摘するものまでさまざまな議論がある。

もっとも古典的なものはプラトン『クラチュロス』までさかのぼるが、フランスの文献でバシュラールの愛用したものはノディエの次の著作である。

Charles Nodier, *Dictionnaire raisonné des onomatopées françaises*, 1808, 1828. Reproduit par Trans-Europe-Repress, Mauvejin. 1984.

なお覆刻版にはメショニックの長い序文「声の中の自然」がつけられている。

わたしが参考にした主な文献は次のものである。

Maurice Grammont, *Le Vers français*, Delagrave, 1937.
André Spire, *Plaisir poétique et plaisir musculaire*, José Corti, 1949.

Paul Delbouille, *Poésie et Sonorité*, Les Belles Lettres, 1961.

Poésie et Sonorité 2, Les Belles Lettres, 1984.

Pière Léon, *Précis de Phonostylistique*, Nathan, 1993.

Maurice Blanchot, *L'Entrtien infini*, Gallimard, 1969. Ch. Ⅲ—Ⅵ Vaste comme la nuit. 参照。

なお、フランス語の名詞の性別についてのバシュラールの考えは、Genette, *Mimologique*, 1976、『ミモロジック』（花輪光監訳、風の薔薇、1991）第一七章においてとりあげられており、そのほか、本章であつかったシニフィアンの諸問題もフランス文学全般にわたる広い視野から総合的にあつかわれているが、本章執筆時には参照できなかった。

第二章　沈黙の詩学覚書

前章「シニフィアンの詩学覚書」(1)において無声の詩学として、黙読、声を出さない朗誦の問題を純粋詩との関連で論じたが、沈黙 le silence の詩的効果にかんしてはもっと広い視点から見直すべきだと思われた。

もちろんシニフィアンとしてのシランスという範囲であるが、領域はかなり広範囲におよぶので、今回もまた本稿は覚書にとどまる。しかも前稿と重なる部分もあることをお断わりしておく。

I　音とシランス（沈黙・静寂）

人間の相互のコミュニケーション（意思疎通）には音（声、物音、音響、音韻、など）もその手段のひとつとして使用される。簡単にいえばここでいう沈黙とはそういう音の不在のことである。ここでまず沈黙を意味するフランス語 le silence の二つの意味を記しておく。第一は「沈黙すること、何もいわないこと、se taire, sans rien dire」つまりことばを発しないことである。第二は十四世紀末に加わった意味、「静寂、静けさ calme, paix」つまり「物音、騒々しさの不在、いかなる音も聞こえない場所の状態」というのが『プチ・ロベール仏語辞典』の説明である。人間がことばを発しない状態と、外部世界で物音のしない状態とに大別されていることが分かる。

1. 物理的にいえば音が聞こえるためには、まずその音響の知覚を可能にする背景の無音状態が必要である。コミュニケーションには、第一に環境あるいは場として空間の静寂が前提として設定される。ただしそれは完全な無音であることを意味しない。人間社会にはある程度の雑音、あるいは暗騒音 bruit de fond がつねにあるのが普通である。つまり静寂という無音状態が大前提ではあるが、何らかの挟雑音が存在することも許容される。だから普通の沈黙とは有意な音の連鎖の中での音の不在のことである。この場合、意識される無音、音の不在が大前提の静寂とどんな関係があるのか、はたして無音がその静寂の知覚なのか、すぐには答えられない問題があることが推測されるであろう。

2. また音という手段によるコミュニケーションは一般的には音声言語によるが、それによらないものもある。音を出す器物によるもの。楽器によるもの。その音を組織化した音楽も存在する。しかも音のあるところには必ず沈黙・静寂があって、大きなはたらきをしている。

3. 言語によらない意思伝達については文化人類学などにおいて研究が進められている。言語についても、意味と音の関係は心理学や言語学などの研究分野である。音楽における沈黙にもほんのわずかだがふれることにした(2)。

4. 言語によるコミュニケーションの場における沈黙は、主として外的言語の問題である。この外的言語とは、言語活動を内的なものと外部の他者に向けたものと区別して考える場合の分類である。もともと内的言語とはバシュラールが普通の朗誦と、声を出さない内的朗誦を区別したことにならってつくられた区別である。外的言語活動をしている主体の内面においては、発話されない言語活動が存在しないというのではなく、外的言語とは他者への意思伝達を目的にした言語活動の側面を重視した区別にすぎない。他者との対話における沈黙はシニフィアンとして機能することは容易に指摘できるが、内的言語においても沈黙は機能しているのであろうか。内的言語においてはシニフィアンとシニフィエの区別が必要でないという指摘さえあるが、はたしてそうだろうか。このほかに修道院などでの無言の修行のようないわば強制的な沈黙の場がある。それぞれ特色を検討することにするが、本章では内的言語の考察に力点が置かれていることもお断わりしておかねばならない。

5. 外的言語と沈黙

外的言語とは他者とのコミュニケーションを目的とする普通の言語活動の場における言語のことである。このとき沈黙はいかなる機能を果たすのであろうか。沈黙がシニフィアンとして意識されるのはどんな場合であろうか。まず他者との対話における沈黙、無言の修行における沈黙、そのほか、言語ではないが音楽における沈黙、という三つのケースをとりあげてみよう。

6. 対話における沈黙

対話において沈黙がどんな役割を果たすかは、とくに演劇において、間《ま》として重要な価値をもつが、普通の会話において、沈黙がシニフィアンとして意識されるのは、それが当事者の意図しないゼロとしての記号である場合が考えられる。つまり話のあいだの音声の中断、つまり音声の不在である。いわゆる天使の通過という気まずい沈黙がそれにあたる。発話者の側では、意図して無言を守ることもあれば、適切なことばを発することを意図しながら、なんらかの理由でそれが形成されない状態もある。相手はその沈黙をシニフィアンとしてとらえ、そのシニフィエを憶測するだろう。発話者はそのことを察知しますます混乱するという経過をとるか、あるいは相手が欠如したことばをたくみに補い、対話をなめらかに継続するという場合もあろう。ともかく沈黙によることばの流れの中断は、場合によってはことばより雄弁に話者の意思を伝えることもありうるとしても、意思疎通という面ではたいてい障害となる。しかし、もともと寡黙なひとは一語を発するのにも大変なエネルギーと時間を要するが、かえって多弁なひとより相手の信頼を得ることが多いのは、人間の意思疎通の根本にある信頼関係形成にあたって、ことばの限界を示しているようにさえ思われる。沈黙は巧言令色を浮き立たせる効果さえもつ。会話における沈黙の価値は、人格、話題、場所、時間などさまざまな要素に左右される相対的なものである。一方犯罪の取り調べに際して被疑者の行使する黙秘権などは、シニフィエの充満したシニフィアン不在の時間をうみだし、それはもっとも雄弁な沈黙の時間だとさえいえるであろう。(3)

7. 無言の行

修道院での生活には他者とのコミュニケーションを断った無言の修行がある。堅い意志によって意図的に選び取られた沈黙の時間である。この場合、本質的には外界の音は無関係である。いくら音が響こうともそれはこころの中に入らない。そのほかにたとえば雑音（雑念も？）を排除するための聖書朗読があり、あるいは蠟燭の炎の凝視がある。無言の行においては、最初のうち修道士のこころの中にせき止められたことばが高鳴るといわれている。ことばが奔流のように流れ、自己が話す存在であることを強く意識させられる。そのあと思考が音を伴っておこなわれる。つまり内面のことばが純然たるイデーとして純化される前には、ことばは音韻という肉体をもっており、それを脱ぎ捨ててことばが純然たる観念として機能する。それまでは外部に音を出さないことが、逆に内面に音を高鳴らせるのだといえよう。しかしここで外界と遮断された言語は当然内的言語となるのであるが、それはたえず神の方へ向けられ、神との対話の方向をとるように導かれている。祈りは神へ向かう内なることばである。おそらくここに単なる自己との対話である内的言語と区別されるべき大きな相違が認められるであろう。普通の内的言語は発する主体も聞く相手も自己自身である。したがって神という自己を越えた存在へ向けられた内的言語は外的言語を指向している。

念禱の沈黙においてこの内面のことばは神に向かっての対話と祈りであり、内的なことばのざわめきはしだいに一点に集中する。燭台に燃える蠟燭が世界の中心になるとき、こころの門が開く。それは無意識の門であり、こころの深い淵に達する道を開くのである。したがってこの無言の行における沈黙は内的言語の特別のケースだともいえるのである。あるいは内的言語と外的言語の境界領域だともいえるであろう。(4)

8. 音楽と沈黙

音楽も楽音を手段とする広い意味のコミュニケーションを目指す活動である。音楽を一種の外的言語ということにはいささか躊躇があるが、言語とは別のシニフィエを担う音によるシニフィアンのシステムである。音楽家の内的音楽ということが可能だとすれば、普通の演奏は外的音楽というふうに区別することもできるであろう。

この外的音楽には音符と同格の沈黙がある。たとえば音楽会での沈黙を考えてみよう。まず音が発せられる前の期待と予感に満ちた静寂があり、外界の無用な音響が遮断され、音の環境が純化される。そして楽器や声がうみだす楽音によって楽曲が織り成されていくことになる。一方、楽曲のなかでの沈黙は、楽音のゼロ記号としてほかの音符と同じ価値をもつ。そしてフィナーレに達し、最後の充実した解放と安堵の静寂が訪れる。換言すれば、期待によって緊張したゼロ、楽音のなかに構造化された音不在のゼロ、そしてうまくいった演奏直後のすばらしく充実した感動的なゼロ、経験の完結がもたらす解放としてのゼロがある(しかしたちまち拍手がおこって、達成されたこの貴重なゼロは泡のようにかき消されてしまう)。だから音楽は開始直前の期待に満ちた沈黙から終末の充実した沈黙を目ざして織り成される音の織物だともいえよう。シランスは音の連鎖そのものに介在する沈黙と連鎖開始前と終了後の静寂として存在する。音楽の内部の音不在の価値については、作曲家、演奏家、指揮者の解釈によるであろう。それは戯曲のせりふのあいだの間《ま》とパラレルな関係が想定される。

これが音楽の基本的な枠組みであるが、こういう限界を乗り越えて新しい音楽の世界を創作する現代音楽においては沈黙・静寂の果たす役割と価値はきわめて大きくなっている(5)。

II 詩と沈黙

ただこのようにしてコミュニケーションにおける無音の在り方を探ることとは、コミュニケーションの手段としての多彩な音の多様性の陰画を描くことになるであろう。したがってそれを追いかけることはひとまずおいて、次に内的な言語における沈黙を考えることにしよう。だがその前に、なぜ沈黙が詩的なのか考えてみる必要がある。すべての沈黙が詩的感動をもたらすのではあるまい。それはどんな場合であろうか。バシュラールの詩的瞬間の考えを適用すれば、それはシニフィアンが深さをもつ瞬間、つまりシニフィアンが実体となる瞬間であるといえるのではあるまいか。

1. たとえば有名な芭蕉の句ではどんな沈黙が出現するであろうか。

しづかさや　いわにしみいる　せみのこえ〔閑さや岩にしみ入蟬の声〕

まず静寂が支配している。蟬の声はまさに静寂を破る物音であり、一個のシニフィアンである。その声が担うシニフィエはなんであろうか。その物音が破った静寂そのものである。蟬の声は音でありながら、その音の不在の世界の存在を指し示している。かしましい蟬の音が外界の音不在を際立たせる役割をもっているのである。岩にしみいるというプロセスはこの音の振る舞いの視覚的な比喩である。もちろん苔むした岩の表面にあるいくつかの穴ぼこも、しみいることをいざなっているであろう。蟬の発する音は、蟬の声といわれているが、夏の季節を象徴するとしても、声が連想させるような人間のことばではなく、明示的な意味伝達の機能はもたない。もともとシニフィエのない音なのである。その声は真夏の空間に響きながら、それ以外の何の存在も示さない。しかしそれだけしか耳に聞こえないことが、周囲の静寂を同時に感じとらせるのである。音不在の時空を詩人はそのとき発見し、それを意識するわれを見いだす。そしてその瞬間がポエジーとなり、詩が発生するのではあるまいか。

シーンと静まりかえることとの発見がなぜポエジーなのであろうか。山寺の夏木立のなか、苔むした穴の多い岩石、自然の生の声ともいうべき蟬の声が意識させる自然界の静寂、そこにたちあらわれる沈黙の深さ。その瞬間ひとはいわば永遠なるものの先端に触れるのではないか。静寂が永遠を呼び覚ますのだ。この静けさこそシニフィエとしての永遠を担うシニフィアンではないだろうか。この永遠は生の意識に棘のように突きささる死の意識であろうか、それとも音のコミュニケーションを支える背景の無音の大自然の知覚であろうか。ポエジーはそうした境界に立ち現れるように思われる(6)。

2. 沈黙と外的世界

バシュラールが普通の朗誦と区別して内的朗誦を設定したように、普通の言語〔いわば外的言語〕と内的言語を区別できるだろう。さらにそれは外的世界と内的世界の区別にもとづいているのだとすれば、沈黙・静寂も外的世界のものと内的世界のそれを区別して考えることができる。

無響室での無音状態が外部世界での静寂の極限におかれるだろう。そしてその対極には大音響のディスコ、ロック演奏会、工事現場のような人間の声の聞き分けられない状態がある。普通の静かな状態とはすでに述べたように完全な無音ではない。完全な無音状態はむしろ一種の閉塞感をともない、蒸留水のように味気無い。それどころか一種の恐怖感にも似た不安感をもたらすようである。普通の静寂は谷川の清流のように好ましい味わいをもつのではないだろうか。それでは静かな状態とはどういう条件のもとに成立するのだろうか。

まず大きな雑音がないこと。不愉快な音がないこと。そして何よりもことばの音がないことである。だれかひとの声がするだけで静寂はかき乱される。したがって先に挙げた『プチ・ロベール辞典』の第一の語義は第二の語義に優先的に組み入れられてしまうのである。なぜ他者の言語が聞こえてはならないかということを考えてみれば、それは他者とのコミュニケーションの回避ということにいきつくであろう。独りであることも静寂の大きな条件ではないだろうか。それどころか孤独は静寂の絶対的条件であるとさえいえるであろう。静寂は他者とのコミュニケーションを断絶した状態なのである。

「ああやっと！　独りになれた！　聞こえるものとてはもはや、帰り遅れてくたびれ切った何台かの辻馬車の、がらがらという音ばかりだ。何時間かのあいだ、われわれは、休息とはいわぬまでも、沈黙を所有するであろう。

ああやっと！　人間の顔の暴虐は消え失せ、今から私は、私自身によって苦しむのみとなるだろう。」[7]

（ボードレール『パリの憂鬱』「午前一時に」阿部良雄訳）。

われわれが静かだと思うのは、無響室ではなく、ボードレールのいう空の馬車の音とか、秋の夜のかすかな虫の音、遠くの列車の音、あるいはそうした音が消えたあとで気がつく時計の音とかが、基調の音として背後に存在する状態である。日中は意識しないごく日常的な物音、周辺的な音の存在が意識されることが、静寂の意識を目覚めさせるのである。つまり日中はそうした音が耳に入らず、たとえ耳に入ったところで意識されないほど他の音が大きく支配的だったのである。静寂の意識は逆にいえば外界の重要な有意な音の不在をしめすことなのである。

しかもこの周辺的な音は素性がはっきりしている。どんなに小さくとも発生原因の不明な物音が響いていれば、それだけで静寂は乱される。雑音といいながら、虫の音であったり、遠い車の音であったり、冷蔵庫や柱時計の音であったり、音の発生源はわれわれに分かっていなければならない。それらの小さな音は静かな状態の小道具なのである。それはわれわれの耳に静けさを意識させ、そしてその状態を保証しているようにさえ思われる。外界の音の他に、厳密にいえば、生きているわれわれが発する音もある。呼吸、鼓動といった生物体としての不可欠の運動にともなう音も存在するのだが、普通は意識されない。要するに外界の音は量的に小さく、また質的にはわれわれにアンチームな種類の音であって、いわば周辺的なものである。周辺的ということはわれわれにその音が積極的な働きかけをしないということであり、切迫した問題、一義的な重圧といったものの不在を間接的に意識させるということである。したがって静寂とは外部世界からわたしが解放され、わたし自身にもどされたことを音のレヴェルで告知しているのだと考えられる。

自分にもどされた自分を安心して受け入れるか、それともボードレールのように今度は自分で苦しめるのかは、一概にはいえないことである。初めて訪れた山寺で大きな立ち木に囲まれ人気のない静寂にひたったならどうであろうか。そのとき、一瞬ながら自分にかえされた自己を詩人はどう受け止めたのだろうか。ただ蟬の声が聞こえていることはその異空間に一種の親愛感を漂わせたことは確かである。永遠なるものの先端にふれながらそこに畏怖感がともなわないのはこの蟬の声がアンチームなためなのではあるまいか。だからそれは自然の生命の永遠性を告げていることになるのではあるまいか。詩人には取り立てて果たすべき責務もないのだから、虚心にその蟬の声と自己を一体化させることによって静寂の深さにひたることができたのである。

3. バシュラールは沈黙の物質としてE・A・ポーの詩の静かな湖水をあげ、また水は人間に心身ともに深い休息をあたえるものだと考えた。(8) 静寂が人間にあたえる印象は自然環境によって大きく変化する。真昼、周囲を小高い丘で囲まれた広い湖のほとりに立てば、鳥の声、風の運ぶかすかな物音にしても、なんの木霊もたてず、さざ波のように古代からの静寂の中に吸い込まれていく。それは水辺の小さな虫が輪を描いても波が湖の中心までは広がっていかず、途中で消えてしまうようなものである。大きな沈黙の固まりが耳の中にはっきりと現れてくる。生命のざわめきを何万年も吸い込み、四季の繰り返しを呼吸のように反復してきた大きな生き物のような暖かい沈黙である。それは死の冷たい無音ではなく、生のゆったりした大いなる沈黙である。それを前に人間はことばを失ってしまう。その沈黙を呼吸し、やがてこの静寂のゆったりした胸の中に溶け込んでいく。そのような忘我の時間がしだいに人間のこころの悩みを癒し、人間に安らかな休息をあたえ、さらに自由と希望をあたえるのである。その例をあげよう。

「私は旅をしていた。私がそのさなかに置かれていた風景は、抗《あらが》いがたい偉大さと気高さをそなえていた。おそらくその何ものかが、私の魂にこのとき乗り移ったのだろう。私の思念たちは、大気にも等しい軽さで飛び舞っていた。私の魂は、私の包まれている空の丸天井と同じほど広々として清らかなものに思われた。地上の物事の思い出は、遠く、遥か遠く、もう一つの山の斜面に草を食《は》んでいる、目にとまらぬほど小さな家畜たちの胸に下げた鈴の音同様、弱められ、微《かす》かになって、ようやく私の心にまで届くのだった。量り知れぬ深さのゆえに黒ずんで、じっと動かぬ小さな湖水の上を、時として一つの雲の影が、天を飛び渡ってゆく空中の巨人の外套の反映のように過《よぎ》った。そして私は、まったく音をたてぬ大きな運動 un grand mouvement parfaitement silencieux によって引き起こされるこの厳《おご》かで稀有《けう》な感覚が、恐怖の混った歓びで私をいっぱいにしたことを思い出す。要するに私は、私の取り巻かれていた感動的な美しさのおか

げで、私自身とも宇宙とも完全な和解の境地にあるのを感じていたのだ。」(『パリの憂鬱』「一五　菓子」)(9)

静寂の条件がすべて述べられていることに注意してもらいたい。高みからの眺望は、卑俗な雑念からの離脱をもたらし、どこからも意味のあることばは聞こえず、深い湖水が空をうつし、ゆっくりと流れる白雲がそこに影を落としている。家畜の鈴の音という素性の分かっている遠い物音がむしろ静寂を深める働きをしている。無音の「大きな運動」とは自然の悠久の生命を意識したことをいうのであろうか。外界との完全な調和、わたし自身との和解も一瞬ではあろうが成立しているのである。だからわたしは自由であり、わたしの思念は大気のように軽々と飛翔している。しかもこの風景はわたしのものなのである。なぜならそれはわたしのたましいの丸天井の中に包まれてしまうからである。この静寂はわたしに自由を戻し、自由を保障するものなのである。少なくともその自由の扉が開くことを意識させるゼロ記号なのである。その世界で自由であることは、その世界の主であり支配者であるということであろう。この静寂が壮大なパノラマの支配者という空想に浸ることを自己に許すのである。

4. 原野での夜の静寂、星空の下での静寂

砂漠での静寂。神を求めて砂漠の中で修行する隠者には、穏やかな瞑想だけがあるのだとしても、求めていた神との直接の対話が容易に実現するわけではなく、むしろそれは悪魔の跳梁する恐るべき時空に身をさらすことにもなるのだ。沈黙の闇のなかから無数の声が響いてくる。いってしまえば内面での葛藤は、人間のたましいの奥の隠されたひだをひとつずつ取り出していく行為にも似て、無限に続く営みのようである。結局それは妄想とのたたかいであり、フロベールの『聖アントワーヌの誘惑』のように小説家たち

へ格好の題材を提供してきた。

そのようなこととは別にバシュラールは夜の夢と昼の夢想をはっきり区別した。夢においては主体がイニシアティブをとるとは限らないが、夢想の主人公はあくまでも主体である。しかし孤独な荒野での瞑想はそうした区別を無視してしまいそうである。それはともかく夜の静寂、しかも明かりのない暗闇の沈黙は恐怖の舞台でもある。第一にそれは人間に生命の危険を本能的に覚醒させる恐怖感と直結している。暗闇と無音とは理性を失わせる。われわれの理性は日常的には視覚と聴覚によって均衡を維持されているのだろうか。だが無明無音の状態がある程度持続すると理性がもどってくる。何とかして火を作り明かりをともす。明かりの及ぶ範囲から恐怖が追放される。いかに安全な場所にいても闇は恐怖を生み出すのだが、無音は明るい場所であれば一般的にはこのような恐怖をもたらすことはないであろう。

どんなにかきみは私の気に入るだろう！　おお夜よ！　その光が
私の知る言語を話す、あの星たちさえなかったなら！
なぜなら私は、空虚を、暗黒を、赤裸を、求めるのだから！（『悪の華』、「七九　妄執」(10)）

このようにボードレールが星に嫌みを述べているのは、星明りがあるからで、しかも静寂とは程遠い「大風琴［オルグ］のように咆哮する」大きな森の声を聞き、「呪われた心」は「古い臨終《いまわ》の喘《あえ》ぎの顫《ふる》え続ける、この永遠の喪の寝室」と形象化されるが、そこには喪の祈りのことば「深キ淵ヨリ《デ・プロフンディス》」が木霊《こだま》している。さらに森の咆哮から海原のざわめきへと移り、その「桁外れな笑い」の中に「敗北した男の、嗚咽《おえつ》と罵《ののし》りに満ちみちた、あの苦い笑い」を聞いてしまうのだ。これは静寂とは正反対の、もっとも恐ろしい、おぞましい音の世界であるが、この咆哮、ざわめき、嘲笑、の最中に切実に希求される「空虚、暗黒、赤裸」のなかに沈黙も当然含まれるのではないだろうか。だからその黒いキャンバスには優しい、懐かしい人たちの顔が描かれるのではないだろうか。だがボードレールのこの孤独で自虐的な沈黙はまだいわゆる無心の静寂とは程遠いのである。

だが暗闇といっても、それそのものが画布、
そこには、親しい眼差しをした、今はもう世にない人々が、
私の眼から、幾千となく迸《ほとばし》り出ては生きる。(同右)

暗闇のキャンバスに死者の眼差しをえがくのは、生にまったく背を向けて、記憶の中に死者たちをよみがえらせるからである。深い沈黙は記憶の奥底から死者の面影を探りだし、その静寂は死の気配を漂わせているであろう。

このように暗闇と無音の合体した状態は死の世界を思わせる。したがって次の二つの極が想定される。

無音無明――死の世界
有音有光――生の世界

5. 両極の中間の明るい静かな生の世界。

明るい静かなという中間の世界に置かれたわたしが、この静寂を楽しむためにはまだ充足すべき条件が

ある。外部の物音だけではなく、物質的にも精神的にも緊急の課題から解放されていることである。生理的な苦痛や何らかの欲望に捕らわれていないことも必要である。単純化していえば肉体的にも精神的にもなんら束縛を受けない瞬間である。しかしこれはすでに静寂という状態を越えているかもしれない。外界のみならず内面の雑音を除去すると考えるならば、このような条件が編み出されるであろう。思考の重要な主題やこころの深い悩みを完全に排除せよというのではない。そうした課題を背負いながらも、深夜ふと虫の声に耳を澄ましたり、朝早く机に向かいながら鳥の声に静けさを意識する瞬間を考えるならば、そういう条件があるのではないだろうか。

わが精神よ、お前は身も軽く動いてゆく、
そして、波間に恍惚となる上手な泳ぎ手のように、
お前は心晴れ晴れと、深く淀もない空間にひと筋の尾を引く、
言うに言われぬ雄々しい逸楽にふけりながら。

その思いは、ひばりのように、朝まだき、
天へ向かって自由に舞い上がる者、
——人生の上に天翔けり、花花や口きかぬ物たちの
言語を苦もなく解する者は、幸せなるかな！　（『悪の華』「三　高翔」）

このような朝の光の中をゆうゆうと遊ぶ精神こそ静寂を享受できるのである。静寂を意識し、耳を澄ま

していると、それはわたしにまったく自由なわたしを返してよこす。静寂がわたしを解放する。あるいは「午前一時」のボードレールのように、静寂を通して解放された自己を発見する。静寂は自由への門である。これこそバシュラールのいう垂直の瞬間ではあるまいか。ひとは静寂のこの瞬間はまったく自由である。この何物にも否定されない確信の根拠を問おう。

Ⅲ　静寂と内的言語

課題からの自由はたちまち意識の矛盾をさらけ出す。なぜなら意識とは何かについての意識だからである。静寂という空白の意識が自由だということになるとしても、それは長続きしない。意識はわたしのセンサーの先端なのである。静寂はこの意識センサーにゼロを示すということになる。だから、ゼロを意識した意識が自由の印象、解放の喜びを一瞬もたらすにすぎないのである。

1. 自由と静寂

この自由は意識の先端に何もないことを示すのだが、それにはなにがしかの快感をともなうのはなぜだろうか。このゼロは意識がたちまち自己にもどされることを示すからである。つまり主体と客体との合体をもたらすのである。わたしがわたしにもどされるのである。しかしわたしが今いかなる問題ももたない、ある意味では満たされた状態にあるのだから、意識の先端のゼロを察知したセンサーは、まもなく鈍化し、やがては物憂いアンニュイにいたるのであろうか。

しかしそこにいたる以前の状態がある。たとえば夜の就寝前の幸福な一刻はどうだろう。また満ち足りて目覚める朝のこのゼロは、不安なゼロではなく、充実したゼロである。静寂が回復をもたらしたわたしは、問題、課題としてのわたしではなく、非問題としてのわたしであり、客体であることから解放され、わたしは主体としていま自由なのである。ある種の満足感、いささかの歓喜はそれを祝福する感情なのである。

わたしはわたしを自由に感じている。だから「天へ向かって自由に舞い上がる者」であり、だからこそ「花花や口きかぬ物たちの／言語を苦もなく解する者」となりうるのであろう。

2. ミニアチュールとしての世界

この自由なわたしは、内面においてミニアチュールとしての世界を眺めている。「世界は私の細密画［ミニアチュール］である。私が思考に入る前に、私の夢想が軽やかにえがきだす画面のなかで、世界をあるがままにその位置でとらえるとき、世界はいかにも遠く、いかにも青く、いかにも静まりかえっているからである。」（バシュラール『エチュード』「奇想と細密画としての世界」[11]）

外部世界はわたしの行動の直接的な対象という位置から後退し、課題としての緊急度をもたず、いわば観念としてわたしの内部世界の一部をなしている。ということは、わたしはこの世界の主人であり、最高の権力者なのである。課題から解放され、静寂な外界の中で自由になったわたしは、わたし自身の主人公であったのだが、それは同時にわたしの内部世界の主であり、権力者だということなのである。さてこの内部世界でことばはどうなるのだろうか。

3. 内的言語

このときわたしが花ということばを発したとすれば、マラルメのいうあの現実のどんな花束にもない花が出現するのではあるまいか。

「たとえば私が花！　と言う。私のその声がいかなる輪郭をもそこへ追放する忘却状態とは別のところで〔声を聞く各自によって〕認知されるしかじかの花々とは別の何ものかとして、〔現実の〕あらゆる花束の中には存在しない花、観念そのものである花が、音楽的に立ち昇るのである。」（マラルメ『詩の危機』松室三郎訳[12]）

ことばはここで外界の他者とのコミュニケーションの機能から解放され、純然たる内部言語として作用している。レフェランとしての外部世界はまさにミニアチュールと化し、内面の舞台装置のようになっているので、シニフィアンとしての音声は内部において限りなくシニフィエと一体化し、それはイデーとなりつつある。

われわれが花という語を内面で発したとき、ハナの実体が出現するのではない。ハナといった瞬間に、ハナはそこにある。それは木でも葉でもなく、まごうかたなく花である。だがそれはユリの花でもバラの花でもなく、しかしいずれでもあるような花なのである。色も形も香りも花の実質すべてを備えることの可能なハナである。むしろそれは百科事典とわたしの体験の中のハナという項目のインデックスである。背後にすべての花をちらつかせた花の世界の先端なのである。つまりかぎりなくゼロ次元に近いハナであり、わたしと同様自由なハナだともいえる。どんな花にもなれる自由なハナである。現実のどんなハナにもまだならない浮遊しているハナ、観念から現実へ移行しつつあることばであり、これこそまさにポエシーの花ではないだろうか。なぜならこのハナを、ユリにもバラにもすることができるし、望むならユリの香りをもたせたバラの花さえうみだせるからだ。

4. 内的言語と思考

ことばから思考へと次元を変えて考えてみよう。ヴァレリーからの次の引用をみていただきたい。

「もしわたしが突如として自分の本当の思考を眺めるとするなら、人称 personne も始まり origine もないこの内的なことば parole intérieure を受け入れざるをえないことに諦め切れない思いをするだろう。」(『旧詩帖』「詩の愛好家」(13))

ヴァレリーは内的な思考の脈絡のなさ、断片性をまず指摘する。思考を担うのはパロールだということも明言している。むしろ思考をパロールのレヴェルから見ているというべきだろう。思考の内容に立ち入らず、思考をパロールの連鎖として考察している。先ほどのハナは単独のパロールであり、それが連鎖する局面ではもはやあれほどの自由はなく、どのパロールも他のパロールと連鎖し、方向づけられて動いており、しかも内的パロールは、外に表現される場合、必要な頭文字とか、文章の作成に必要な人称も定まらないかたちで動いていることが指摘されている。さらに内的なことばとは次のようなものだと説明されている。

「内的なことばとは、すなわち、とりとめもない表象 figure である。そして中断された無数の企てである。その企てそのものが安直だから中断されたのであって、それらの企てとともに何も変化しないというのではなく、相互に他のものの内で変形するのである。」(同右)

内的パロールの変幻ぶりを、絶え間無い企て、つまり意志の発現と、その中断、そして他の企てとの融合、変形というふうにとらえ、それが思考の生の姿だというのである。バシュラールが「意志はパロールの行為 acte de parole においてとらえるなら、まったく制約を受けない存在として現れる」といっていたことが思い出される。しかしその最初の現れ方はこのように断片的な企てとでもいわれるようなかたちをとることも事実なのであろう。

「思考はそうは見えないが、支離滅裂で、それが自然発生的であるように、瞬間的にはゼロであり、その本性から、スタイルを欠いている。」(同右)

思考における意志のはたらきにはおそらく強さの段階があり、持続の長短があり、脈絡がなく、支離滅裂であり、しかもすべて意志に従うというよりは、自然発生的な、瞬間的なものであり、その内容や、価値に見るべきものがないのが特徴である。ここでスタイルということは個性的表現とか、ある種の完成度をそなえた表現というふうに理解すれば、そういうものは望むべくもないのだ。ヴァレリーによれば、思考は放っておけば完結した表現には向かわないものだ、と見なされているのである。

Ⅳ　読者の立場

ヴァレリーはこの話者を、詩を作るひとではなく、読者の立場に置いている。

「しかしわたしは毎日、わたしの注意に対してなんらかの必然的存在を提示する能力をもたないし、またどうしても逃げてしまいたくなるわたしの気持ちに代えて、始まりと充実と結末をもった外観をかたちづくるような精神的な障害物をもっているふりをする能力もない。」（同右）

まるで作者や詩人をからかっているような口調である。芸術家は必然的な存在に毎日注意を集中するという精進型か、精神的障害物を取り除くために製作に取り組まざるをえない宿命型かしかないのであろうか。詩の愛好家はそういっている。

1．表現への意志

おそらくバシュラールはこのような詩の愛好家の「どうしても逃げてしまいたくなるわたしの気持ち mon insupportable fuite」に対して、それを抑え、詩を書く、あるいは詩的な表現へと統一する意志の必要性を認め、「意志の中に詩の法則をもっていかなければならない」と考えたのであろう。このあたりは前稿と重なってくる部分であり、前稿の見直しをふくんでいる。

「意志が支配するすべての領域においては、どこにも意志からその現象にいたる行程以上に短いところはない。意志は、パロールの行為において捉えられるとき、意志の無条件の存在として出現する。そこにこそ詩的個体の発生の意味を、意志と想像力という二つの根源的力を結ぶ連結線を探し求めなければならない。話そうという意志こそがイマージュを欲するとか、想像力が意欲を想像するというのだ。そこには指令を発する語と想像する語との総合がある。パロールによって想像力が指令し、意志が想像する。[14]」(『大気』、p. 276)

混乱した思考の企てに方向性をあたえ、統一するためには、パロールを媒介に意志と想像力がはたらかねばならないのである。そこが単なるアマトールである読者と詩を作る詩人との違いである。

2. 詩の読者と沈黙

ヴァレリーは詩を読む行為を次のように簡潔に定義している。

「一篇の詩はひとつの持続であって、その持続のあいだ、読者として、わたしはすでに整えられた一法則を呼吸する。わたしはわたしの息をあたえ、また声を出す器官をあたえる。あるいは沈黙と両立するそれらの力をただ単にあたえる。」(ヴァレリー「詩の愛好家」)

これが詩を読むということである。定形詩であるか否かを問わず、一篇のできあがった詩はすでにひとつの法則によって実現されたものである。その法則とはまずその文字の要求に従って呼吸し、声を出して朗読する、あるいは黙読するとしても、発声器官を十分に機能させるということである。この法則はシニフィアンの音韻の規則をまず含むことが分かる。

「沈黙と両立する」という表現にこだわるとすれば、黙読において発声器官の活動がどんなに大きくとも沈黙を破ることはないということ、逆に内的な朗読でも全身を揺り動かし、たましいを震撼させるような内的な音を聞くことも可能だということである。いずれにせよ詩篇はまずシニフィアンとして存在することをこの読者ははっきりと意識しそこから読み始めるのである。

3. 詩句の意味との出会い

では詩句の意味はどうして生じるのであろうか。詩句の法則に従ったこの音の形、音韻の連鎖の織り成す聴覚印象が、それにふさわしい意味を浮かび上がらせる、といってはあまりにシニフィアン主導の見方になるであろうか。しかし完成した表現、あるいは表現の完成とは、シニフィエとシニフィアンの緊密な一致ではなかろうか。ヴァレリーは詩を読む経験を次のように述べる。

「わたしは素晴らしい歩き方 l'adorable allure に没頭する。すなわち、語句が導いて行くところを読み、生きるのである。語句の出現は書かれている。語句の音響は協奏的である。その搖動は先行する瞑想に従って組み立てられ、そして詩句は壮麗な群れ、あるいは純粋な群れをなし、反響の中へと急ぐであろう。わたしの驚きさえも確実に起こる。それはあらかじめ隠されており、階調 nombre の一部をなしているのである。」(同右)

詩句を読むことは歩行にたとえられているが、語句はまだ音として捉えられており、詩句は音符の集合のように、交響化されている。語の音韻は詩篇全体の音響構成のなかで位置を決められ、最終的効果を生み出すように構成されている。読者の驚きまで計算されていて、階調のなかに織り込まれている。筆者が「シニフィアンの詩学覚書」の中で指摘した個々の母音の効果や、バシュラールのいう内的朗誦もこういう読書の効果を考察したものなのである。ただしバシュラールにいわせれば、読書に没頭した読者は作者と同一化を目指すのだからそこにはあまり大きな隔たりはないのである。このオプティミスムがどこまで通用するのかは問題であるが、大読書人であるバシュラールのことばを信じて歩むことにしよう。

4. 詩の意味の真実性

さてそのとき読者のこころにはどんなことが起こるのだろうか。

「宿命的なエクリチュールに感動し、そしてつねに未来である韻律がわたしの記憶を決定的に束縛するのなら、わたしはひとつひとつのパロールを、漠然と待っていたために、それらのあらゆる力 force をひしひしと感じる。その韻律 mesure はわたしを運び、しかもわたしが彩るのだが、その韻律がわたしを真実からも虚偽からも守ってくれる。疑惑がわたしを分裂させることも、理性がわたしを苛むこともない。なんの偶然もないが、途方もなく素晴らしい機会が強まる。わたしは何の努力もせずこの幸福の言語を見いだす」(同右)。

詩における意味は真実と虚偽というレヴェルにはない。理性による推論、疑いによる分裂は存在しない。

真実でも虚偽でもないことばの力による幸福がそこにはあるのだ。

「そしてわたしは技巧 artifice によって思考する。まったく確実な、驚異的に予見的な——計算された空隙をもった、意図的におかれている暗黒をもったひとつの思考だ。その運動がわたしに命令し、その量がわたしをたっぷり満足させる。こうしてひとつの思考が奇妙なことに完成する」(同右)。

ヴァレリーが、真実と虚偽の問題とはかかわりのない「幸福の言語」による詩の世界を読者の世界だと提示したことは、著者、詩人の創作行為と読者を峻別したからこそ成り立つのである。読者のいわば無責任な享受の態度こそ「詩の愛好家」の基本的な視点なのである。

V　作る側の沈黙

内的言語と沈黙というわれわれの問題に立ち戻れば、バシュラールがいう、内的朗誦に限って考察されるべきであろうが、次のようなヴァレリーの詩句においても沈黙は独自の意味をもっている。それは詩を作る側での沈黙である。

1. 沈黙の子供たち

Tes pas, enfants de mon silence,

Saintement, lentement placés,
Vers le lit de ma vigilance
Procèdent muets et glacés.

おごそかに、ゆるやかに置かれる
おまえの歩み、わたしの沈黙の子供らが、
思いをこらし目覚めているわたしの寝台に
黙々と冷ややかに進んでくる。（ヴァレリー『魅惑』「歩み」）

いったいこの「わたしの沈黙の子供ら enfants de mon silence」というのは具体的にはなんのことであろうか。それはまずわたしの沈黙の生み出したものである。深夜あるいは不眠の夜明けにわたしは何をしているのか。もちろん詩を作っているのだ。そのわたしを訪れてくる「おまえの足音 tes pas」のおまえとは誰のことであろうか。おまえの足音がわたしの沈黙の子供らとイコールだとすれば、当然この沈黙は詩を作るための孤独な時間のことであり、そこに期待したミューズが訪れようとしているということを示すのである。子供とはポエジーの具体的な出現であり、この沈黙とはポエジーを生み出すため、その到来を待って意識を目覚めさせ、思いをこらしている孤独な無音の待機状態なのである。この無音は単なる音不在というだけではなく、張り詰めた意識の緊張を示しており、密度の高い詩作の状態であることは三行あとの vigilance（警戒、覚醒、不眠）という語が示している。つまり詩作の状態という詩人の部屋の緊張し充実した静寂の状態である。

他のことばでいってしまえばこの歩みはインスピレーションの到来の予感であろう。詩を作りながら何かが不足なために思いどおりの完成にいたらず、不眠の朝を迎えて、ふと何かの気配を感じとった一瞬のことである。このとき詩人は待つ人である。
この詩の最後の一行は次のようになる。

Et mon coeur n'était que vos pas.

そしてわたしのこころはそのままあなたの歩みなのだ（同右）

「おまえの歩み tes pas」で始まった詩が「あなたの歩み vos pas」で終わるのである。「おまえ」から「あなた」への変化は、期待される存在からもはや動かしがたい存在へと変わったミューズと、それにともなう詩人の態度の変化を示唆するのである。詩人は柔順にミューズの歩みに従うだけである。「わたしのこころはそのままあなたの歩み」となるという告白に素直に従うなら、この詩人の行為は詩の読者の没頭した振る舞いと同一ではないか。小さな訪れのドラマはすべて心の中のドラマであり、内部言語の自己反射的現象であるということになる。詩人の心の中でのミューズをめぐるドラマと、読者と詩作品読解の行為との歩みを介した同一化は、そのままナルシスのドラマに転化されるのではあるまいか。

2. ナルシスの沈黙

わたしのこころが見張るわたしのこころの中の美の訪れ、という自意識の張り詰めた経験は、ナルシスのテーマに容易に転化されるであろう。しかしそこにもまた沈黙がある。

O frères! Tristes lys, je languis de beauté
Pour m'être désiré dans votre nudité,
Et vers vous,Nymphe, Nymphe, ô Nymphe des fontaines,
Je viens au pur silence offrir mes larmes vaines.

おお、兄弟よ、悲しいユリの花よ、きみたちの裸体の中で
わが身を求められたためにわたしは美しさに悩んでいる
そしてきみたちナンフよ、泉のナンフに向かって
わたしは無益なわが涙を純粋な沈黙に捧げにきたのだ（『旧詩帖』「ナルシスは語る」）

この沈黙は、答えない相手、すなわち水面に反映する自己の映像の無言のことであり、今度は内面の自己の対話を水面に投射したのであるが、その自己は映像をあたえるだけでことばを発しない。いわば無言のミューズである。しかもナルシス自身もことばを発するなら水面を乱すことになるから、無言の沈黙を守らざるをえないのである。

Qu'ils sont doux les périls que nous pourrions choisir !
Se surprendre soi-même et soi-même saisir,

Nos mains s'entremêler, nos maux s'entre-détruire,
Nos silences longtemps de leurs songes s'instruire,

わたしたちの選びえた危険はなんと甘美なことか、
自己自身に襲いかかり、自分自身を捕らえ、
わたしたちの手は絡み合い、わたしたちの悪は互いに破壊し合い、
わたしたちの沈黙はその夢を長く語り合う。(『魅惑』「ナルシス断章」)

「わたしたち」の沈黙とはナルシス自身の沈黙と反映されたナルシスの沈黙をさすのである。ナルシスという自己愛のテーマは、問う側と答える側の沈黙という内的なドラマを水鏡に反映させることによって形象化されるのである。

ナルシスがことばを発するならば、水面は直ちに乱れ、映像を壊してしまうという物理的な条件を反映の前提としている。したがってここでは沈黙が二重となり、大きな役割を果たしているのである。

VI　まとめ

内的言語にとって沈黙は外見的には自己に沈潜するための条件であるが、そのとき自由な自己の表現のためのパロールが活発に活動し、自己の内的なドラマを形象化し、またパロールが主人公のように振る舞うときなのである。内的言語における沈黙はコミュニケーションの場の沈黙や、音楽の中の沈黙と同様に

ゼロ記号として機能する。しかしそこには死んだ空虚ではなく熱気の坩堝のような無音があるのである。

内的言語はマラルメにおいては、一巻の書物として究極の完成をみる。ヴァレリーの待っていたミューズの歩みや詩句のリズムにしても、言語のポエジーのリズムにふくまれている宇宙のハーモニーと無窮の音楽の遠い反響であり、マラルメの構想する書物はそうした永遠の宇宙的音楽を宿すものなのである。このとき沈黙はちょうど書物の真っ白なページと同じ位置にある。いずれもポエジーの最大の可能性をそこで読ませる機能をもつ充実した空白の結晶なのではあるまいか。

沈黙が死の無言という絶対的な空虚のゼロを示す例は、バシュラールが『水と夢』であげるエドガー・アラン・ポーの作品がある。これについては別の機会にゆずろう。

注

(1) 茨城大学人文学部紀要（人文学科論集）第二八号、一九九七年三月。
本書第三部第一章

(2) 川田順造『声』、筑摩書房、一九八八年二月。
武満徹・川田順造『音・ことば・人間』、岩波書店、一九八〇年一月。同時代ライブラリー、一九九二年一月。
上尾信也『歴史としての音——ヨーロッパ中近世の音のコスモロジー』、柏書房、一九九三年六月。

(3) 佐々木健一『せりふの構造』筑摩書房、一九八二年九月。講談社学術文庫、一九九四年三月。

(4) 高橋たか子『霊的な出発』、女子パウロ会、一九八五年二月。
イグナチオ・デ・ロヨラ、門脇住吉訳『霊操』、岩波文庫、一九九五年一〇月。

(5) 武満徹『音、沈黙と測りあえるほどに』、新潮社、一九七一年一〇月。
(6) 平井照敏『『おくのほそ道』を読む』、永田書房、一九八八年三月。講談社学術文庫、一九九五年五月。
(7) 『ボードレール全集Ⅳ』、筑摩書房、一九八七年六月。
(8) バシュラール『水と夢』。及川馥『バシュラールの詩学』、法政大学出版局、一九八九年三月。
(9) 『ボードレール全集Ⅳ』。
(10) 『ボードレール全集Ⅰ』。
(11) バシュラール、及川馥訳『エチュード――初期認識論集』、法政大学出版局、一九八九年五月。
(12) 『マラルメ全集2』筑摩書房、一九八九年二月。
(13) Paul Valéry, *Œuvres* Ⅰ, Pléiade, 1958, p. 54.
前掲拙稿注1、一三二〜一三三頁。

なお参考までに次の書物をあげておく。

マクス・ピカート『騒音とアトム化の世界』、佐野利勝訳、創文社、一九五九年一〇月。

マクス・ピカート『沈黙の世界』、佐野利勝訳、みすず書房、一九六四年二月。

吉村弘『都市の音』、春秋社、一九九〇年五月。

渡辺裕『聴衆の誕生 ポスト・モダン時代の音楽文化』、春秋社、一九八九年三月。

中島他『静かさとはなにか――文化騒音から日本を読む』、第三書館、一九九六年一月。
(14) 中島義道『うるさい日本の私 「音漬け社会」との果てしなき戦い』、洋泉社、一九九六年八月。

終章　バシュラールからセールへ——複雑系の哲学

複雑なものがなぜ今もてはやされるのか、どのような学問分野の対象になっているのか、なかなかうまくつかめない。いつでも学問研究の対象となるものは、解決困難で複雑な現象と決まっていたからである。一見単純そうなことでも、学問の対象として正確、厳密に規定しようとすれば、一筋縄ではいかないであろう。

たとえば、ミシェル・セールの師匠にあたるガストン・バシュラールは『近似的認識試論』において、計測と誤差の問題を考察し、自然科学における対象は厳密に測定しようとしても結局は「諸限定の集中する想像上の中心」に過ぎないと述べているほどである。

一方、複雑なことは、いくつかの構成部分に分解し、容易なものから解決していく、ということは、デカルトがいうまでもなく、われわれがふだんに実行していることである。だがミクロの世界ではそうはいかない。デカルトがいう図形と運動とに分離して自然現象を説明することは、不確定性原理によれば、厳密には不可能なのである。ミクロの世界には本質的な複雑さがあるとみなければならない。逆にいえば「単純なものは、単純化の過程の結果として立ち現れるその限りでしか、正しく考えることができないのではないか」とバシュラールは述べている。そしてかれは「非デカルト的認識論」（『新しい科学的精神』

関根克彦訳、ちくま学芸文庫）の中で次のように科学における本質的な複雑さの存在を示している。

デカルトの思想に霊感を得た科学はきわめて論理的に、複雑なものを単純なもので作っていたが、今日の科学的思考は整えられた現象が提供する単純な外見の下に、実在的な複雑なものを読みとろうとする。同一性の背後に、多元性を見いだそうと努める。……〔それを〕読みとるためには、実体の内懐に、諸属性の文脈構造のなかにまで入っていかなければならない。

さらにバシュラールは単純な観念とは作業仮説にすぎず、認識の究極の基礎ではないと言い切っている。「現実には、単純な現象というものはない。現象とは、諸関係を織りなしたものである。単純本性、単純な実体といったものもない。実体とは、諸属性の文脈構造にほかならない」と科学における非デカルト的認識論の必要を説いたのである。

またバシュラールは科学とポエジーの軸は逆だといって、両者を峻別したが、その反面、両者の思考の先端において想像力が活発にはたらくことを見逃さなかった。ところがセールは、むしろ科学とポエジーを分離せずに捉える方法を模索している。そういう点では複雑さの観点をさらに大胆に進めたことになるであろう。科学的認識論で膨大な業績をあげたのち、哲学において概念を越えた新しい対象を提示する。『生成（天地創造）』（及川馥訳、法政大学出版局）の冒頭において次のようにいう。

われわれは多について保証されていないように、一についてもほとんど保証されていない。だれも今まで一度も、原子の分割できない極限の本当の末端、それ自体がもはや合成されてはいないようなものに手を触れたことなどないではないか。それは純粋科学においても、現実世界の科学においても絶対にない。究極の要素の探求は下の方から崩れてくる。他に還元できない個体も、分析していくと、あたかも水平線のように後退するのである。

だが単一性が確定できないから多様性を捨てるということにはならない、とセールはいう。よく見れば「理性の常用する概念は、たいてい脈絡のないばらばらの多様性がいくつかの単一性の下に隠れているような概念」だからである。

しかもセールは実体から関係へという転換について「人びとは存在の探求という無益な努力に代えて、関係の探求をやらざるをえなかったのである。人びとはこの進歩が決定的であると思っていたが、それはおそらく流れの向きを変えたに過ぎなかったのである」というきびしい評価をくだしている。

ただし「要素とは諸関係の交差点か諸関係の結節、あるいは立体交差点か、放射状に道の出る円形広場」だと考える。このイマージュは要素の基本的な複雑さを明快に示しており、すこぶる有効なのだが、「すべてのシステムが連絡のネットとして描かれた」ことに疑いをもつようになった。

だがセールが最初にコミュニケーションを考察したとき（一九六四年）には、関係の「網の目」のなかで「それぞれの点は、ひとつの命題や、決定された経験的な事物の集合のなかの実際に定義しうるひとつの要素を表し」、そしてこの点を結ぶ「それぞれの道は二つないしいくつかの命題間の結びつきや関係を表す」ことになっていた。この点のあいだに従属関係はなく、それぞれが固有の力、決定権をもつ。この網の目の二点間の経路は、最短距離が必ずしも最良の通路ではなく、非常に多数の通路が可能であり、論理的には必然的な通路など存在しない、というプロセスの複雑さが強調されていた。したがってセールは伝統的な諸概念の線形性を破壊し、「複雑性はもはや認識への障害ではなく、いわんや記述的な判断でもない。それは知と経験にとっての最良の補助者なのである」とまで、複雑性を積極的に評価していたのである。

さらにセールは『生成』において、時間をこのネットの網の目のなかに組み込もうとする。その糸口は、フランス語の時間を表す語 temps に天候の意味があることだった。時間も気象の乱流のように複雑に流れ、折れたり曲がったりするからである。時間を網の目に組み込み、それを折りたたむなら、過去や現在という直線的な区別は意味をなさなくなるではないか。

こういうふうにネットを広げ、その上に何枚も重ねるなら、(実はこのネットは元から重層的だったのだが)、それは広大な複雑極まりない空間を形成するであろう。それはある程度の距離をおいて見れば、大きな海にも、さらには混沌にも見えるのではあるまいか。ひとつの要素、一個の網の目は、立体交差点としてみればほとんど無限の通路に開かれているのである。

さてこのネットの海に乗り出したセールが最初にとらえたのは、ざわめき、つまりノイズである。情報のバックグランド・ノイズである。英語のノイズは古いフランス語のノワーズから雑音という意味を借りたが、現代のフランス語では、諍い、喧嘩、という意味で稀に使われる程度である。しかしノワーズはノティック(航海に関する)、ナヴィール(船、船舶)という海にかかわる語と同じ語系である。そこからセールは今では使用されないノワズーという形容詞を思い起こし、さらにその女性形ノワズーズにいたる。これは名詞化してラ・ベル・ノワズーズ(美しい諍い女)となれば、バルザックの『知られざる傑作』に登場する美女カトリーヌ・レスコーの別名である。

絵画の巨匠のキャンバスの混沌たる絵具のなかでわずかに足首だけが見られた美女と渦巻く波とがここ

で結びつく。通路はここに通じていたというべきか。

「わたしは海のまんなかで突然ラ・ベル・ノワズーズが誰なのかを理解した。大波の多彩な壁に取り囲まれ、ざわめきと、波の形態と色調の砕け散るさなかに、われとわが身の上に分割される要素〔水〕の荒れ狂うさなかに、諍う美女を見分けなければならないのだ。」

ひとつの網の目から発したノイズが海の中の美女に結びついたのだから、白い波頭からアフロディーテ（ヴィーナス）が立ち上がるのを見ることはそれほど困難なことではないかもしれない。もちろんこの美女を誰もが目撃できるわけではない。それはまさにブラックボックスなのであり、ネットの目の間で関係を新たに作り上げるために思考も理解力も全力をあげて取り組まねばならないのである。

しかもその結果についてセールはあまり楽観的ではない。古典主義やバロックの時代であれば、「明白な多様性を隠された単一性に導くために必要な複雑な組み合わせや時間について、すべてはすでに述べられている。単純なものがスタイルと思想とで、複雑さを表し、あるいは圧縮している素晴らしい時代」だと高く評価されるのだが、現代は「誇示された複雑さが単純さしか隠していないわびしい時代」だからである。

「ネットは所詮ひとつの結び目でしかない。ひとつの信号は結局電波のひとつの和にすぎず、ひとつの複合体は要するにひとつの単体にすぎない」と断定するセールは、荒波の航海から書斎に戻って、激しい経験を醒めた目で見直している哲学者のように見える。

初出一覧

序　章　イマージュと実体——季刊『ｉｉｃｈｉｋｏ』第十一号、一九八九年春

第一部　想像力の理論

第一章　バシュラールの想像力理論の理解をめぐって——『茨城大学人文学部紀要（人文学科論集）』第十四号、昭和五十六（一九八一）年三月。
第二章　バシュラールの物質的想像力における切断と連続——同右紀要、第二十号、昭和六十二（一九八七）年三月。

第二部　『瞬間の直観』を読む

第一章　原題「バシュラール『瞬間の直観』の諸問題（1）」——同右紀要、第二十二号、平成元（一九八九）年三月。
第二章　原題「バシュラール『瞬間の直観』の諸問題（2）」——同右紀要、第二十三号、平成二（一九九〇）年三月。
第三章　原題「バシュラール『瞬間の直観』の諸問題（3）」——同右紀要、第二十五号、平成四（一九九二）年三月。

第三部　二つの詩学

第一章　原題「バシュラール〈シニフィアンの詩学〉覚書」——同右紀要、第二十八号、平成七（一九九五）年三月。
第二章　沈黙の詩学覚書——同右紀要、第三十号、平成九（一九九七）年三月。
終　章　原題「複雑系の哲学——バシュラールからセールへ」——『大航海』、第十六号、平成九（一九九七）年。

あとがき

われわれの前にある時間は現在しかなく、それも瞬間しかない、といわれたら誰しもびっくり仰天するであろう。時間など無限にあるではないかと思っているひとは、天地創造以前の時間などないに等しいといわれたら、むきになって反発するかもしれない。何もしないひとにとってのみ時間は無限なのだとバシュラールはいう。あるのはここでの今この瞬間だけである。こういう直観をもてば、現在は未来からも過去からも切り離されて孤立している。しかし次のまったく新しい瞬間がくる。切断と連続こそ時間の実相である。こういう立場から人間の行動をみれば、習慣もやはり日々の新しい偶発事との対応であり、それを乗り越えるか、飲み込まれるか、つぶされるか、回避するか、ともかく対決の構図がみえてくる。ここでも切断と連続、あるいは不連続の連続である。したがって人間の進化発展の歴史も、無数の偶発事との恐ろしく気の長い交渉によって織り成されている実相が見えてくるであろう。

行為の次元ではこのような瞬間の「創造的暴力」による「悲劇的隔絶性」を緊張し精一杯生きる人間だが、しかもその人間は、呼吸において vie［ヴィ］, âme［アーム］と交互にとなえることで、大気から生命をとりこみ、たましいを宇宙に返す、という操作をしている存在、つまり宇宙的な深い愛を受ける人間なのである。バシュラールがこの壮大な人間のドラマを構想できたのは、切断と連続、不連続の連続という方法をもってみたからではないだろうか、とわたしなどは思ってしまいたくなる。もちろんあまりにも一元的な見方にすぎないというバシュラールの小言がすぐとんでくるかもしれないが。

それはともかくバシュラールの発想の出発点にはつねに（つまりかれが何かをいうつどということだが）健康な肉体をもって精一杯生きている人間がいる。だから扱っている主題はもちろんのことだが、かれのことばのはしばしから読者は喜びと感動を受け取るのであろう。

「人間が人間であるのは、超人になる割合に応じてである。」という『水と夢』のことばが思い出される。それは「人間は、人間の条件をのりこえよ、というふうに人間をつき動かす諸傾向の総体として規定されるべきである」と補足されている。だからこの超人は、精一杯生きることが、おのずと道を切り開く、ごく日常的なレヴェルにおいても出現するのではあるまいか。かつてわたしは「バシュラールの超人は人間の背丈をしている」と書いたが、それが一番ふさわしいのはバシュラール自身ではないかと思っていた。「これは、人間の条件をのりこえることは並大抵のことではできないということを、身にしみて知っている人間のことばなのだ。このような信条をみずからに実践課題として課し、とくに苦しげな顔もせず、むしろ楽しげに取り組むひとりの哲学者の姿を想像すると、それはバシュラール自身の姿と二重うつしになってくるのであろう」というかつて抱いたわたしの印象はいまでも変わらないのである。

わたしがバシュラールを知ったのは大学院の学生のころであるから、すでに半世紀近い年月が流れている。その間、文学的分野の何冊かを翻訳する機会にめぐまれ、『科学的精神の形成』という自然科学成立以前の科学認識論を訳し、またフランス哲学、原子物理学の専門家と研究会をもち数年かけてバシュラールの学位論文『近似的認識試論』を翻訳できたことも忘れられない。同時に自然科学の分野についてわたしの能力の限界を痛感し、そのあとバシュラールの翻訳からは遠ざかったのである。

わたしの紀要論文はまだ他にもあるが、茨城大学を定年退職したおり、三十数年の研究生活をかえりみて、「わたしの自己点検」と題する一文を人文学部『人文学科論集』第三一号（一九九八年三月）に書いたことを付記しておく。わたしのたどったフランス文学の細い道をできるだけ正直に記したものである。かつて日本フランス語フランス文学会の会長をなさった桑原武夫氏は、大学の教師は「リサーチ・ワーカー」たるべしといわれたが、振り返って見るとはたしてわたしは研究者として一人前の仕事をしてきたのだろうか、という忸怩たる気持ちにおそわれ、何度も中断したのだが、ともかく文学研究とはなにか、そもそも文学の学問研究は文献学以外に成り立つのであろうかというスタートの問題から始めて、論文と翻訳の仕事をできるだけ整理してみたのである。バシュラールの示唆した物質的想像力や、ポエジー、夢想の考えを、もっと大きな構想を立て、研究の領域を広め、やがては日本の文学にも手を広げるということは、わたしの場合、夢のまた夢に終わったのだが、今後若い人たちの手で新しい光をあててもらいたいものである。

その他、年譜にも付記したことだが、フランスでは元のディジョン大学、現在のブルゴーニュ大学にバシュラール研究のセンターができて活動をはじめ、毎年『カイエ　ガストン・バシュラール』を刊行していることをお知らせしておく。

本書をまとめるにあたって、わたしの研究や翻訳にご協力いただいた方々、いつもご鞭撻くださった茨城大学と愛国学園大学のかつての同僚諸氏、温かいご支援をいただいた法政大学出版局の平川俊彦、松永辰郎の両氏に心から感謝の念をのべておきたい。

二〇〇六年五月　水戸にて　及川　馥

《思想＊多島海》シリーズ　7

著者紹介：及　川　　馥（おいかわ かおる）

1932年生．茨城大学名誉教授，愛国学園大学人間文化学部教授（2006年3月退職）．主著：『バシュラールの詩学』，詩集『テラスにて』『鳥？その他』『夕映え』
訳書：バシュラール『近似的認識試論』『科学的精神の形成』『**大地と意志の夢想**』『**夢想の詩学**』『**エチュード**』，セール『**生成**』『**離脱の寓話**』『**両性具有**』『**第三の知恵**』『**天使の伝説**』『パラジット』『自然契約』『アトラス』，トドロフ『**はかない幸福―ルソー**』『他者の記号学』『象徴の理論』『象徴表現と解釈』『批評の批評』，ピカール『遊びとしての読書』，シオラン『**苦渋の三段論法**』『深淵の鍵』，ブラン『ボードレール』『晩年のボードレール』『**ボードレールのサディスム**』，ヴェベール『**テーマ批評とは何か**』，ディエゲス『**批評家とその言語**』，ビュルネ『**愛**』，サンジェ『弁論術とレトリック』．（太字の書名は単独訳，他は共訳）

原初からの問い
――バシュラール論考

二〇〇六年九月三〇日　初版第一刷発行

著　者　及川　馥
発行所　財団法人法政大学出版局
〒102-0073　東京都千代田区九段北3-2-7
電話　東京03（五二一四）五五四〇
振替　〇〇一六〇―六―九五八一四
製版・印刷・三和印刷
製本・鈴木製本所

ISBN 4-588-10007-6